Liebe Schülerinnen, liebe Schüler!

Diese Grammatik soll euch beim Lateinlernen mit dem Cursus-Text- und Übungsband begleiten. Sie dient nicht nur als **Lehr-** und **Nachschlagewerk** (z. B. bei Hausaufgaben), sondern auch als **Arbeitsbuch** zur Prüfungsvorbereitung. Damit ihr die Begleitgrammatik allerdings richtig und effektiv nutzen könnt, geben wir euch an dieser Stelle ein paar Tipps und Erklärungen.

- **Zu jeder Lektion des Text- und Übungsbandes** gibt es eine **Grammatiklektion**. Der jeweilige Grammatikstoff wird in diesen 40 Lektionen aufbereitet und erklärt.

- Im Anschluss an die 40 Lektionen befinden sich Abschnitte zu Methoden der Satzerschließung und Textanalyse, der Lautlehre, den Sprach- und Stilmitteln und ein **Anhang mit Übersichtstabellen** des ganzen behandelten Grammatikstoffes. Hier könnt ihr schnell etwas zur Wiederholung nachschlagen.

- Die Grammatik jeder Lektion wird nach **1. Formenlehre** und **2. Satzlehre** getrennt dargeboten. Der Übersicht, die jeder Lektion vorangestellt ist, könnt ihr entnehmen, was ihr Neues lernen werdet.

- In der **linken Spalte** jeder Seite ist der **unbedingt nötige Lernstoff** erklärt und vorgestellt. Tabellen und graphische Modelle helfen euch dabei, den Stoff zu ordnen und zu verstehen.

- In der **rechten Spalte** sind **Hinweise zur Anwendung** des Lernstoffes und **Lernhilfen** angeboten: weiterführende Erläuterungen, Lerntipps [!], Hinweise zum Übersetzen [Ü] oder Sprachvergleiche mit dem Englischen und Deutschen [⇄].

- **Alle vier Lektionen** stoßt ihr auf eine doppelseitige „**Grammatik-Insel**“. Sie listet auf der linken Seite nochmals den Grammatikstoff der letzten vier Lektionen unter der Überschrift „**Grundwissen: Fakten**“ auf. Hierbei werden wieder **Formenlehre** und **Satzlehre** unterschieden. Unter der Überschrift „**Grundwissen: Überblick**“ werden lektionenübergreifend verschiedene Grammatikphänomene geordnet oder zusammengefasst.

- Auf der **rechten Seite** jeder „**Grammatik-Insel**“ habt ihr die **Möglichkeit**, euer **Wissen und Können an Aufgaben zu testen**. Die Aufgaben sind parallel zu den aufgeführten Punkten des Grundwissens gestaltet, sodass ihr ganz gezielt wiederholen und üben könnt.

- Das **Sachverzeichnis** am Ende des Buches bietet euch die Möglichkeit, gezielt ein bestimmtes grammatisches Phänomen wiederzufinden.

Viel Erfolg beim Lateinlernen wünschen euch
die Verfasser

Grammatische Grundbegriffe

Im Laufe deines Lateinunterrichts werden dir folgende grammatische Begriffe begegnen. Einige sind dir sicher schon bekannt, die anderen wirst du mit der Zeit kennenlernen.

1. Formenlehre

1.1 Wortarten

Veränderliche Wörter

Fachbegriff	deutscher Begriff	Beispiel
Nomina:		
Substantiv	Namen-/Hauptwort	amīca
Adjektiv	Eigenschaftswort	bonus, -a, -um
Artikel	Geschlechtswort	–
(Pronomen)	(Fürwort)	
Demonstrativ-Pronomen	hinweisendes Fürwort	hic, haec, hoc
Indefinit-Pronomen	unbestimmtes Fürwort	aliquis, aliquid
Interrogativ-Pronomen	fragendes Fürwort	quis?
Personal-Pronomen	persönliches Fürwort	ego
Possessiv-Pronomen	besitzanzeigendes Fürwort	meus, -a, -um
Reflexiv-Pronomen	rückbezügliches Fürwort	sē
Relativ-Pronomen	bezügliches Fürwort	quī, quae, quod
Numerale	Zahlwort	duo, duae, duo
Verb	Tätigkeits-/Zeitwort	dīcere

Unveränderliche Wörter

Fachbegriff	deutscher Begriff	Beispiel
Präposition	Verhältniswort	per
Adverb	Umstandswort	citō
Konjunktion	beiordnendes Bindewort	sed
Subjunktion	unterordnendes Bindewort	cum
Interjektion	Ausrufewort	ecce!
Negation	Verneinungswort	nōn

1.2 Erscheinungsformen des Wortes

Substantiv/Adjektiv

Kasus (Fall)	Numerus (Zahl)	Genus (Geschlecht)
Nominativ (1./Wer-/Was-Fall)	Singular (Einzahl)	Maskulinum (männlich)
Genitiv (2./Wessen-Fall)	Plural (Mehrzahl)	Femininum (weiblich)
Dativ (3./Wem-Fall)		Neutrum (sächlich)
Akkusativ (4./Wen-/Was-Fall)		
Ablativ (5. Fall)		
Vokativ (6./Anredefall)		

Verb

Person	Numerus (Zahl)	Modus (Aussageweise)	Tempus (Zeit)	Genus (Geschlecht)
1. (ich/wir) 2. (du/ihr) 3. (er, sie, es/ sie)	Singular (Einzahl) Plural (Mehrzahl)	Indikativ (Wirklichkeitsform) Konjunktiv (Möglichkeitsform) Imperativ (Befehlsform)	Präsens Imperfekt Futur I Perfekt Plusquamperfekt Futur II	Aktiv (Tatform) Passiv (Leideform)
Infinitiv (Grundform) Partizip (Mittelwort)				

2. Satzlehre

Subjekt (Satzgegenstand)
Prädikat (Satzaussage)
Objekt (Satzergänzung)
Adverbiale (Umstandsbestimmung)
Attribut (Beifügung)

3. Zum Bau des Wortes

Im Lateinischen besteht wie in allen Sprachen jeder Satz aus unveränderlichen und veränderlichen Wörtern.

- Die **veränderlichen Wörter** sind **das Verb** und **das Nomen** (vor allem Substantiv und Adjektiv). Die Veränderungen treten in der Regel am Ende des Wortes auf.
- Jede Form der veränderlichen Wörter besteht aus **zwei Bestandteilen:**

1. Die **Form eines Verbs** besteht aus dem **Stamm** und der **Endung**.
   - Für **verschiedene Zeiten** werden **unterschiedliche Stämme** verwendet.
   - Der **Präsensstamm** bleibt immer **unverändert**.
   - Die Endung verändert sich je nach **Person, Numerus** (Singular/Plural), **Tempus** (Zeit) usw.

Präsensstamm + **Endung** (Tempus-Zeichen/Modus-Zeichen – *Person-Zeichen*)

exspecta —— **ba** —— ***mus***
wir warte**ten**

Ü Richte beim Übersetzen der **Form eines Verbs** den Blick zunächst immer auf die **Endung**.

Der Stamm gibt dir immer die Bedeutung des Verbs an. Die Endung lässt dich jedoch am ***Person-Zeichen*** Person und Zahl (Sg./Pl.), am **Tempus-Zeichen** die Zeit des Verbs erkennen.

2. Die **Form eines Nomens** (Substantiv, Adjektiv) besteht aus dem **Stamm** und der **Endung**.
   - Der **Stamm** bleibt in der Regel **unverändert**.
   - Die Endung verändert sich jeweils nach **Kasus** (Fall) und **Numerus** (Zahl: Singular/Plural). Die Endung ist demnach immer durch das **Kasus-Zeichen** dargestellt.

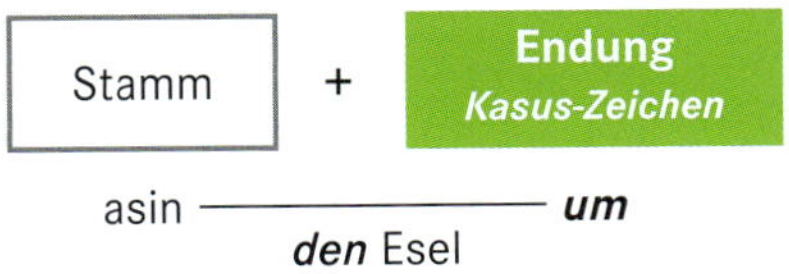

Ü Richte beim Übersetzen der **Form eines Nomens** den Blick zunächst immer auf die **Endung**.

Der Stamm gibt dir immer die Bedeutung des Nomens an. Die Endung lässt dich jedoch am ***Kasus-Zeichen*** den Fall und die Zahl (Sg./Pl.) erkennen.

4. Zum Bau des Satzes

In jedem Satz sind bestimmte **Satzglieder** so zusammengefügt, dass in ihm eine sinnvolle Aussage ausgedrückt wird.
Die wichtigsten Satzglieder, gleichsam die Träger der Aussage, sind **Prädikat** und **Subjekt**.

- Das **Prädikat (P)** ist der **Satzkern**, von dem die anderen Satzglieder größtenteils abhängen:
  das **Subjekt** (**S** im Nominativ),
  das **Objekt** (**AO** im Akkusativ, **DO** im Dativ) und
  das **Adverbiale (Adv.)**.
- Nicht vom Prädikat abhängig sind die **Attribute (Attr.)**; diese bestimmen die anderen Satzglieder näher, denen sie jeweils beigefügt sind.

Ü Richte beim Übersetzen eines **Satzes** den Blick immer auf den **Satzkern**, also auf das **Prädikat**. Es steht in der Regel am Satzende. Das Prädikat gibt dir Hinweise auf das Subjekt und womöglich auf das oder die Objekte. Ordne auch das Adverbiale dem Prädikat zu.
Die Attribute stehen in der Regel beim Nomen, dem sie „beigefügt" sind.

Alle Satzglieder erfüllen demnach in einem Satz verschiedene **Funktionen**.
Das *Schema* eines Satzes lässt sich anschaulich in einem **graphischen Satzmodell** darstellen:

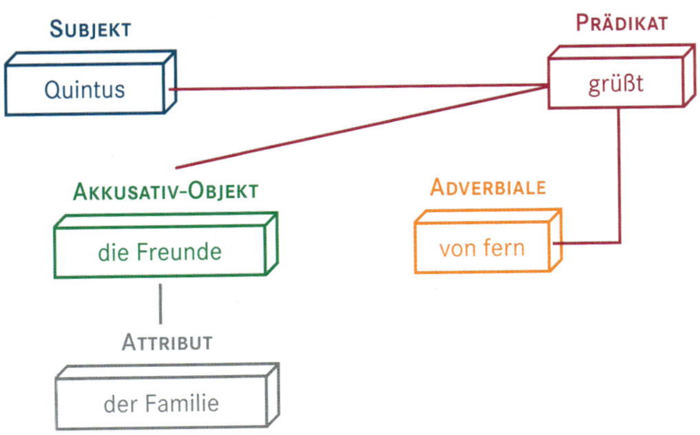

1. Formenlehre

1.1 Infinitiv (Präsens) des Verbs

Die Grundform eines Verbs (Tätigkeitswortes) heißt **Infinitiv.** Im Lateinischen ist der **Infinitiv** (Präsens) meistens zu erkennen an dem **Infinitiv-Zeichen**

-re

Verben werden im Wortschatz und Vokabelverzeichnis stets mit dem Infinitiv angegeben.

Das Infinitiv-Zeichen ist an den **Präsensstamm** des Verbs angefügt.

Lateinisch		**Deutsch**
Präsensstamm ↓	Infinitiv-Zeichen ↓	
clāmā	**-re**	(zu) schreien
iacē	**-re**	(zu) liegen
venī	**-re**	(zu) kommen
es	**-se**	(zu) sein

! Beachte die Sonderform des Infinitivs *es-**se***.

1.2 Dritte Person Singular (Präsens) des Verbs

Die **3. Person Singular** (Einzahl) ist zu erkennen an dem **Person-Zeichen**

-t

Das Person-Zeichen ist an den Präsensstamm des Verbs statt des Infinitiv-Zeichens angefügt.

	Lateinisch Präsensstamm	Endung	**Deutsch**
3. P. Sg.	clāma	**-t**	**er/sie/es** schreit
	iace	**-t**	**er/sie/es** liegt
	veni	**-t**	**er/sie/es** kommt
	es	**-t**	**er/sie/es** ist
		↑ Person-Zeichen 3. P. Singular	

1.3 Nominativ Singular des Substantivs

Lateinische Substantive (Namen-/Hauptwörter) haben keinen Artikel. Sie zeigen den jeweiligen **Kasus** (Fall) und **Numerus** (Zahl: Singular/Plural) durch bestimmte **Kasus-Zeichen** an. Diese sind an den Stamm angefügt.
Kasus-Zeichen für den **Nominativ Singular** (1. Fall) sind:

-a **-us** **-um**

Nominativ Singular		Nominativ Singular
Lateinisch Stamm	Endung	**Deutsch**
amīc	**-a**	**die/eine** Freundin
asin	**-us**	**der/ein** Esel
silenti	**-um**	**die/eine** Ruhe
	↑ Kasus-Zeichen	

Das Englische hat wie die deutsche Sprache für Substantive Artikel: the/a girlfriend – die/eine Freundin.

Ü Nur aus dem Textzusammenhang kannst du entnehmen, ob im Deutschen der bestimmte Artikel „der, die, das“ oder der unbestimmte Artikel „ein, eine, ein“ benutzt werden muss.

1.4 Genus des Substantivs

Die Kasus-Zeichen weisen oft auf das lateinische **Genus** (Geschlecht) eines Substantivs hin.

Nominativ Singular	Lateinisches Genus
-a	**Femininum** ***f*** *(weiblich)*
-us	**Maskulinum** ***m*** *(männlich)*
-um	**Neutrum** ***n*** *(sächlich)*

Das lateinische und das deutsche Genus stimmen nicht immer überein, vgl. z. B. *silenti**um*** **n** „**die/eine** Ruhe“ **f**.

2. Satzlehre

2.1 Subjekt und Prädikat als Satzglieder

Asin**us** iacet.	**Der Esel** liegt da.
Nōn clāmat.	**Er** schreit nicht.

Ein Satz besteht aus verschiedenen **Satzgliedern**, die jeweils unterschiedliche **Funktionen** (Aufgaben) erfüllen.
Das Substantiv *asinus* steht im **Nominativ** Singular.
Dieser Kasus zeigt an, **wer oder was** etwas tut.
Im Satz erfüllt er die **Funktion des Subjekts** (Satzgegenstand).
Die Verben *iacet* und *clāmat* zeigen an, was jemand tut oder was geschieht. Sie erfüllen die **Funktion des Prädikats** (Satzaussage).

Ü **Subjekt →**
wer oder was?

Nach dem Subjekt fragst du immer „**wer oder was?**“. Suche dafür im Satz jeweils die Kasus-Zeichen für den Nominativ.

Das **Prädikat** steht im Lateinischen **meist am Satzende**. Im Deutschen steht es nach dem ersten Satzglied (hier: Adverbiale): *Subitō Flāvia venit.* – „Plötzlich kommt Flavia.“

2.2 Darstellung im Satzmodell

Subjekt und Prädikat stehen als Satzglieder in der Regel an einer **bestimmten Stelle** des Satzes.
Dabei stellt das **Prädikat** in jedem Satz den **Satzkern** dar, von dem fast alle anderen Satzglieder abhängen. Die Satzglieder und ihre Abhängigkeit lassen sich in einem Modell **(Satzmodell)** darstellen:

Das Satzmodell soll dir helfen, den **Aufbau eines Satzes** zu verstehen.

Manchmal wird das **Subjekt allein durch das Person-Zeichen** ausgedrückt. Das Subjekt ist somit im Prädikat enthalten.

Ü Wenn du keinen Nominativ als Subjekt im Satz entdeckst, dann entnimm es dem Prädikat. Meist ist es im vorausgehenden Satz genannt (hier: *asinus* „der Esel“).

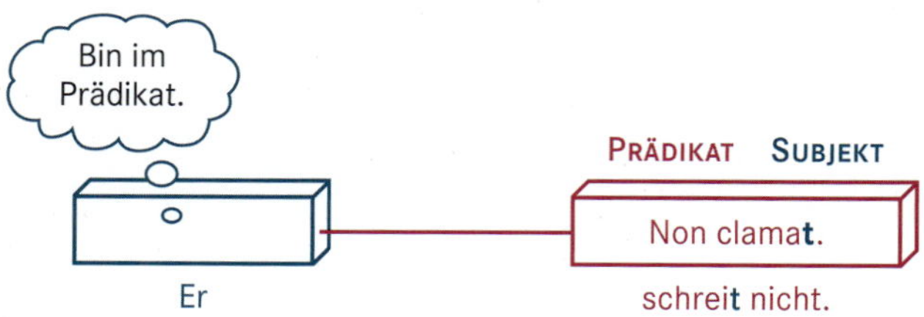

1. Formenlehre

1.1 Konjugationsklassen von Verben

Lateinische Verben lassen sich in Gruppen einteilen.
Dabei zeigt der **Kennvokal** am Ende des Präsensstamms an, zu welcher Gruppe das Verb gehört.
Diese Gruppen heißen **Konjugationsklassen**.

Verben können konjugiert werden, d. h. man verbindet den Stamm des Verbs mit einem Person-Zeichen, z. B. *clāmat* „er, sie, es ruft".

Präsensstamm	Infinitiv-Zeichen	Konjugationsklasse
Kennvokal ↓		
clām**ā**	**-re**	**ā**-Konjugation
iac**ē**	**-re**	**ē**-Konjugation
ven**ī**	**-re**	**ī**-Konjugation
es	**-se**	Sonderkonjugation

1.2 Dritte Person Plural (Präsens) des Verbs

Die **3. Person Plural** (Mehrzahl) ist zu erkennen an dem **Person-Zeichen**

-nt

Dieses Person-Zeichen ist an den Präsensstamm des Verbs angefügt.

	Lateinisch Präsensstamm		Endung	Deutsch
3. P. Sg.	clāma		**-nt**	**sie** schreien
	iace		**-nt**	**sie** liegen
	veni	*u*	**-nt**	**sie** kommen
	s	*u*	**-nt**	**sie** sind
		↑ *Sprechvokal*	↑ Person-Zeichen 3. P. Singular	

Ohne den Sprechvokal lassen sich die Wörter nur schwer aussprechen.

1.3 Nominativ Plural des Substantivs

Die Kasus-Zeichen für den **Nominativ Plural** (Mehrzahl) sind:

-ae **-ī** **-a**

Diese Kasus-Zeichen sind an den Stamm des Substantivs angefügt.

Nominativ Singular		Nominativ Plural	
Lateinisch Stamm Endung	**Deutsch**	**Lateinisch** Stamm Endung	**Deutsch**
amīc -**a**	die Freundin	amīc -**ae**	die Freundinnen
asin -**us**	der Esel	asin -**ī**	die Esel
dōn -**um**	das Geschenk	dōn -**a**	die Geschenke
↑ Kasus-Zeichen Nom. Sg.		↑ Kasus-Zeichen Nom. Pl.	

! Nur wenn du den Nominativ Singular eines Wortes kennst, kannst du entscheiden, worauf das Kasus-Zeichen **-a** hinweist: *amīc**a*** **(Sg.)** „die Freundin" ⟷ *dōn**a*** **(Pl.)** „die Geschenke" (von *dōnum*, **Sg.**).

1.4 Vokativ des Substantivs

Personen können angeredet werden. Dafür gibt es einen eigenen Kasus, den **Vokativ** (6. Fall). Dieser hat nur für den Singular der Wörter auf *-us* ein eigenes Kasus-Zeichen. Sonst ist er mit dem Nomantiv identisch.

Salvē, Quīnt**e**!	Sei gegrüßt, Quintus!
Salvē, Flāvia!	Sei gegrüßt, Flavia!
Salvēte, amīcī!	Seid gegrüßt, Freunde!

Ü Achte darauf, den Namen im Nominativ wiederzugeben, vgl. *Salvē, **Quīnte**!* – „Sei gegrüßt, **Quintus**!".

! Beachte: Bei Namen auf *-ius* lautet das Kasus-Zeichen *-ī*: *Salvē, Lūcī!* – „Sei gegrüßt, Lucius!"

2. Satzlehre

2.1 Kongruenz von Prädikat und Subjekt

Der **Numerus** des Prädikats gibt Auskunft über den Numerus des Subjekts. **Prädikat und Subjekt stimmen in ihrem Numerus überein.** Diese **Übereinstimmung** nennt man **Kongruenz**.

Satzmodell

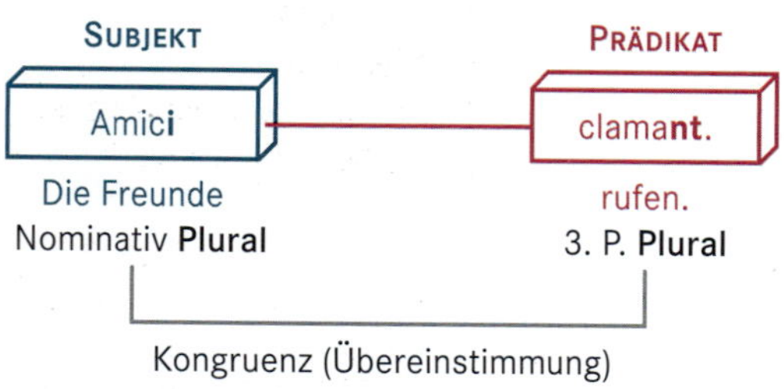

⇄ Auch im Deutschen und im Englischen gibt es diese Übereinstimmung zwischen Subjekt und Prädikat: er schreit/sie schreien – he cries/they cry.

Ü Betrachte immer zuerst die Endung des Prädikats. Sie zeigt dir den Numerus des Subjekts an. Suche dieses dann im Satz.

2.2 Satzarten beim Hauptsatz

Wir können mit der Sprache unterschiedliche Absichten ausdrücken: etwas **aussagen, ausrufen** oder **fragen**.
Deshalb unterscheidet man **drei Satzarten**. Diese enden jeweils mit unterschiedlichen Satzzeichen.

Satzarten →
. – ! – ?

Sprechabsicht	Beispiel	Satzart	Satzzeichen
„aussagen“	Amīcī appropinquant. Die Freunde kommen näher.	**Aussagesatz**	Punkt
„ausrufen“, „auffordern“	Salvēte, amīcī! Seid gegrüßt, Freunde!	**Ausrufesatz/ Aufforderungssatz**	Ausrufezeichen
„fragen“	Cūr rīdent? Warum lachen sie?	**Fragesatz**	Fragezeichen

Lektion 3

1. Formenlehre

1.1 Erste/Zweite Person Singular und Plural (Präsens) des Verbs

Wie bei der 3. Person sind auch hier die **Person-Zeichen** an den Präsensstamm des Verbs angefügt.

Die **Person-Zeichen** für den **Singular** lauten:

-ō „ich“ — 1. P. Singular
-s „du“ — 2. P. Singular

Die **Person-Zeichen** für den **Plural** lauten:

-mus „wir“ — 1. P. Plural
-tis „ihr“ — 2. P. Plural

Ü Anhand des Person-Zeichens kannst du erkennen, wer oder was in einem Satz etwas tut bzw. ist. Achte genau auf dessen Signale.
Zum Beispiel:
Asinus ***es***. – **„Du** bist ein Esel.“
*Clāmā**tis***. – **„Ihr** schreit.“

1.2 Konjugationsschema Präsens der ā-, ē-, ī-Konjugation und von *esse*

Die Tabelle zeigt das Konjugationsschema für das Präsens (Gegenwart) der ā-, ē- und ī-Konjugation:

	ā-Konj.		ē-Konj.		ī-Konj.	
Infinitiv	clāmāre	(zu) schreien	tacēre	(zu) schweigen	audīre	(zu) hören
1.P.Sg.	clāmō*	ich schreie	taceō	ich schweige	audiō	ich höre
2.P.Sg.	clāmās	du schreist	tacēs	du schweigst	audīs	du hörst
3.P.Sg.	clāmat	er, sie, es schreit	tacet	er, sie, es schweigt	audit	er, sie, es hört
1.P.Pl.	clāmāmus	wir schreien	tacēmus	wir schweigen	audīmus	wir hören
2.P.Pl.	clāmātis	ihr schreit	tacētis	ihr schweigt	audītis	ihr hört
3.P.Pl.	clāmant	sie schreien	tacent	sie schweigen	audi*u*nt	sie hören

* clāmō: entstanden aus *clāmā-o* (Zusammenziehung von Vokalen)

Die Formen von *esse* lauten:

	Sonderkonjugation	
Infinitiv	esse	(zu) sein
1.P.Sg.	s*u*m	ich bin
2.P.Sg.	es	du bist
3.P.Sg.	est	er, sie, es ist
1.P.Pl.	s*u*mus	wir sind
2.P.Pl.	estis	ihr seid
3.P.Pl.	s*u*nt	sie sind

! Bei den **Präsensformen von *esse*** wechselt der Stamm (*es-* bzw. *s-*).

Das **Person-Zeichen der 1. Person Singular** lautet hier **-m**.
u- ist jeweils ein Sprechvokal.

1.3 Deklinationsklassen von Substantiven

Genau wie Verben (→ L 2, 1.1) lassen sich auch Substantive in Gruppen einteilen. Diese Gruppen heißen **Deklinationsklassen**. Wir unterscheiden zunächst zwei Deklinationsklassen, die **ā-Deklination** und die **o-Deklination**.

Substantive können dekliniert, d. h. in einen anderen Kasus und Numerus gesetzt werden, z. B. *amīca – amīcae* „die Freundin – die Freundinnen“.

Substantiv mit Nom.-Sg.-Endung *-a*,
z. B. amīca → **ā-Deklination**

Substantiv mit Nom.-Sg.-Endung *-us* oder *-um*,
z. B. servus, dōnum → **o-Deklination**

1.4 Akkusativ des Substantivs

Der **Akkusativ** (4. Fall) hat für die jeweiligen Deklinationsklassen **unterschiedliche Kasus-Zeichen**. Diese lauten:

	Singular	Plural	
- in der ā-Deklination:	-am	-ās	
	Singular m/n	**Plural m**	**Plural n**
- in der o-Deklination:	-um	-ōs	-a

! *a* zeigt verschiedene Kasus an: *amīca* (Nom. Sg.) „die/eine Freundin“; *dōna* (Nom./**Akk.** Pl.) „die Geschenke“.

Diese Kasus-Zeichen sind an den Stamm angefügt. Die Tabelle zeigt eine erste Übersicht über das Deklinationsschema:

Beim Neutrum sind die Kasus-Zeichen für den Nominativ und den Akkusativ gleich.

	ā-Deklination		o-Deklination			
	Femininum		**Maskulinum**		**Neutrum**	
	Singular	**Plural**	**Singular**	**Plural**	**Singular**	**Plural**
Nom.	amīc-**a** die Freundin	amīc-**ae** die Freundinnen	serv-**us** der Sklave	serv-**ī** die Sklaven	dōn-**um** das Geschenk	dōn-**a** die Geschenke
Akk.	amīc-**am** die Freundin	amīc-**ās** die Freundinnen	serv-**um** den Sklaven	serv-**ōs** die Sklaven	dōn-**um** das Geschenk	dōn-**a** die Geschenke

2. Satzlehre

2.1 Akkusativ als Satzglied Objekt

Caecilia serv**um** vocat. Caecilia ruft **den/einen Sklaven**.

Das Substantiv *servum* steht im **Akkusativ.** Es gibt im Satz das **Akkusativ-Objekt** (Satzergänzung) zu dem Prädikat *vocat* „er, sie, es ruft“ und es antwortet auf die Frage **„wen oder was?“** (ruft sie).

Ü **Akkusativ-Objekt → wen oder was?**

Das Akkusativ-Objekt steht im Lateinischen oft zwischen dem Subjekt und dem Prädikat. Überprüfe, ob das Prädikat die Frage **„wen oder was?“** zulässt, und suche dann das Substantiv mit der entsprechenden Endung.

Satzmodell

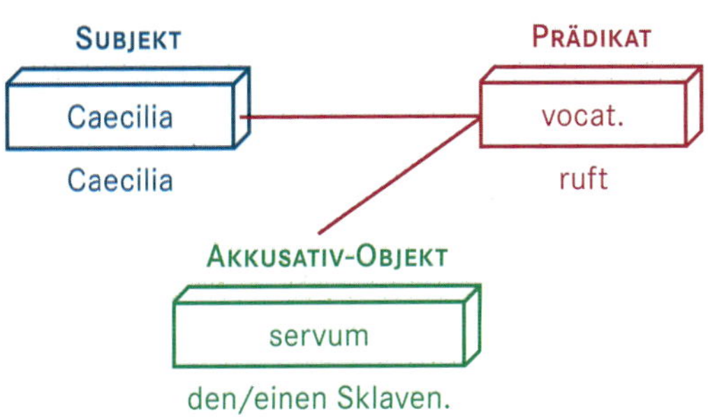

2.2 Akkusativ der Richtung

Quīntus Rōm**am** properat.	Quintus eilt **nach Rom**.
Mārcus in īnsul**am** Crēt**am** nāvigat.	Marcus segelt **zur Insel Kreta**.

Hier stehen **Ortsangaben im Akkusativ**. Die Prädikate *properat* und *nāvigat* bezeichnen eine Bewegung. Durch den Akkusativ bzw. durch die Präposition (Verhältniswort) *in* mit Akkusativ wird hier eine **Richtung** ausgedrückt. Nach der Ortsangabe im Akkusativ fragt man **„wohin?"**.
Der **Akkusativ der Richtung** erfüllt im Satz die **Funktion des Adverbiales.**

Ü **Akkusativ der Richtung → wohin?**

Bei **Prädikaten,** die eine **Bewegung** ausdrücken, stelle immer die Frage **„wohin?"** und suche den **bloßen Akkusativ** (bei einer Stadt) oder eine **Präposition** wie ***in*** „nach" mit dem Akkusativ. Ergänze dazu dann das nachfolgende Substantiv.

Satzmodell

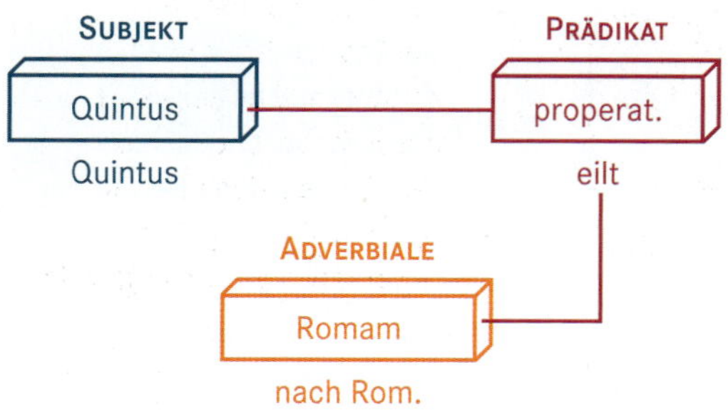

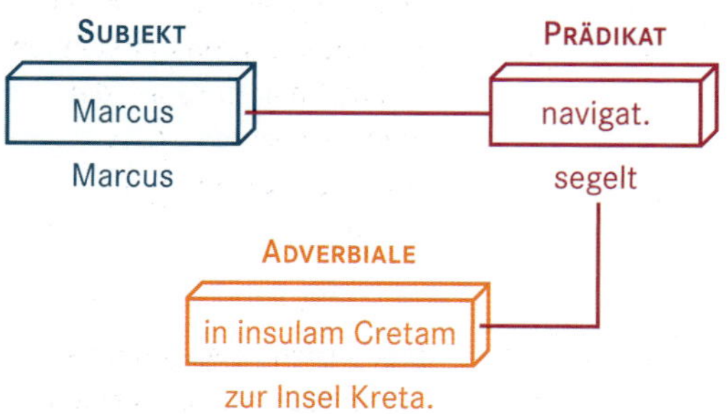

1. Formenlehre

1.1 Konsonantische Deklination des Substantivs

Es gibt im Lateinischen eine dritte Deklinationsklasse, die **Konsonantische Deklination.**
Hierzu gehören in der Regel Substantive, die im Nominativ Singular nicht auf *-a, -us* oder *-um* enden, z. B. *imperātor* „der/ein Kaiser, der/ein Feldherr".

	Konsonantische Deklination			
	Stamm Singular	Endung	Stamm Plural	Endung
Nom.	imperātor		imperātōr	-ēs
Akk.	imperātōr	-em	imperātōr	-ēs
		↑ Kasus-Zeichen		↑ Kasus-Zeichen

Die ā- und die o-Deklination weisen den Kennvokal a- bzw. o- auf. Dieser Kennvokal ist im Kasus-Zeichen mit enthalten: *amīc-**am**/amīc-**ōs***, er ist aber bei einigen Kasus nicht immer zu erkennen, z. B. *amīc-ī*. Die Konsonantische Deklination hat keinen Kennvokal. Zur besseren Aussprache ist deshalb in das Kasus-Zeichen meist ein Sprechvokal eingefügt: *imperātōr-**em** – imperātōr-**ēs***.

Manche Substantive der Konsonantischen Deklination weisen einen unterschiedlichen Stamm für den Nominativ Singular und die restlichen Kasus auf, z. B. Nom. Sg.: *eques* – restliche Kasus: ***equit**-em/-ēs.*

Zur Konsonantischen Deklination gehören z. B. die bereits bekannten Substantive *sōl* „die Sonne", *canis* „der Hund", *eques* „der Reiter", und *imperātor* „der Kaiser, Feldherr".

1.2 Genitiv des Substantivs

Der **Genitiv** (2. Fall) hat für die jeweiligen Deklinationsklassen **unterschiedliche Kasus-Zeichen**. Diese lauten:

	Singular	Plural
- in der ā-Deklination:	-ae	-ārum
- in der o-Deklination:	-ī	-ōrum
- in der Kons. Deklination:	-is	-um

Diese Kasus-Zeichen sind an den Stamm angefügt.

Im **Wortschatzverzeichnis** und im **Wörterbuch** werden lateinische Substantive immer mit ihrem **Genitiv Singular** angegeben. Dadurch kannst du erkennen, zu welcher **Deklinationsklasse** ein Substantiv gehört.
! Lerne also bei Substantiven immer den Genitiv mit.

Deklinationsschema

	ā-Deklination		o-Deklination			
	Femininum		Maskulinum		Neutrum	
	Singular	Plural	Singular	Plural	Singular	Plural
Nom.	amīc-**a** die Freundin	amīc-**ae** die Freundinnen	serv-**us** der Sklave	serv-**ī** die Sklaven	dōn-**um** das Geschenk	dōn-**a** die Geschenke
Gen.	amīc-**ae** der Freundin	amīc-**ārum** der Freundinnen	serv-**ī** des Sklaven	serv-**ōrum** der Sklaven	dōn-**ī** des Geschenkes	dōn-**ōrum** der Geschenke
Akk.	amīc-**am** die Freundin	amīc-**ās** die Freundinnen	serv-**um** den Sklaven	serv-**ōs** die Sklaven	dōn-**um** das Geschenk	dōn-**a** die Geschenke

	Konsonantische Deklination			
	Singular	Plural	Singular	Plural
Nom.	imperātor der Kaiser	imperātōr-**ēs** die Kaiser	homō der Mensch	homin-**ēs** die Menschen
Gen.	imperātōr-**is** des Kaisers	imperātōr-**um** der Kaiser	homin-**is** des Menschen	homin-**um** der Menschen
Akk.	imperātōr-**em** den Kaiser	imperātōr-**ēs** die Kaiser	homin-**em** den Menschen	homin-**ēs** die Menschen

2. Satzlehre

2.1 Genitiv als Attribut

Familia amīc**ae** Circum Māximum intrat.	Die Familie **der Freundin** betritt den Circus Maximus.

Das Substantiv *amīcae* steht im Genitiv. Es gibt im Satz das **Genitiv-Attribut** (Beifügung) zu dem Substantiv *familia* an und antwortet auf die Frage **„wessen** (Familie)?“.
Das Genitiv-Attribut drückt hier die **Zugehörigkeit** zu einer Person oder Sache aus. In der Regel steht es hinter dem Substantiv, das es näher beschreibt.

Ü **Genitiv-Attribut → wessen?**

Im Deutschen kann der Genitiv auch mit „von“ wiedergegeben werden:
familia ***Flāviae*** **„Flavias** Familie/die Familie **von Flavia**“.

Satzmodell

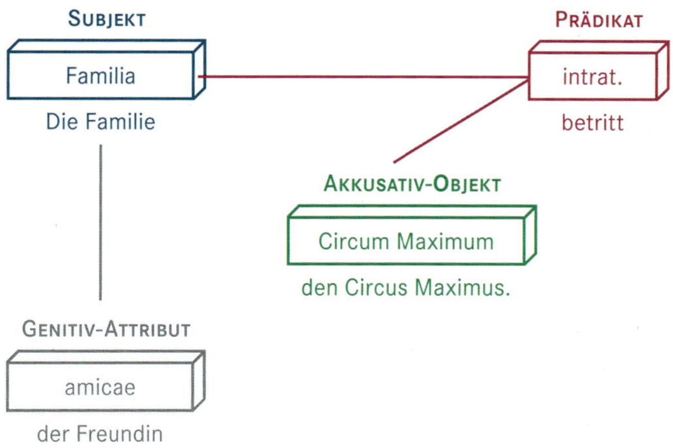

Manchmal ist im Deutschen die Zugehörigkeit mit einer Präposition (Verhältniswort) auszudrücken, z. B. *Imperātor sīgnum* ***spectāculī*** *dat.* – „Der Kaiser gibt das Zeichen **zum Schauspiel.**“

Grundwissen: Fakten

Formenlehre

1 Wörter eines Satzes sind entweder **unveränderlich** (z. B. *nam, cūr?*) oder **veränderlich.**
Veränderliche Wörter sind Substantive (z. B. *amīcus*) oder Verben (z. B. *audīre*).
Verben gehören je nach ihrem Kennvokal verschiedenen **Konjugationsklassen** an:
ā-Konjugation (z. B. clāmāre),
ē-Konjugation (z. B. tacēre),
ī-Konjugation (z. B. audīre). → **L 2, 1.1**
Das Verb ***esse*** ist eine **Sonderform** mit einer eigenen Konjugation. → **L 2, 1.1**

2 Verben können **konjugiert** werden, der **Präsensstamm** wird mit einem **Person-Zeichen** verbunden. Die **Person-Zeichen** lauten: ***-ō, -s, -t, -mus, -tis, -nt.*** → **L 3, 1.2**

3 Der **Infinitiv** wird mit dem **Infinitiv-Zeichen *-re*** gebildet *(Ausnahme: esse).* → **L 1, 1.1**

4 **Substantive** gehören verschiedenen **Deklinationsklassen** an:
ā-Deklination (z. B. *amīca*), → **L 3, 1.3**
o-Deklination (z. B. *amīcus, dōnum*), → **L 3, 1.3**
Kons. Deklination (z. B. *imperātor*). → **L 4, 1.1**

5 Substantive können **dekliniert**, d. h. in einen anderen **Kasus** und **Numerus** gesetzt werden.

6 **Kasus-Zeichen** *(z. B. -am, -ēs, -ōrum)* weisen auf die verschiedenen **Kasus (Nominativ, Genitiv, Akkusativ, Vokativ)** hin. → **L 1, 1.3/L 2, 1.3–4/L 3, 1.4/L 4,1.2**

Satzlehre

7 Ein Satz besteht aus verschiedenen **Satzgliedern,** die unterschiedliche **Funktionen** haben.
Das **Prädikat** stellt den **Satzkern** dar, von dem fast alle anderen Satzglieder **(Subjekt, Akkusativ-Objekt, Adverbiale)** abhängen.
Das **Genitiv-Attribut** bestimmt ein Substantiv näher, dem es „beigefügt" ist.
Quīntus Rōmam properat et familiam amīcae salūtat. – Quintus eilt nach Rom und begrüßt die Familie der Freundin.
(S. – Adv. – P. – Akk.-Obj. – Gen.-Attr. – P.)
→ **L 3, 2.1–2/L 4, 2.1**

8 Drei **Satzarten** werden unterschieden:
Aussagesatz, Aufforderungssatz/Ausrufesatz, Fragesatz. → **L 2, 2.2**

Grundwissen: Überblick

9 Für die Kasus Nominativ, Genitiv und Akkusativ Sg. und Pl. weisen die verschiedenen Deklinationen besondere Endungen auf. Allerdings zeigen **gleiche Endungen manchmal verschiedene Kasus** an. Welcher Kasus vorliegt, lässt sich oft nur aus dem Satzzusammenhang erschließen:
-ī: *amīc-**ī*** (Gen. Sg.): des Freundes – *amīc-**ī*** (Nom. Pl.): die Freunde
-ae: *amīc-**ae*** (Gen. Sg.) der Freundin – *amīc-**ae*** (Nom. Pl.): die Freundinnen
-a: *amīc-**a*** (Nom. Sg.): die Freundin – *dōn-**a*** (Nom./Akk. Pl.): die Geschenke
-um: *amīc-**um*** (Akk. Sg.): den Freund – *dōn-**um*** (Nom./Akk. Sg): das Geschenk – *homin-**um*** (Gen. Pl.): der Menschen

Ich kann schon ...

1 **Wortarten (Substantive, Verben, unveränderliche Wörter) unterscheiden.**
stare – tum – silentium – furor – valde – videre – statim – populus – parere – amor – esse – sed – tacere – certe – homo – nuntius – neque

2 **Verben nach Konjugationsklassen sortieren.**
dare – iubere – gaudere – esse – venire – cessare – timere – audire – intrare – sedere – salutare – iacere – videre

3a **Verben auf den Infinitiv zurückführen.**
properat – iacemus – tenetis – sunt – venio – intras – ardet – do – gaudemus – audiunt – estis – vocas – parent

b **die Verbform bestimmen und den Numerus vertauschen.**
tacemus – salutas – sum – paramus – audit – ardeo – vident – est – venio – pares – rogo – stamus

4 **Substantive nach Deklinationsklassen sortieren.**
asinus – signum – clamor – provincia – homo – amicus – eques – serva – canis – villa – consul – equus – sol – senator

5 **deklinierte Substantive auf den Nominativ Singular zurückführen.**
amicas – consulis – amores – deorum – pericula – insulae – avum – equitem – populorum – homines – populi – solem – dona – nuntios

6 **Substantive nach Kasus und Numerus bestimmen.**
amicum – deae – consules – imperatoris – lacrimas – equos – solem – servi – verborum – equites – clamoris – reginae – spectacula – amice

7 **Satzglieder bestimmen und diese in einem Satzmodell darstellen.**
1. Imperator apparet. 2. Populus gaudet, nam verba imperatoris audit.
3. Pompa[1] venit et amici simulacra deorum et dearum vident.

1) **pompa, -ae** f: Festzug

8 **Satzarten unterscheiden und benennen.**
1. Quintus et Flavia in circum[!] properant. 2. Ibi Lucium et Gaium exspectant. Ubi amici sunt? Cur non veniunt? 3. Tandem Quintus clamat: „Ecce, ibi iam veniunt!" 4. Flavia et Quintus amicos salutant et circum[!] intrant. Quantus[1] clamor hominum!

1) **quantus:** was für ein

9a **Substantive auf den Nominativ Singular zurückführen und angeben, welcher Kasus vorliegt oder vorliegen kann.**
villae – equi – pericula – populum – signum – verba – dea – furoris – servae – avi – lacrima – insulae – nuntii – clamoris – asinum – canum – silentium – dei – regina

b **aus dem Satzzusammenhang entscheiden, welcher Kasus vorliegt.**
1. Servae avum matronae salutant. 2. Amici dona dant. 3. Donum servae valde placet.

1. Formenlehre

1.1 Konsonantische Konjugation des Verbs

Es gibt neben der ā-, ē- und ī-Konjugation eine weitere große Gruppe von Verben. Sie weisen keinen Kennvokal auf. Das **Person-Zeichen** ist also unmittelbar an den **Präsensstamm** angefügt, der auf einen **Konsonanten** endet. Man nennt diese Konjugationsklasse deshalb **Konsonantische Konjugation**.

léɡ	*e*	-re	(zu) lesen
↑	↑	↑	
Präsensstamm	*Sprechvokal*	Infinitiv-Zeichen	

	Konsonantische Konjugation	
Infinitiv	legere	(zu) lesen
1.P.Sg.	legō	ich lese
2.P.Sg.	leg*i*s	du liest
3.P.Sg.	leg*i*t	er, sie, es liest
1.P.Pl.	leg*i*mus	wir lesen
2.P.Pl.	leg*i*tis	ihr lest
3.P.Pl.	leg*u*nt	sie lesen

! Die Infinitive ähneln sehr denen der ē-Konjugation. Lerne immer die 1. P. Sg. mit, damit du weißt, zu welcher Konjugationsklasse das Verb gehört.
Der Infinitiv von Verben der Konsonantischen Konjugation ist immer auf der drittletzen Silbe betont.

Zur besseren Aussprache sind vor die Person-Zeichen, die mit einem Konsonanten beginnen, die Sprechvokale *-i-* oder *-u-* eingefügt.
Die Formen ähneln denen der ī-Konjugation.

1.2 Dativ des Substantivs

Der **Dativ** (3. Fall) hat für die jeweiligen Deklinationsklassen **unterschiedliche Kasus-Zeichen.**
Diese lauten:

	Singular	Plural
- in der ā-Deklination:	-ae	-īs
- in der o-Deklination:	-ō	-īs
- in der Kons. Deklination:	-ī	-ibus

Diese Kasus-Zeichen sind an den jeweiligen Stamm angefügt.

Ü Einige Kasus-Zeichen sind dir bereits bei anderen Kasus begegnet.
Nur der **Textzusammenhang** hilft bei der genauen Bestimmung.

Deklinationsschema

	ā-Deklination		o-Deklination			
	Femininum		Maskulinum		Neutrum	
	Singular	Plural	Singular	Plural	Singular	Plural
Nom.	amīc-**a** die Freundin	amīc-**ae** die Freundinnen	serv-**us** der Sklave	serv-**ī** die Sklaven	dōn-**um** das Geschenk	dōn-**a** die Geschenke
Gen.	amīc-**ae** der Freundin	amīc-**ārum** der Freundinnen	serv-**ī** des Sklaven	serv-**ōrum** der Sklaven	dōn-**ī** des Geschenkes	dōn-**ōrum** der Geschenke
Dat.	amīc-**ae** der Freundin	amīc-**īs** den Freundinnen	serv-**ō** dem Sklaven	serv-**īs** den Sklaven	dōn-**ō** dem Geschenk	dōn-**īs** den Geschenken
Akk.	amīc-**am** die Freundin	amīc-**ās** die Freundinnen	serv-**um** den Sklaven	serv-**ōs** die Sklaven	dōn-**um** das Geschenk	dōn-**a** die Geschenke

	Konsonantische Deklination	
	Singular	Plural
Nom.	senātor der Senator	senātōr-**ēs** die Senatoren
Gen.	senātōr-**is** des Senators	senātōr-**um** der Senatoren
Dat.	senātōr-**ī** dem Senator	senātōr-**ibus** den Senatoren
Akk.	senātōr-**em** den Senator	senātōr-**ēs** die Senatoren

! Da manche Kasus-Zeichen unterschiedliche Kasus anzeigen, z. B. *-ī (amīcī – senātōrī)*, ist es wichtig zu wissen, wie der Nominativ Singular lautet. Dann kannst du den Kasus bestimmen.

2. Satzlehre

2.1 Dativ als Satzglied Objekt

Senātōrēs **cōnsulibus** pārent.	Die Senatoren gehorchen **den Konsuln.**
Imperātor **populō** spectāculum dat.	Der Kaiser gibt **für das Volk** ein Schauspiel.

Die Substantive *cōnsulibus* und *populō* stehen im **Dativ.** Sie geben eine Satzergänzung zu dem jeweiligen Prädikat an und antworten auf die Frage **„wem?“** bzw. **„für wen?“**.
Im Satz erfüllen sie als Satzglied die **Funktion des Dativ-Objekts.**

Ü **Dativ-Objekt → →**
wem?, für wen?

Betrachte immer zuerst das Prädikat. Lässt dieses die Fragen „wem?“ oder „für wen?“ zu, dann kann im Satz ein Dativ stehen.

Satzmodell

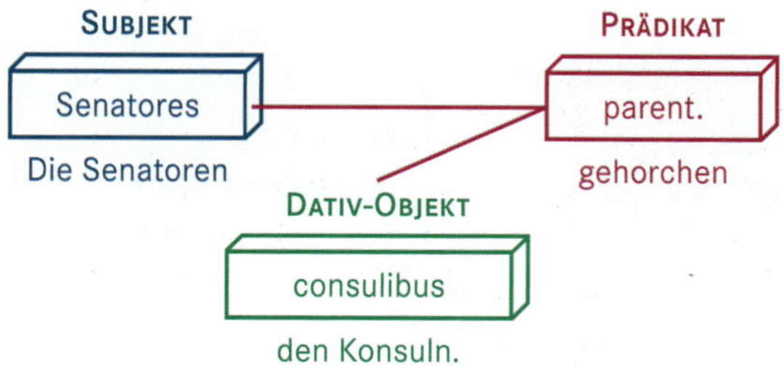

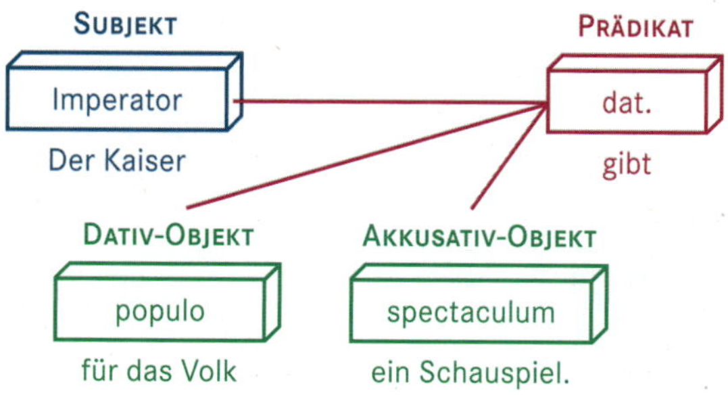

Die Objekte (Satzergänzungen) hängen immer vom Prädikat (Satzaussage) ab.

Im Deutschen wie auch im Englischen tritt das Prädikat immer an die zweite Stelle im Satz:
Die Schüler hören auf den Lehrer. – The pupils listen to the teacher.

Lektion 6

1. Formenlehre
1.1 Modus einer Verbform
1.2 Imperativ des Verbs
1.3 Adjektive der ā-/o-Deklination

2. Satzlehre
2.1 Adjektive als Attribute
2.2 Adjektive als Prädikatsnomen

1. Formenlehre

1.1 Modus einer Verbform

Durch die Endung einer Verbform wird auch angezeigt, **wie** etwas geschieht. Dies bezeichnet man als **Modus** (Aussageweise).
Der Modus, der ausdrückt, dass etwas **wirklich geschieht** oder geschehen ist, heißt **Indikativ** (Wirklichkeitsform), der **Modus**, der ausdrückt, dass etwas **geschehen soll**, heißt **Imperativ** (Befehlsform).

1.2 Imperativ des Verbs

Vom **Imperativ** (Befehlsform) eines Verbs gibt es zwei Formen,

- den **Imperativ Singular** (Befehlsform, die sich an eine Person richtet) und den

- **Imperativ Plural** (Befehlsform, die sich an zwei oder mehrere Personen richtet).

	Imperativ Singular	
	Lateinisch Präsensstamm	**Deutsch**
ā-Konjugation	Clāmā!	Schrei!
ē-Konjugation	Tacē!	Schweig!
ī-Konjugation	Venī!	Komm!
Kons. Konjugation	Accurre! ↑ *Sprechvokal*	Lauf herbei!
Sonderkonjugation	Es!	Sei!

! Häufig steht beim Imperativ ein **Vokativ** (→ L 2, 1.4): Tacē, **serve**! – „Schweig, **Sklave**!“

In der Konsonantischen Konjugation gibt es wenige Ausnahmen:
Dīc! – Sprich! *(Ab)dūc!* – Führe (weg)!

Der **Imperativ Plural** ist zu erkennen am Imperativ-Plural-Zeichen **-te**

Dieses Imperativ-Plural-Zeichen ist an den jeweiligen Präsensstamm angefügt.

	Imperativ Plural		
	Lateinisch Präsensstamm	Endung	**Deutsch**
ā-Konjugation	Clāmā	-**te**!	Schreit!
ē-Konjugation	Tacē	-**te**!	Schweigt!
ī-Konjugation	Venī	-**te**!	Kommt!
Kons. Konjugation	Accurr*i* ↑ *Sprechvokal*	-**te**!	Lauft herbei!
Sonderkonjugation	Es	-**te**!	Seid!
		↑ Imperativ-Zeichen Plural	

Ü Achte bei der Übersetzung auf das **Satzzeichen**. Steht ein **Ausrufezeichen** am Ende des Satzes, ist fast immer ein **Imperativ** im Satz.

1.3 Adjektive der ā-/o-Deklination

Es gibt **Adjektive** (Eigenschaftswörter) mit den **Endungen** ***-us, -a, -um*** für den Nominativ Singular. Sie zeigen die Genera an:

-us → Maskulinum: laetus
-a → Femininum: laeta
-um → Neutrum: laetum
} „froh, fröhlich“

⇄ Das Englische kennt jeweils nur eine Adjektivform, z. B. the lucky boy „der frohe Junge“; the lucky girl „das frohe Mädchen“; the lucky children „die frohen Kinder“.

Diese Adjektivformen werden wie die Substantive der **ā-/o-Deklination** dekliniert.

Deklinationsschema

		Maskulinum	Femininum	Neutrum
Sg.	Nom.	laetus	laeta	laetum
	Gen.	laetī	laetae	laetī
	Dat.	laetō	laetae	laetō
	Akk.	laetum	laetam	laetum
	Vok.	laete	laeta	(laetum)
Pl.	Nom.	laetī	laetae	laeta
	Gen.	laetōrum	laetārum	laetōrum
	Dat.	laetīs	laetīs	laetīs
	Akk.	laetōs	laetās	laeta
	Vok	laetī	laetae	(laeta)

Da in der Regel nur Lebewesen sinnvoll angeredet werden können, wird die grammatische Vokativform in Neutrum hier nur zur Vollständigkeit aufgeführt.

2. Satzlehre

2.1 Adjektive als Attribute

Nūnti**us** *laetus* Domītiō placet. — Die *frohe* Botschaft gefällt Domitius.

Sed *multī* hominē**s** perīcula terr**ārum** *novārum* timent. — Aber *viele* Menschen fürchten die Gefahren *neuer* Länder.

Im Lateinischen steht das Adjektiv in der Regel **nach** dem Substantiv, dem es beigefügt ist.

Adjektive sind in der Regel in einem Satz nicht allein verwendet. Meistens sind sie **einem Substantiv beigefügt**. Sie stimmen in Kasus, Numerus und Genus mit dem Substantiv überein, auf das sie sich beziehen.
Diese Übereinstimmung heißt **KNG-Kongruenz**.
Die Abhängigkeit lässt sich in einem Satzmodell folgendermaßen darstellen:

Ü Bei der Wiedergabe im Deutschen tritt das Adjektiv **vor** das Substantiv, dem es beigefügt ist.

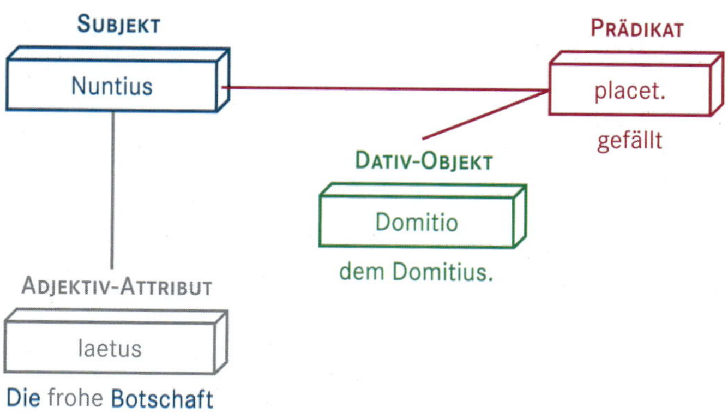

2.2 Adjektive als Prädikatsnomen

Flāvia *maesta* est. Flavia ist *traurig*.

Zusammen mit einer Form von *esse* bildet das Adjektiv *maestus* hier das Prädikat. Zugleich beschreibt es aber auch das Subjekt *Flāvia*.
Diese Verwendung des Adjektivs nennt man **Prädikatsnomen**.

Im Satzmodell lässt sich das folgendermaßen darstellen:

Das Verb *esse* „sein" ist ein sogenanntes Hilfsverb. Es braucht immer eine Ergänzung:
Flāvia, laeta es! – „Flavia, sei fröhlich!"

Lektion 7

1. Formenlehre
1.1 Ablativ mit Präposition

2. Satzlehre
2.1 Adverbiale
2.2 Fragesätze: Satzfragen

1. Formenlehre

1.1 Ablativ mit Präposition

Der **Ablativ** (5. Fall) ist ein Kasus, den es im Deutschen nicht gibt. Er kann mit bestimmten **Präpositionen** (Verhältniswörtern) verbunden sein.
Der Ablativ hat für die jeweiligen Deklinationsklassen **unterschiedliche Kasus-Zeichen.**
Diese lauten:

	Singular	Plural
- in der ā-Deklination:	-ā	-īs
- in der o-Deklination:	-ō	-īs
- in der Kons. Deklination:	-e	-ibus

Diese Kasus-Zeichen sind an den Stamm angefügt.

Ü Die Kasus-Zeichen des Ablativs ähneln sehr denen des Dativs. Nur der **Textzusammenhang** hilft bei der genauen Bestimmung. Achte besonders auf Präpositionen.

Vollständiges Deklinationsschema

	ā-Deklination		o-Deklination			
	Femininum		Maskulinum		Neutrum	
	Singular	Plural	Singular	Plural	Singular	Plural
Nom.	amīc-**a** die Freundin	amīc-**ae** die Freundinnen	serv-**us** der Sklave	serv-**ī** die Sklaven	dōn-**um** das Geschenk	dōn-**a** die Geschenke
Gen.	amīc-**ae** der Freundin	amīc-**ārum** der Freundinnen	serv-**ī** des Sklaven	serv-**ōrum** der Sklaven	dōn-**ī** des Geschenkes	dōn-**ōrum** der Geschenke
Dat.	amīc-**ae** der Freundin	amīc-**īs** den Freundinnen	serv-**ō** dem Sklaven	serv-**īs** den Sklaven	dōn-**ō** dem Geschenk	dōn-**īs** den Geschenken
Akk.	amīc-**am** die Freundin	amīc-**ās** die Freundinnen	serv-**um** den Sklaven	serv-**ōs** die Sklaven	dōn-**um** das Geschenk	dōn-**a** die Geschenke
Abl.	cum amīc-**ā** mit der Freundin	cum amīc-**īs** mit den Freundinnen	cum serv-**ō** mit dem Sklaven	cum serv-**īs** mit den Sklaven	sine dōn-**ō** ohne das Geschenk	sine dōn-**īs** ohne die Geschenke

	Konsonantische Deklination	
	Singular	Plural
Nom.	senātor der Senator	senātōr-**ēs** die Senatoren
Gen.	senātōr-**is** des Senators	senātōr-**um** der Senatoren
Dat.	senātōr-**ī** dem Senator	senātōr-**ibus** den Senatoren
Akk.	senātōr-**em** den Senator	senātōr-**ēs** die Senatoren
Abl.	cum senātōr-**e** mit dem Senator	cum senātōr-**ibus** mit den Senatoren

2. Satzlehre

2.1 Adverbiale

Quīntus **cum amīcīs in forō** ambulat.	Quintus geht **mit seinen Freunden auf dem Forum** spazieren.

Die Ausdrücke *cum amīcīs* „mit den Freunden" und *in forō* „auf dem Forum" geben einen **näheren Umstand** an, die **Begleitung** („**mit wem?**") und den **Ort** („**wo?**").
Eine solche präpositionale Verbindung stellt im Satzmodell das Satzglied **Adverbiale** dar.

Ü Im Deutschen wird der Ablativ stets mit dem Kasus wiedergegeben, den die deutsche Präposition verlangt, vgl. *in forō* „auf dem Forum"; *in spectāculō* „während des Schauspiels / beim Schauspiel".

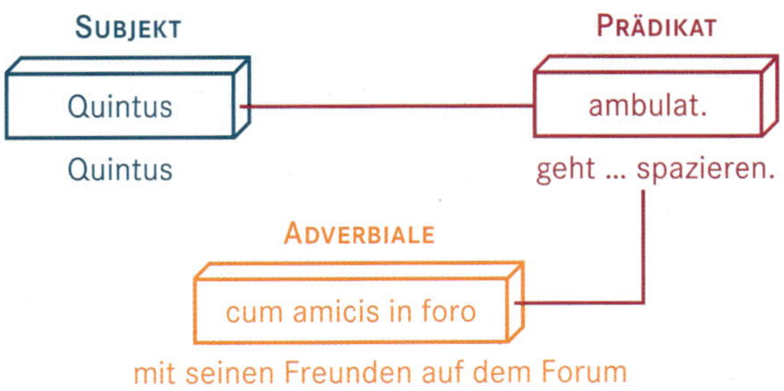

Durch eine präpositionale Verbindung wird ausgedrückt, wo, wann, wie, warum etc. eine Handlung stattfindet.

Ü **Adverbiale → wo? wann?/ wie? womit? mit wem?/ ohne wen oder was?**

! Bei Städtenamen auf *-a* erfolgt die **Ortsangabe** durch eine Sonderform: ***Rōmae*** „in Rom“.

Ort/Zeit		Fragen
in forō	**auf** dem Marktplatz	wo?
in spectāculō	**während** des Schauspiels	wann?

Mittel/Begleitung		Fragen
cum voluptāte	**mit** Vergnügen	wie?, womit?
cum senātōribus	**mit** den Senatoren	mit wem?

Trennung		Fragen
sine amīcīs	**ohne** Freunde	ohne wen?
sine mente	**ohne** Bewusstsein	ohne was?

2.2 Fragesätze: Satzfragen

Ü Beginne bei der Wiedergabe von Satzfragen im Deutschen stets mit dem Prädikat.

Nōnne Flāvia semper Quīntum cōgitat?	Denkt Flavia **denn nicht** immer an Quintus?
Num pīrātās timet?	Fürchtet sie **etwa** Piraten?
Nāvigant**ne** iam diū in Crētam?	Segeln sie schon lange nach Kreta**?**

Fragesätze, auf die man als **Antwort „Ja“** oder **„Nein“** sagen kann, nennt man **Satzfragen**. Im Lateinischen werden sie durch **bestimmte Fragesignale** eingeleitet. Sie zeigen an, welche Antwort der Fragende erwartet.

Fragesignal	Deutsche Wiedergabe	Erwartete Antwort
Nōnne	... denn nicht ...? ... etwa nicht ...?	Doch (Ja).
Num	... denn ...? ... etwa ...?	Nein.
-ne (angehängt)	–	Ja oder Nein.

⇄ Im Englischen werden Satzfragen in der Regel mit einer Form von *to do* eingeleitet. Der Fragende erwartet dabei noch keine bestimmte Antwort, z. B. Do you like swimming? – Antwort: Yes, I do./No, I don’t.

1. Formenlehre

–

2. Satzlehre

2.1 Ablativ ohne Präposition als Adverbiale
2.2 Ablativfunktionen im Überblick (Zusammenfassung)
2.3 Praedicativum

2. Satzlehre

2.1 Ablativ ohne Präposition als Adverbiale

Der Ablativ tritt sehr häufig ohne eine Präposition im Satz auf.

Tōtā urbe clāmor est.	**In der ganzen Stadt** ist Geschrei.
Iam **prīmā lūce** imperātor appāret.	Schon **am frühen Morgen** erscheint der Kaiser.
Hominēs **māgnā vōce** imperātōrem salūtant.	Die Menschen begrüßen den Kaiser **mit lauter Stimme**.

Tōtā urbe, prīmā lūce und *māgna vōce* stehen im Ablativ. Auch ohne Präposition beschreiben sie einen Umstand näher und antworten auf die Fragen **„wo?"**, **„wann?"** und **„wie?"**.
Im Satz erfüllen sie die **Funktion des Adverbiales.**

Ü **Ablativ → wo? wann?/wie? womit? warum? worüber?/ wovon? ohne was?**

Bei der Wiedergabe im Deutschen wird der Ablativ **mit einer Präposition** wiedergegeben. Stelle beim **Ablativ** stets **Fragen** (s. oben).
Wähle dann für die deutsche Übersetzung eine passende Präposition.

2.2 Ablativfunktionen im Überblick (Zusammenfassung)

Der Ablativ (mit und ohne Präposition) antwortet auf sehr verschiedene Fragen. Er gibt dabei unterschiedliche **Umstände** näher an. Als Umstandsangabe erfüllt der Ablativ im Satz die **Funktion des Adverbiales.**

Satzmodell

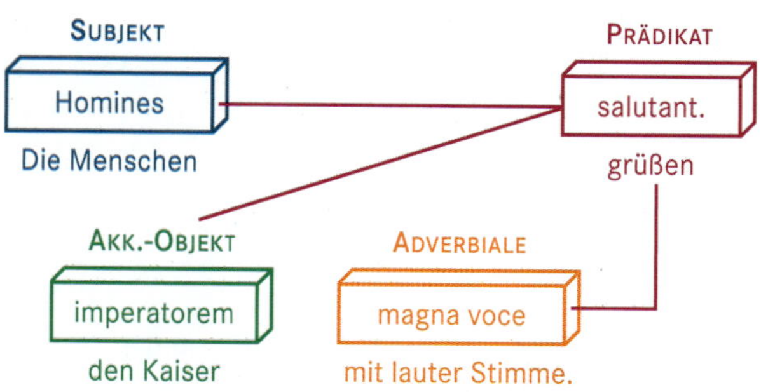

Es gibt drei unterschiedliche **Grundfunktionen** des Ablativs:

Ablativfunktionen	Lateinisch	Deutsch	Fragen
Ort/Zeit	in forō (esse) tōtā urbe (esse) prīmā lūce (salūtāre)	**auf** dem Marktplatz (sein) **in** der ganzen Stadt (sein) **am** frühen Morgen/ **beim** ersten (Tages-)Licht (begrüßen)	wo? wann?
Mittel/ Begleitung/ Grund	māgnā vōce (clāmāre) cum amīcīs (ambulāre) spectāculō (gaudēre)	**mit** lauter Stimme (rufen) **mit** den Freunden (spazieren) (sich) **über** das Schauspiel (freuen)	wie?, womit? mit wem? warum? worüber?
Trennung	lacrimīs (vacāre) dē vīllā (dēcēdere)	**ohne** Tränen/frei **von** Tränen (sein) **aus** dem Haus (weggehen)	ohne wen/was? wovon?

2.3 Praedicativum

Flāvia **maesta** stat. — *Flavia* steht **traurig** da.

Galla **serva** nāta est. — *Galla* ist **als Sklavin** geboren.

Ü Wird ein Adjektiv als Praedicativum verwendet, so stelle es in der Übersetzung zum Prädikat.
Wird ein Substantiv als Praedicativum verwendet, so stelle im Deutschen ein „als“ davor.

Die Wörter *maesta* (Adjektiv) und *serva* (Substantiv) stellen eine **Ergänzung** zur Aussage **des Prädikats** dar. Sie drücken dabei eine besondere Stimmung (Traurigkeit) oder Lebenslage (Sklavendasein) des Subjekts aus.
Sie stimmen deshalb in Kasus, Numerus und Genus *(maesta)* bzw. im Kasus *(serva)* **mit dem Subjekt** überein (Kongruenz). Sie sind hier **prädikativ** verwendet **(Praedicativum)** und erfüllen im Satz die **Funktion des Adverbiales.**

Satzmodelle

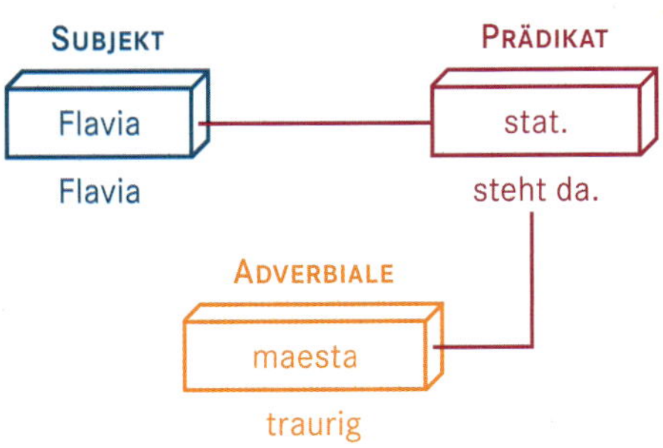

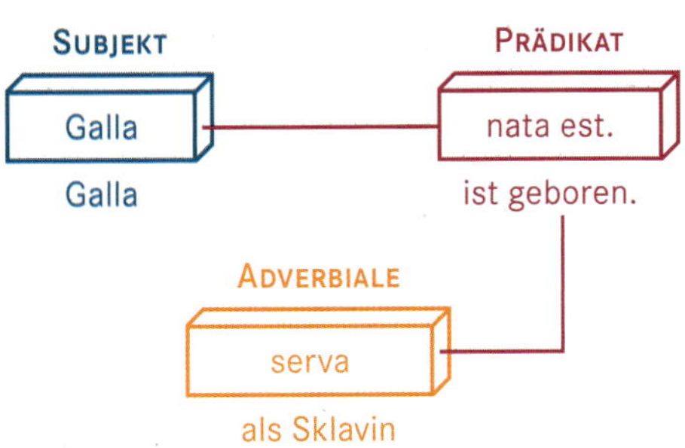

Grundwissen: Fakten

Formenlehre

1 **Verben**, deren Präsensstamm auf einen Konsonanten endet und **keinen Kennvokal** aufweist, gehören zur **Konsonantischen Konjugation**, z. B. *legere*. → **L 5, 1.1**

2 Der **Imperativ** ist die **Befehlsform eines Verbs**. Die Form im Singular sieht aus wie der Infinitiv ohne das Infinitiv-Zeichen *-re*. Der Imperativ im **Plural** ist zu erkennen am Imperativ-Plural-Zeichen ***-te***, z. B. *Audī!* „Hör (zu)!", *Audīte!* „Hört (zu)!" → **L 6, 1.2**

3 Nach dem **Dativ** eines Substantivs fragt man **„wem?"** bzw. **„für wen?"**. Die **Kasus-Zeichen** lauten ***-ae, -ō, -īs*** (ā-/o-Dekl.), ***-ī, -ibus*** (Kons. Dekl.). → **L 5, 1.2**

4 Nach dem **Ablativ** fragt man u. a. **„wo?"**, **„wann?"**, **„wie?"**, **„womit?"**, **„mit wem?"**, **„warum?"**. Die **Kasus-Zeichen** lauten ***-ā, -ō, -īs*** (ā-/o-Dekl.), ***-e, -ibus*** (Kons. Dekl.). Er kann **mit und ohne Präposition** stehen. → **L 7, 1.1/L 8, 2.1**

5 **Adjektive** der **ā-/o-Deklination** haben die Endungen der Substantive der ā-/o-Deklination und stehen in **KNG-Kongruenz zu dem Substantiv**, das sie näher beschreiben, z. B. *amīc**am** nov**am*** „eine neue Freundin", *cōnsulī novō* „dem neuen Konsul". → **L 6, 1.3**

Satzlehre

6 Im **Satzmodell** erfüllen der **Dativ** die Funktion des **Dativ-Objekts**, der **Ablativ** die Funktion des **Adverbiales**, **Adjektive** die Funktion des **Attributs**. → **L 5, 2.1/L 6, 2.1/L 7, 2.1**

Servī novī dominō cum voluptāte pārent. – „Die neuen Sklaven gehorchen dem Hausherrn mit Vergnügen."

S. (Servī) – Adj.-Attr. (novī) – Dat.-Obj. (dominō) – Adv. (cum voluptāte) – P. (pārent)

7 Mit einer Form von *esse* stellt das Adjektiv das **Prädikatsnomen** dar. → **L 6, 2.2**

Nūntius laetus est. – „Der Bote ist fröhlich."

S. (Nūntius) – PN (laetus) – P. (est)

8 Als Ergänzung zum Prädikat bildet es gelegentlich das **Praedicativum**, z. B. *Nūntius laetus venit.* – „Der Bote kommt fröhlich." → **L 8, 2.3**

Grundwissen: Überblick

9 Die **Endung** (das Kasus-Zeichen) ***-is*** kann auf ganz unterschiedliche Kasus hinweisen:

-is

- Abl. Pl. der ā-/o-Dekl.: *lacrim-**īs*** „mit/durch Tränen", *cum amīc-**īs*** „mit den Freunden/Freundinnen";
- Dat. Pl. der ā-/o-Dekl.: *terr-**īs*** „den Ländern";
- Nom./Gen. Sg. der Kons. Dekl.: *nāv-**is*** „das Schiff/des Schiffes";
- Gen. Sg. der Kons. Dekl.: *senātōr-**is*** „des Senators".

10 Mit den **verschiedenen Kasus** der Substantive werden im Satz die **einzelnen Funktionen** angezeigt: das **Objekt** mit dem **Akkusativ** oder **Dativ** als Akkusativ- bzw. Dativ-Objekt, das **Adverbiale** mit dem **Ablativ** oder **einer präpositionalen Verbindung**, das **Attribut** mit dem **Genitiv** als Genitiv-Attribut.

Ich kann schon ...

1 Verbformen nach Konjugationsklassen sortieren.
dicis – solent – ludunt – necamus – curritis – veniunt – valet – convenit – emit – defenditis – stas

2 Imperativformen bestimmen und übersetzen.
ama – valete – vide – audite – curre – mane – cogitate – es – supera – tenete – dic – abducite – este

3 Dativformen auf den Nominativ Singular zurückführen und übersetzen.
piratis – feminae – navi – clamoribus – oculo – homini – fortunae – servis – menti – foris – auxilio

4a eine Ablativform erkennen, bestimmen und auf den Nominativ Singular zurückführen.
oratore – soli – patribus – lacrima – periculis – equites – populo – donis – nuntiorum – imperatore – signo – furore – vocis – aquis – vitia – fuga – armis – iudicis

b passende Fragen zu den Ablativverbindungen stellen und sie übersetzen.
in foro – cum amicis – cum voluptate – magna voce – in aqua – multis cum lacrimis – sine mente – laetis clamoribus – prima luce

5 Substantiven passende Adjektive zuordnen und die Verbindungen übersetzen.
venti – pericula – femina – imperator – servae – dei

laetae – novi – multa – magnus – secundi – maesta

6 Satzglieder bestimmen und in einem Satzmodell darstellen.
1. Prima luce homines in forum currunt. 2. In foro magnus orator verba nova dicit. 3. Cuncti magno clamore oratorem exspectant.

7 Adjektive als Prädikatsnomen im Satz erkennen und übersetzen.
1. Servi robusti sunt. 2. Piratae robusti navem invadunt. 3. Flavia amica laeta est. Etiam Galla laeta est. 4. Magna dona cunctis placent. 5. Este laeti, amici!

8 Adjektive im Satz als Praedicativum erkennen und übersetzen.
1. Cur amici e Circo Maximo maesti in villam veniunt? 2. Etiam Flavia maesta est. 3. Placentne homines laeti semper aliis? 4. Intrate, amici, primi et laeti templum[1] deae!

9 den Kasus von Substantiven bestimmen und entsprechend übersetzen.
matris – reis – canis – armis – donis – vocis – lucis – epistulis – vitiis – oratoris – urbis – oculis – piratis – mentis – servis – servitutis – medicis – consulis – furis

10 markierte Satzglieder bestimmen.
1. Amici senatoris consulem magna voce salutant. 2. Populus prima luce magna cum voluptate in Circo Maximo spectacula spectat. 3. Homines tota Italia spectacula equorum exspectant, Romam veniunt, ibi cunctis placet in circo[1] sedere. 4. Imperator signum spectaculi dat et populo voluptatem parat. 5. Populus spectaculis gaudet.

1. Formenlehre

1.1 Endung *-(e)r* bei Substantiven und Adjektiven der o-Deklination

Es gibt einige **Substantive der o-Deklination**, die im Nominativ Singular auf **-*(e)r*** enden:

pu**er**, puerī m „der Junge";
ag**er**, agrī m „der Acker";
vi**r**, virī m „der Mann".

Ebenso gibt es **Adjektive der ā-/o-Deklination**, die im **Nominativ Singular Maskulinum** auf ***-er*** enden, z. B. *mis**er**, misera, miserum* „elend, unglücklich".
Ansonsten zeigen die Wörter die bekannten Endungen der ā-/o-Deklination an.

[!] Zur Konsonantischen Deklination gehören dagegen *pater, patris* m und *māter, mātris* f.

Deklinationsschema

	Substantiv auf *-er* der o-Deklination	
	Singular	**Plural**
Nom.	puer der Junge	puer-**ī** die Jungen
Gen.	puer-**ī** des Jungen	puer-**ōrum** der Jungen
Dat.	puer-**ō** dem Jungen	puer-**īs** den Jungen
Akk.	puer-**um** den Jungen	puer-**ōs** die Jungen
Abl.	cum puer-**ō** mit dem Jungen	cum puer-**īs** mit den Jungen

		Maskulinum	Femininum	Neutrum		Maskulinum	Femininum	Neutrum
Nom.	**Sg.**	miser	misera	miserum	**Pl.**	miserī	miserae	misera
Gen.		miserī	miserae	miserī		miserōrum	miserārum	miserōrum
Dat.		miserō	miserae	miserō		miserīs	miserīs	miserīs
Akk.		miserum	miseram	miserum		miserōs	miserās	misera
Abl.		miserō	miserā	miserō		miserīs	miserīs	miserīs

2. Satzlehre

2.1 Satzreihe

Nox est;	(itaque) cuncti dormiunt.
Es ist Nacht;	(deshalb) schlafen alle.

Bei einer **Satzreihe** stehen zwei oder mehrere **Hauptsätze gleichwertig** nebeneinander.

Hauptsätze können in einem Text nur durch Kommata/Semikola getrennt nebeneinander stehen. Sie sind einander **beigeordnet.** Meist sind sie jedoch durch **Konjunktionen** (beiordnende Bindewörter) **miteinander verknüpft.** Eine solche Verbindung heißt **Satzreihe.**
Konjunktionen sind z. B. *et* „und", *sed* „aber", *nam* „denn", *itaque* „deshalb".

2.2 Satzgefüge

Gladiatores[!] iam pugnant,	**dum** Aufidius amphitheatrum[!] intrat.
Hauptsatz	Gliedsatz
Die Gladiatoren kämpfen schon,	**während** Aufidius das Amphitheater betritt.

Bei einem **Satzgefüge** ist dem Hauptsatz ein **Gliedsatz untergeordnet;** dieser gibt in der Regel einen näheren Umstand zur Aussage des Hauptsatzes an.

Sätze können auch so miteinander verbunden werden, dass ein Satz dem anderen **untergeordnet** ist. Man nennt den dem Hauptsatz untergeordneten Satz **Gliedsatz.** Hauptsatz und Gliedsatz sind durch **Subjunktionen** (unterordnende Bindewörter) miteinander verbunden. Eine solche Verbindung von Sätzen heißt **Satzgefüge.**
Die Subjunktion gibt die Sinnrichtung des untergeordneten Satzes an:

Ü Achte bei einem Satzgefüge immer auf die Subjunktion. Übersetze zunächst den Hauptsatz und füge dann den Gliedsatz ein. Achte darauf, dass im Deutschen das Prädikat im Gliedsatz am Satzende steht.

Subjunktion	Sinnrichtung	Gliedsatzart
dum (während)	Angabe der Zeit	Temporalsatz
quod (weil)	Angabe des beachteten Grundes	Kausalsatz
etsī (auch wenn, obwohl)	Angabe des nicht beachteten Grundes	Konzessivsatz

1. Formenlehre

1.1 Imperfekt

Das **Imperfekt** (1. Vergangenheitsform) ist zu erkennen an dem Tempus-Zeichen **-ba-**.
Dieses steht zwischen Kennvokal bzw. Sprechvokal und Person-Zeichen.

Lateinisch (Imperfekt) Präsensstamm		Endung		Deutsch (Präteritum)
clāmā		-**ba**	-nt	sie schrien
tacē		-**ba**	-nt	sie schwiegen
audī	*ē*	-**ba**	-nt	sie hörten
leg	*ē*	-**ba**	-nt	sie lasen
	↑ *Sprechvokal*	↑ Tempus-Zeichen	↑ Person-Zeichen	

Im Englischen erkennst du die erste Vergangenheit (Simple Past) häufig an dem angefügten *-ed*:
he wants – he want**ed**.

Die Person-Zeichen sind mit Ausnahme der 1. Person Singular denen des Präsens gleich.

Konjugationsschema Imperfekt

	ā-Konjugation		ē-Konjugation		ī-Konjugation	
1.P.Sg.	clāmā**bam**	ich schrie	tacē**bam**	ich schwieg	audiē**bam**	ich hörte
2.P.Sg.	clāmā**bās**	du schriest	tacē**bās**	du schwiegst	audiē**bās**	du hörtest
3.P.Sg.	clāmā**bat**	er, sie, es schrie	tacē**bat**	er, sie, es schwieg	audiē**bat**	er, sie, es hörte
1.P.Pl.	clāmā**bāmus**	wir schrien	tacē**bāmus**	wir schwiegen	audiē**bāmus**	wir hörten
2.P.Pl.	clāmā**bātis**	ihr schriet	tacē**bātis**	ihr schwiegt	audiē**bātis**	ihr hörtet
3.P.Pl.	clāmā**bant**	sie schrien	tacē**bant**	sie schwiegen	audiē**bant**	sie hörten

	Konsonantische Konjugation	
1.P.Sg.	leg*ē***bam**	ich las
2.P.Sg.	leg*ē***bās**	du last
3.P.Sg.	leg*ē***bat**	er, sie, es las
1.P.Pl.	leg*ē***bāmus**	wir lasen
2.P.Pl.	leg*ē***bātis**	ihr last
3.P.Pl.	leg*ē***bant**	sie lasen

	esse	
1.P.Sg.	er**am**	ich war
2.P.Sg.	er**ās**	du warst
3.P.Sg.	er**at**	er, sie, es war
1.P.Pl.	er**āmus**	wir waren
2.P.Pl.	er**ātis**	ihr wart
3.P.Pl.	er**ant**	sie waren

2. Satzlehre

2.1 Verwendung des Imperfekts

1. Flāvia diū lībera puella **erat**.	Flavia war lange ein freies Mädchen.
2. Semper servīs labōrēs **impōnēbat**.	Immer trug sie den Sklaven Arbeiten auf.
3. In Italiā servae cēnam **parābant**.	In Italien pflegten Sklavinnen das Mahl zu bereiten.

Das lateinische Imperfekt wird im Deutschen mit dem Präteritum wiedergegeben. Es drückt besonders aus:

- **Zustände** oder **andauernde Vorgänge der Vergangenheit** (1.);
- **Gewohnheiten** und **wiederholte Handlungen der Vergangenheit** (2./3.).

Ü Im Deutschen verwendet man, um eine Gewohnheit oder eine sich wiederholende Handlung auszudrücken, außer den Adverbien wie „häufig, meist" zuweilen auch die Verben „pflegen/gewohnt sein".

2.2 Tempora: Zeitstrahl (1)

Die Menschen teilen sich die Zeit in drei große Abschnitte ein: Was war früher? – Was geschieht jetzt? – Was wird künftig sein? Um über diese Abschnitte zu berichten, benutzt man bestimmte **Tempora** (Zeiten). Die Verwendung des Präsens und Imperfekts lässt sich an einem **Zeitstrahl** folgendermaßen darstellen:

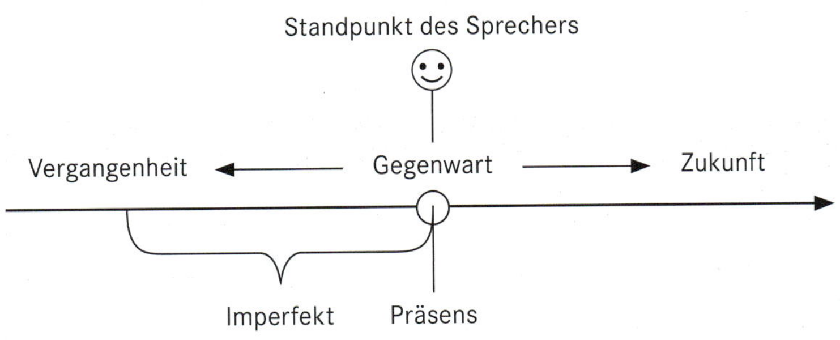

1. Formenlehre

1.1 Perfekt-Bildung mit *-v-, -u-, -s-*

Jedes Verb hat neben dem Präsensstamm auch einen **Perfektstamm**. Dieser wird gebraucht, um bestimmte Zeiten, z. B. das Perfekt, zu bilden.
Das **Perfekt** kann durch Hinzufügen der **Bildungselemente *-v-*, *-u-*** oder ***-s-*** gebildet sein. Präsensstamm und Bildungselement ergeben den **Perfektstamm**.

Bildungselement	Perfektstamm	Präsensstamm	Infinitiv
-v-	clāmā**v**-	clāmā-	clāmāre (schreien)
-u-	tac**u**-	tacē-	tacēre (schweigen)
-s-	mān**s**-	manē-	manēre (bleiben)
	dī**x**- (< dics)	dīc-	dīcere (sagen)

! Der Perfektstamm unterscheidet sich in der Regel vom Präsensstamm. Er muss deshalb immer mitgelernt werden.

1.2 Person-Zeichen des Perfekts

Das zweite Vergangenheitstempus ist das **Perfekt**. Es hat **eigene Person-Zeichen**, die an den **Perfektstamm** eines Verbs angefügt sind:

-ī „ich"
-istī „du"
-it „er, sie, es"
-imus „wir"
-istis „ihr"
-ērunt „sie"

! Führe eine Perfektform auf den Infinitiv Präsens zurück, indem du das Bildungselement weglässt.
Stelle dann am Person-Zeichen die Person und den Numerus fest.

Konjugationsschema Perfekt

	ā-Konjugation		ē-Konjugation	
1.P.Sg.	clāmāv**ī**	ich habe gerufen/rief	tacu**ī**	ich habe geschwiegen/schwieg
2.P.Sg.	clāmāv**istī**	du hast gerufen/riefst	tacu**istī**	du hast geschwiegen/schwiegst
3.P.Sg.	clāmāv**it**	er, sie, es hat gerufen/rief	tacu**it**	er, sie, es hat geschwiegen/schwieg
1.P.Pl.	clāmāv**imus**	wir haben gerufen/riefen	tacu**imus**	wir haben geschwiegen/schwiegen
2.P.Pl.	clāmāv**istis**	ihr habt gerufen/rieft	tacu**istis**	ihr habt geschwiegen/schwiegt
3.P.Pl.	clāmāv**ērunt**	sie haben gerufen/riefen	tacu**ērunt**	sie haben geschwiegen/schwiegen

	ī-Konjugation		Kons. Konjugation	
1.P.Sg.	audīvī	ich habe gehört/hörte	dīxī	ich habe gesagt/sagte
2.P.Sg.	audīvistī	du hast gehört/hörtest	dīxistī	du hast gesagt/sagtest
3.P.Sg.	audīvit	er, sie, es hat gehört/hörte	dīxit	er, sie, es hat gesagt/sagte
1.P.Pl.	audīvimus	wir haben gehört/hörten	dīximus	wir haben gesagt/sagten
2.P.Pl.	audīvistis	ihr habt gehört/hörtet	dīxistis	ihr habt gesagt/sagtet
3.P.Pl.	audīvērunt	sie haben gehört/hörten	dīxērunt	sie haben gesagt/sagten

	esse	
1.P.Sg.	fuī	ich bin gewesen/war
2.P.Sg.	fuistī	du bist gewesen/warst
3.P.Sg.	fuit	er, sie, es ist gewesen/war
1.P.Pl.	fuimus	wir sind gewesen/waren
2.P.Pl.	fuistis	ihr seid gewesen/wart
3.P.Pl.	fuērunt	sie sind gewesen/waren

2. Satzlehre

2.1 Verwendung des Perfekts

1. Rōmānī iam diū nāvigābant, cum subitō pīrātae **appāruērunt**.	Die Römer waren schon lange auf See, als plötzlich Piraten **auftauchten/erschienen**.
2. Nautae nāvis Graecae virōs ex aquā **trāxērunt**.	Seeleute eines griechischen Schiffes **zogen** die Männer aus dem Wasser.
3. Ecce! Graecī Rōmānōs **servāvērunt**.	Seht! Griechen **haben** Römer **gerettet**.

Das **Perfekt** beschreibt im Lateinischen meist Vorgänge und Handlungen, die sich nur **einmal ereigneten** und **abgeschlossen** sind. Dieses **erzählende Perfekt** wird im Deutschen mit dem Präteritum wiedergegeben (1./2.).
Das **Perfekt** kann aber auch Einzelereignisse als **Ergebnis der Vergangenheit** beschreiben. Dieses **feststellende Perfekt** wird auch im Deutschen mit Perfekt wiedergegeben (3.).

Ü Ob in einem Satz ein erzählendes oder ein feststellendes Perfekt vorliegt, lässt sich meist nur aus dem **Textzusammenhang** erschließen.

2.2 Tempora: Zeitstrahl (2)

Auf einem Zeitstrahl lässt sich das Perfekt folgendermaßen einordnen:

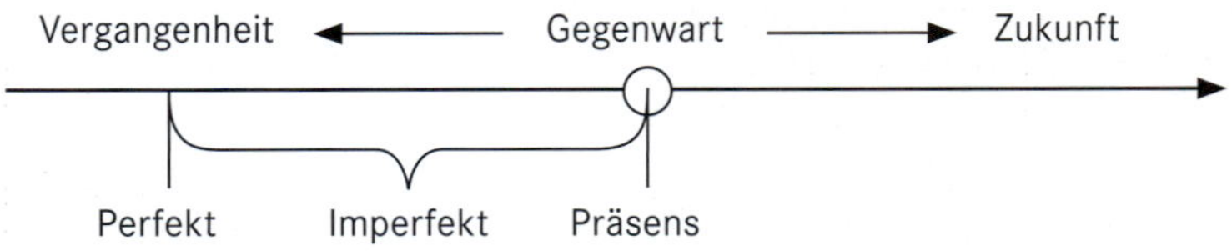

Stammformenliste der Perfektformen

Die 1. P. Sg. Perfekt gehört wie die 1. P. Sg. Präsens zu den **Stammformen** eines Verbs. Im Folgenden sind die Perfektformen lektionsweise und alphabetisch nach ihren Bildungselementen aufgelistet.

1	**-v-**	cessāvī	→ cessāre	zögern; sich Zeit lassen
		clāmāvī	→ clāmāre	schreien, (laut) rufen
		exspectāvī	→ exspectāre	warten (auf), erwarten
	-u-	iacuī	→ iacēre	(da)liegen
		placuī	→ placēre	gefallen; Spaß machen
		tacuī	→ tacēre	schweigen, still sein
	-s-	ārsī	→ ārdēre	(ver)brennen; entbrannt sein

2	**-v-**	apportāvī	→ apportāre	herbeitragen, (mit)bringen
		appropinquāvī	→ appropinquāre	sich nähern, näher kommen
		properāvī	→ properāre	eilen; sich beeilen
		salūtāvī	→ salūtāre	(be)grüßen
	-u-	appāruī	→ appārēre	erscheinen, sich zeigen; offensichtlich sein
		timuī	→ timēre	(sich) fürchten, Angst haben (vor)
	-s-	rīsī	→ rīdēre	lachen

3	**-v-**	administrāvī	→ administrāre	verwalten
		audīvī	→ audīre	(an-, er-, zu)hören
		nāvigāvī	→ nāvigāre	segeln; mit dem Schiff fahren
		parāvī	→ parāre	(vor-, zu)bereiten; *(m. Inf.)* vorhaben
		rogāvī	→ rogāre	fragen; bitten
		vocāvī	→ vocāre	rufen; nennen
	-u-	dēbuī	→ dēbēre	*(m. Inf.)* müssen; verdanken; schulden
		pāruī	→ pārēre	gehorchen
		tenuī	→ tenēre	(zurück)halten; behalten
	-s-	iussī	→ iubēre	*(jmdm.)* befehlen, *(jmdn.)* beauftragen

4	**-v-**	cōgitāvī	→ cōgitāre	denken (an); nachdenken (über); *(m. Inf.)* beabsichtigen
		incitāvī	→ incitāre	antreiben, anfeuern
		intrāvī	→ intrāre	eintreten; betreten
	-u-	–	–	–
	-s-	–	–	–

5	-v-	dormīvī quaesīvī	→ dormīre → quaerere	schlafen suchen; fragen
	-s-	dēcessī dīxī invāsī lūsī plausī sūmpsī	→ dēcēdere → dīcere → invādere → lūdere → plaudere → sūmere	weggehen, gehen (aus) sagen; sprechen; nennen eindringen, angreifen spielen Beifall klatschen, applaudieren nehmen
6	-v-	necāvī praecipitāvī pūgnāvī superāvī	→ necāre → praecipitāre → pūgnāre → superāre	töten *(jmdn.)* hinabstürzen; stoßen; *(sich kopfüber)* hinabstürzen kämpfen (be)siegen; übertreffen
	-u-	–	–	–
	-s-	abdūxī	→ abdūcere	wegführen; (weg)bringen; verschleppen
7	-v-	amāvī ambulāvī portāvī spectāvī	→ amāre → ambulāre → portāre → spectāre	lieben; verliebt sein (spazieren) gehen tragen; bringen (an)schauen; betrachten
	-u-	–	–	–
	-s-	mānsī	→ manēre	bleiben; erwarten
8	-v-	spērāvī vacāvī	→ spērāre → vacāre	(er)hoffen; erwarten frei sein *(von)*, *(etw.)* nicht haben
	-u-	exposuī valuī	→ expōnere → valēre	ausstellen; aussetzen; darlegen gesund sein; Einfluss haben
	-s-	–	–	–
9	-v-	petīvī	→ petere	bitten, verlangen; angreifen; aufsuchen; gehen/fahren nach
	-u-	horruī studuī	→ horrēre → studēre	erschrecken *(vor jmdm./etw.)*; sich scheuen *(etw. zu tun)* sich bemühen *(um)*; wollen; sich bilden
	-s-	cessī	→ cēdere	(weg-, aus)gehen; nachgeben; überlassen
10	-v-	errāvī labōrāvī mūtāvī putāvī sacrificāvī	→ errāre → labōrāre → mūtāre → putāre → sacrificāre	sich irren; umherirren arbeiten; sich anstrengen; leiden (ver)ändern; verwandeln glauben, meinen; *(m. doppeltem Akk.)* halten für opfern
	-u-	caruī imposuī	→ carēre → impōnere	frei sein *(von etw.)*, *(etw.)* nicht haben setzen, stellen, legen (an, auf, in); auftragen; bringen
	-s-	–	–	–

1. Formenlehre
1.1 Perfekt-Bildung mit Reduplikation, Dehnung und ohne Veränderung
1.2 Zusammenfassung aller Perfekt-Bildungen
1.3 Neutra der Konsonantischen Deklination
Stammformenliste der Perfektformen

2. Satzlehre
2.1 Infinitiv als Subjekt oder Objekt

1. Formenlehre

1.1 Perfekt-Bildung mit Reduplikation, Dehnung und ohne Veränderung

Das Perfekt kann im Lateinischen auch gebildet sein

- durch **Reduplikation** (Verdoppelung der Anfangslaute, z. B. **cucu**rrī < **cu**rrere: ich bin gelaufen/lief)
- durch **Dehnung des Stammes** (z. B. v**ē**nī < venīre: ich bin gekommen/kam)
- **ohne Veränderung des Stammes** (z. B. dēfendī < dēfendere: ich habe verteidigt/verteidigte).

Perfekt und Präsens unterscheiden sich bei den zuletzt genannten Verben häufig nur durch die Endung:

dēfenditis: ihr verteidigt
dēfend**istis**: ihr **habt verteidigt**

Ü In der 3. P. Sg. entscheidet zuweilen nur der **Textzusammenhang**, um welches Tempus es sich handelt:
dēfendit „er, sie, es verteidigt" und „er, sie, es hat verteidigt".

1.2 Zusammenfassung aller Perfekt-Bildungen

Perfektstamm			Person-Zeichen
vorne	in der Mitte	hinten	
	clāmā-	-v-	-ī
	tac-	-u-	-istī
	mān-	-s-	-it
	vēn-	–	-imus
cu-	curr-	–	-istis
	dēfend-	–	-ērunt

Reduplikationsperfekt (cu-)
Dehnungsperfekt (vēn-)
Perfekt ohne Veränderung (dēfend-)
v-Perfekt (-v-)
u-Perfekt (-u-)
s-Perfekt (-s-)

1.3 Neutra der Konsonantischen Deklination

Auch in der Konsonantischen Deklination gibt es Neutra. Diese unterscheiden sich im Nominativ und Akkusativ nicht. Wie bei der o-Deklination enden die Neutra im **Nominativ und Akkusativ Plural auf *-a*.**

Deklinationsschema

	Singular	Plural
Nom.	corpus der Körper	corpor**a** die Körper
Gen.	corporis des Körpers	corporum der Körper
Dat.	corporī dem Körper	corporibus den Körpern
Akk.	corpus den Körper	corpor**a** die Körper
Abl.	dē corpore über den Körper	dē corporibus über die Körper

2. Satzlehre

2.1 Infinitiv als Subjekt oder Objekt

Der Infinitiv kann in einem Satz die Funktion des Subjekts oder des Objekts erfüllen. Der **Subjektsinfinitiv** steht nach unpersönlichen Ausdrücken wie *licet* „es ist erlaubt" oder *placet* „es gefällt, es macht Spaß".
Der **Objektsinfinitiv** steht nach Verben wie *solēre* „gewohnt sein", *cōgitāre* „beabsichtigen", *studēre* „wollen" und *dēbēre* „müssen".

Ü Im Deutschen ist der Infinitiv je nach Bedeutung des Prädikats mit oder ohne „zu" wiederzugeben, z. B. *Dormīre soleō.* – „Ich pflege **zu** schlafen." *Manēre dēbeō.* – „Ich muss bleiben."

Satzmodelle

Laufen ist nicht erlaubt.

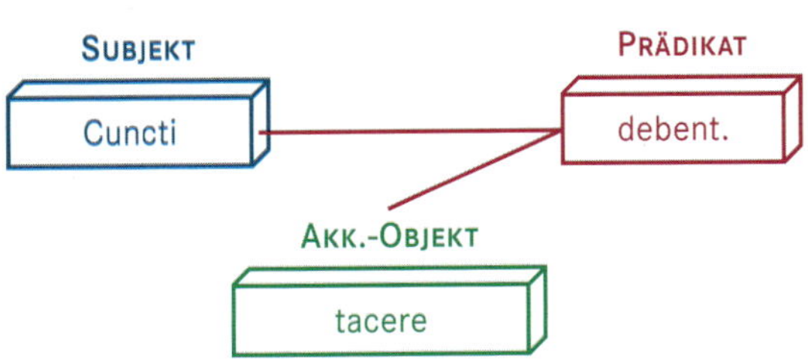

Alle müssen schweigen.

Stammformenliste der Perfektformen

Im Folgenden sind die Perfektformen lektionsweise und alphabetisch nach ihren Bildungsweisen aufgelistet.

1	**Reduplikation**	stetī	→ stāre	(da)stehen
	Dehnung	vēnī	→ venīre	kommen
	ohne Veränderung	–	–	–

2	**Reduplikation**	–	–	–
	Dehnung	–	–	–
	ohne Veränderung	–	–	–

3	**Reduplikation**	respondī*	→ respondēre	antworten, entgegnen
	Dehnung	–	–	–
	ohne Veränderung	–	–	–

* aus respopondī > respondī

4	**Reduplikation**	dedī	→ dare	(von sich) geben
	Dehnung	sēdī vīdī	→ sedēre → vidēre	(da)sitzen sehen
	ohne Veränderung	–	–	–

5	**Reduplikation**	accurrī*	→ accurrere	herbeilaufen, angelaufen kommen
	Dehnung	lēgī	→ legere	lesen; sammeln; auswählen
	ohne Veränderung	–	–	–

* aus accucurrī > accurrī

6	**Reduplikation**	–	–	–
	Dehnung	–	–	–
	ohne Veränderung	dēfendī	→ dēfendere	verteidigen; abwehren

7	**Reduplikation**	cucurrī	→ currere	laufen, eilen
	Dehnung	–	–	–
	ohne Veränderung	–	–	–

8	**Reduplikation**	–	–	–
	Dehnung	convēnī ēmī	→ convenīre → emere	zusammenkommen; -passen; *(m. Akk.)* treffen kaufen
	ohne Veränderung	–	–	–

9	**Reduplikation**	–	–	–
	Dehnung	ēgī	→ agere	tun; handeln; (*m. Adv. und* cum) umgehen *(m. jmdm.)*
	ohne Veränderung	–	–	–

10	**Reduplikation**	addidī	→ addere	hinzufügen
	Dehnung	–	–	–
	ohne Veränderung	statuī	→ statuere	beschließen, entscheiden; aufstellen; festsetzen

Grundwissen: Fakten

Formenlehre

1 Das **Imperfekt** (1. Vergangenheit) ist an dem Tempus-Zeichen ***-ba-*** zu erkennen, das zwischen Kennvokal bzw. Sprechvokal und Person-Zeichen steht. Im Deutschen wird es mit Präteritum wiedergegeben, z. B. *clāmā**ba**t* „er, sie, es schrie, rief".
Das Verb ***esse*** hat eigene Formen: *eram, erās, ...* → **L 10, 1.1**

2 Das **Perfekt** (2. Vergangenheit) hat einen eigenen Stamm, den **Perfektstamm**. Es gibt sechs **verschiedene Bildungsweisen** des Perfektstamms. → **L 12, 1.2**

3 Das Perfekt hat eigene **Person-Zeichen**, sie lauten ***-ī, -istī, -it, -imus, -istis, -ērunt***.
Sie sind dem Perfektstamm angefügt. → **L 11, 1.2**
Im Deutschen wird das Perfekt mit Perfekt oder Präteritum wiedergegeben.

4 Zur o-Deklination gehören auch einige Substantive und Adjektive auf *-(e)r*. → **L 9, 1.1**

Satzlehre

5 **Imperfekt** und **Perfekt** beschreiben **unterschiedliche zeitliche Vorstellungen**:
- Imperfekt: Zustände, andauernde Vorgänge sowie sich wiederholende Handlungen der Vergangenheit; → **L 10, 2.1**
- Perfekt: einen einmaligen Vorgang der Vergangenheit (erzählendes Perfekt) oder ein Ereignis als Ergebnis der Vergangenheit (feststellendes Perfekt). → **L 11, 2.1**

6 Der **Infinitiv** kann die Funktion des **Subjekts** oder des **Objekts** übernehmen.
Ambulāre nōn placet. – „Spazierengehen macht keinen Spaß."
S. P.
Puerī currere solent. – „Jungen sind es gewohnt zu laufen."
S. Akk.-Obj. P. → **L 12, 2.1**

7 Bei einer **Satzreihe** werden Hauptsätze durch **Konjunktionen** gleichwertig miteinander verbunden. Bei einem **Satzgefüge** ist ein Gliedsatz dem Hauptsatz durch eine Subjunktion untergeordnet. Der Gliedsatz kann **verschiedene Sinnrichtungen** (z. B. temporal, kausal, konzessiv) haben. → **L 9, 2.1–2**

Grundwissen: Überblick

8 Die bisher gelernten Zeiten sind auf verschiedene Weise gebildet:
- das **Präsens**, indem an den Präsensstamm die Person-Zeichen angefügt sind (ggf. mithilfe eines Sprechvokals dazwischen);
- das **Imperfekt**, indem an den Präsensstamm (teilweise mit Sprechvokal) das **Tempus-Zeichen *-ba-*** und die Person-Zeichen angefügt sind;
- das **Perfekt**, indem an einen auf verschiedene Weise gebildeten **Perfektstamm** die entsprechenden Person-Zeichen angefügt sind.

9 Die Person-Zeichen für das Präsens sind ***-ō, -s, -t, -mus, -tis, -nt*** (Ausnahme bei *esse:* ***-m*** für die 1. P. Sg.: *su-m*).
Die Person-Zeichen für das Imperfekt sind ***-m, -s, -t, -mus, -tis, -nt***.
Die Person-Zeichen für das Perfekt sind ***-ī, -istī, -it, -imus, -istis, -ērunt***.

Ich kann schon ...

1 Imperfektformen in ihre Bestandteile zerlegen und übersetzen.
vivebant - audiebas - dabatis - agebamus - quaerebant - flebam - veniebat - timebatis

2 die Art der Perfekt-Bildung nennen.
iussī - dēfendērunt - dīxistī - studuī - amāvimus - dedit - vēnit - mīsistis - ēgimus - tetigit - statuī

3 Perfektformen bestimmen und übersetzen.
risistis - cucurrimus - caruit - legi - dederunt - stetistis - sedimus - viderunt - necavit - fui - audiverunt - dixit - emisti - iussimus

4 Substantive ihren Deklinationsklassen zuordnen und ihre KNG bestimmen.
mores - pueros - matrem - victoris - agris - regi - patroni - patri - vitam - virum - corporum

5 die unterschiedliche Verwendung von Imperfekt und Perfekt erkennen und entsprechend übersetzen.
1. Germani deis sacrificabant. Servitutem non amabant. Terram semper defendebant. Multa de Germanis legi. 2. Quis dixit: „Veni, vidi, vici[1]!"? 3. Nox erat. Familia dormiebat. Subito servus in villam properavit et clamavit: „Barbari veniunt!"

1) **vīcī:** ich habe gesiegt

6 den Infinitiv als Subjekt oder Objekt bestimmen und den Satz übersetzen.
1. Servi vitiis vacare debebant. 2. Tum mos erat pugnas gladiatorum! spectare. 3. Currere non licet. 4. Quis cenam parare studet?

7a Konjunktionen von Subjunktionen unterscheiden und ihre jeweilige Bedeutung angeben.
quod - nam - et - si - sed - quamquam - neque - etsi - enim - autem - itaque

b Satzreihen von Satzgefügen unterscheiden und die Art des Gliedsatzes angeben.
1. Quamquam piratae navem invaserunt, de salute non desperavimus. 2. Nam nautae magno cum ardore pugnabant. 3. Itaque multos servaverunt. 4. Sed multi alii valde timebant, quod fortuna secunda non erat. 5. Iam valde maesti erant, cum subito navis Graeca apparuit. 6. Statim Graeci homines ex aqua traxerunt et ad terram portaverunt. 7. Piratas autem in fugam verterunt.

8 Verbformen nach den Zeiten sortieren und dazu jeweils den Infinitiv Präsens nennen.
navigabatis - sunt - tenemus - dixit - accurrerunt - plausi - tetigerunt - fuimus - dormimus - convenistis - valebas - petivisti - statuunt - vivebant - eram - flevimus - sum - studebant - paruerunt - incitabat - cessimus - errant - eratis - defendimus - es

9 bei Verbformen feststellen, welche Person von welcher Zeit in der Endung angezeigt wird.
estis - salutabamus - apparuistis - fuerunt - places - timuimus - venimus - invasisti - ludunt - movimus - imponimus - egit - eras - carebatis - addidisti - colebam

1. Formenlehre

1.1 Personal-Pronomen der ersten und zweiten Person

Deklinationsschema

		1. Person		2. Person	
		Lateinisch	Deutsch	Lateinisch	Deutsch
Sg.	Nom.	ego	ich	tū	du
	Dat.	mihī	mir	tibī	dir
	Akk.	mē	mich	tē	dich
	Abl.	mēcum/sine mē	mit mir/ohne mich	tēcum/sine tē	mit dir/ohne dich
Pl.	Nom.	nōs	wir	vōs	ihr
	Dat.	nōbīs	uns	vōbīs	euch
	Akk.	nōs	uns	vōs	euch
	Abl.	nōbīscum/ sine nōbīs	mit uns/ ohne uns	vōbīscum/ sine vōbīs	mit euch/ ohne euch

1.2 Plusquamperfekt

Ein weiteres Vergangenheitstempus ist das **Plusquamperfekt.**

Es ist zu erkennen an dem **Tempus-Zeichen** -era-.

Dieses ist zwischen **Perfektstamm** und Person-Zeichen eingefügt.

	Lateinisch	Deutsch	Lateinisch	Deutsch
1.P.Sg.	clāmāv**era**m	ich hatte geschrien	cucurr**era**m	ich war gelaufen
2.P.Sg.	clāmāv**erā**s	du hattest geschrien	cucurr**erā**s	du warst gelaufen
3.P.Sg.	clāmāv**era**t	er, sie, es hatte geschrien	cucurr**era**t	er, sie, es war gelaufen
1.P.Pl.	clāmāv**erā**mus	wir hatten geschrien	cucurr**erā**mus	wir waren gelaufen
2.P.Pl.	clāmāv**erā**tis	ihr hattet geschrien	cucurr**erā**tis	ihr wart gelaufen
3.P.Pl.	clāmāv**era**nt	sie hatten geschrien	cucurr**era**nt	sie waren gelaufen

	esse	
1.P.Sg.	fu**era**m	ich war gewesen
2.P.Sg.	fu**erā**s	du warst gewesen
3.P.Sg.	fu**era**t	er, sie, es war gewesen
1.P.Pl.	fu**erā**mus	wir waren gewesen
2.P.Pl.	fu**erā**tis	ihr wart gewesen
3.P.Pl.	fu**era**nt	sie waren gewesen

2. Satzlehre

2.1 Verwendung des Personal-Pronomens der ersten und zweiten Person

Die Person ist in der Regel im Person-Zeichen des Prädikats angezeigt. Bei **Betonung der Person**, besonders in **Gegensätzen**, wird dafür eigens das Personal-Pronomen verwendet.

Tū Rōmae manēs, **ego** in agrōs properō.	**Du** bleibst in Rom, **ich** eile aufs Land.

2.2 Verwendung des Plusquamperfekts

1. Vir Gallus Flāviam in Africā ēmit.	Ein gallischer Mann hat Flavia in Afrika gekauft.
2. Flāvia ex Asiā in Africam **vēnerat**.	Flavia **war** aus Kleinasien nach Afrika **gekommen**.

Das **Plusquamperfekt** *vēnerat* „er, sie, es war gekommen" erfasst einen Vorgang der Vergangenheit, der **schon vor einem anderen Vorgang der Vergangenheit**, *ēmit* „er, sie, es hat gekauft", abgelaufen ist.

2.3 Tempora: Zeitstrahl (3)

Auf einem Zeitstrahl lässt sich das Plusquamperfekt folgendermaßen einordnen:

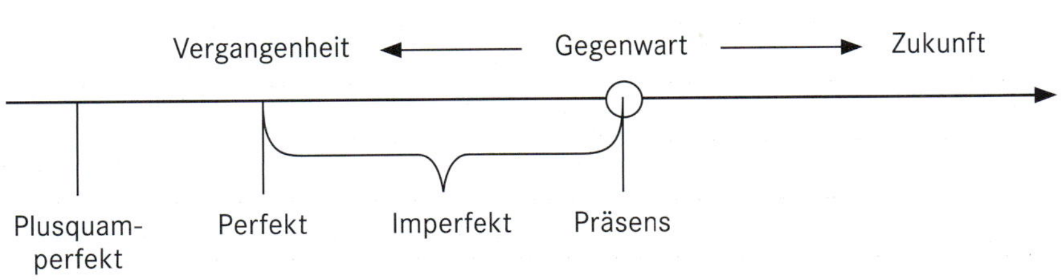

1. Formenlehre

–

2. Satzlehre

2.1 Accusativus cum Infinitivo (AcI)

2.2 Akkusativ der zeitlichen Ausdehnung – Zeitangaben

2. Satzlehre

2.1 Accusativus cum Infinitivo (AcI)

1. Quīntus *Lūcium venīre* **videt**.	Quintus **sieht** *Lucius kommen./, dass Lucius kommt.*
2. Quīntus *Flāviam in Galliā esse* **dīcit**.	Quintus **sagt**, *Flavia ist in Gallien./, dass Flavia in Gallien ist.*
3. Lūcius *Flāviam vīvere* **scit**.	Lucius **weiß**, *Flavia lebt./, dass Flavia lebt.*

Zu den **Akkusativ**-Objekten *Lūcium* (1.) und *Flāviam* (2./3.) ist jeweils noch ein Infinitiv *venīre* (1.), *esse* (2.) und *vīvere* (3.) getreten. Diese besondere Konstruktion heißt **Accusativus cum Infinitivo** (AcI).
Da diese Konstruktion eine vollständige Aussage enthält, spricht man auch von einer **satzwertigen Konstruktion**.
Der AcI übernimmt meist die **Funktion des Objekts**. Die Wiedergabe im Deutschen erfolgt häufig durch einen „dass-Satz".

Auch im Englischen findest du diese Konstruktion: I see him come. – „Ich sehe ihn kommen./, dass er kommt."

Ü Oft wird der AcI auch mit einem verkürzten dass-Satz wiedergegeben (2./3.).

Satzmodell

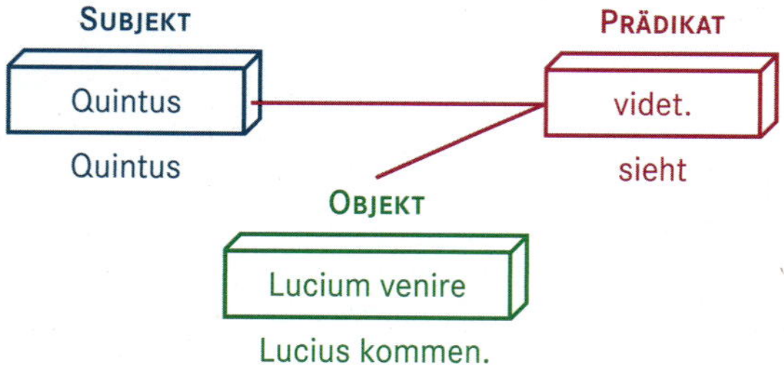

Merke dir:
Der AcI steht als Objekt bei Verben

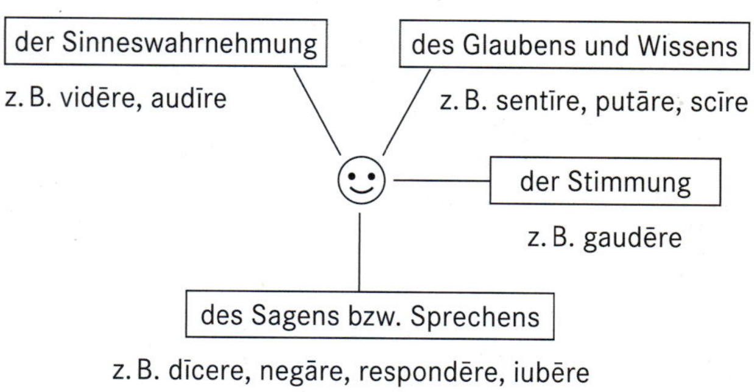

! Der AcI ist die Konstruktion, die dir im Lateinischen am häufigsten begegnet. Merke dir die Arten von Verben („Kopfverben"), von denen der AcI abhängig sein kann.

Im Englischen sind es ebenfalls die „Kopfverben", von denen diese Konstruktion abhängt, z. B. to see „sehen"; to know „wissen"; to make „veranlassen".

Der AcI kann **bei unpersönlichen Ausdrücken** auch die **Funktion des Subjekts** übernehmen:

Flāviam auxilium petere/ miseram esse **appāret**.	**Es ist offensichtlich**, *dass Flavia Hilfe verlangt/unglücklich ist.*

Satzmodell

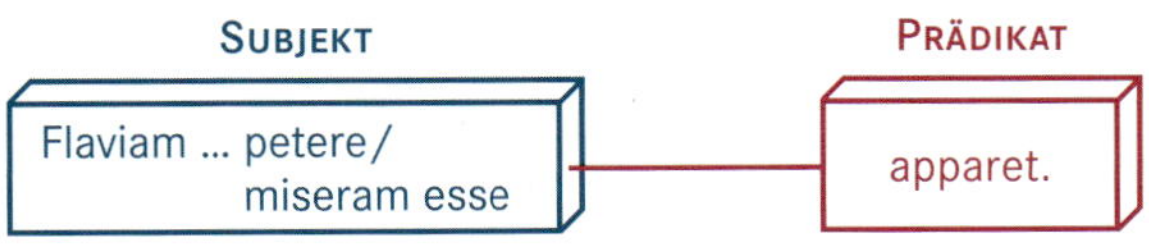

Erkennungs- und Übersetzungshilfe

Quīntus Flāviam in perīculō esse putat.

1. Markiere den Infinitiv.	Quīntus Flāviam in perīculō **esse** putat.
2. Überprüfe, ob das Prädikat ein „Kopfverb" oder ein unpersönlicher Ausdruck ist.	putat: „Kopfverb"
3. Wenn ja, suche im Satz den (ersten) Akkusativ.	Quīntus **Flāviam** in perīculō **esse** putat.
4. Setze eine Klammer vor den Akkusativ und nach dem Infinitiv.	Quīntus (**Flāviam** in perīculō **esse**) putat.
5. Übersetze die Wörter außerhalb der Klammern.	*Quintus glaubt (...).*
6. Füge dann den Satz innerhalb der Klammern an die bereits übersetzten Wörter an. Benutze dafür zunächst einen „dass-Satz".	*Quintus glaubt,* ***dass*** *Flavia in Gefahr ist.*
7. Suche schließlich nach einer anderen Möglichkeit der deutschen Wiedergabe.	*Quintus glaubt, Flavia ist/sei in Gefahr.*

Umbau-Regel

			Akkusativ	**Infinitiv**	
Lateinisch	Quīntus		Flāviam	in perīculō esse	putat.
Deutsch	Quintus glaubt,	dass	Flavia Flavia	in Gefahr ist. ist/sei in Gefahr.	
			Subjekt	**Prädikat**	

! Achte bei der Satzerschließung darauf, ob ein Infinitiv vorhanden ist. Wenn das Prädikat ein „Kopfverb" oder ein unpersönlicher Ausdruck ist, ist vermutlich ein AcI im Satz.

Ü Das Prädikat, von dem ein AcI abhängt, steht im Lateinischen in der Regel am Satzende. Stelle dieses in einem ersten Schritt beim Übersetzen unmittelbar hinter das Subjekt. Mache dann davon den dass-Satz abhängig. Prüfe schließlich, ob eine andere Möglichkeit der Wiedergabe besser passt.

2.2 Akkusativ der zeitlichen Ausdehnung – Zeitangaben

Quīntus tempestātem **multās hōrās** sustinet.

Quintus erträgt das Unwetter **viele Stunden lang.**

Der Akkusativ kann auch die **zeitliche Ausdehnung** ausdrücken. Er erfüllt dann im Satz die **Funktion des Adverbiales.**

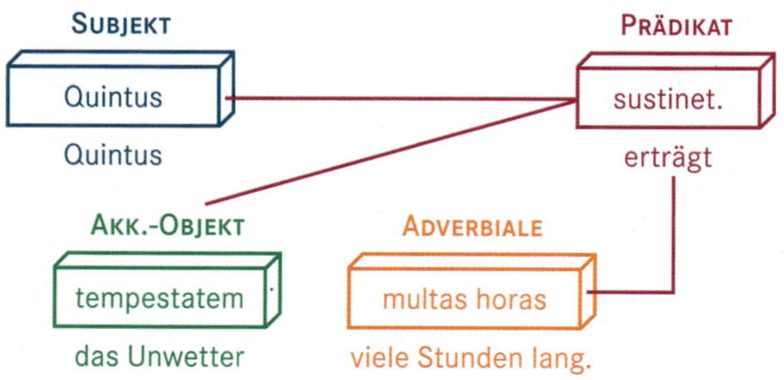

Es gibt also folgende Möglichkeiten von **Zeitangaben**:

diū	lange	*Adverb*
multās hōrās	viele Stunden lang	*Akk. der zeitlichen Ausdehnung*
prīmā lūce	am frühen Morgen/beim ersten (Tages-)Licht	*Abl. der Zeit*
post pūgnam	nach dem Kampf	*Akk. in präpositionaler Verbindung*
in spectāculō	während des Schauspiels	*Abl. in präpositionaler Verbindung*
dum dormiunt	während sie schlafen/schliefen	*temporaler Gliedsatz*

1. Formenlehre

1.1 Adjektive der Konsonantischen Deklination

Es gibt auch **Adjektive**, die die Endungen der **Konsonantischen Deklination** aufweisen. Man unterscheidet hier nach der **Anzahl der Endungen im Nominativ Singular** für das Maskulinum, Femininum und Neutrum **drei Gruppen**, nämlich **dreiendige**, **zweiendige** und **einendige** Adjektive:

m	f	n	
ācer,	ācris,	ācre „scharf“	→ „dreiendig“

m	f	n	
brevis,	brevis,	breve „kurz“	→ „zweiendig“

m	f	n	
fēlīx,	fēlīx,	fēlīx „glücklich“	→ „einendig“

Deklinationsschema

		scharf			*kurz*		
		m	**f**	**n**	**m**	**f**	**n**
Sg.	**Nom.**	ācer	ācris	ācre	brevis	brevis	breve
	Gen.	ācris	ācris	ācris	brevis	brevis	brevis
	Dat.	ācrī	ācrī	ācrī	brevī	brevī	brevī
	Akk.	ācrem	ācrem	ācre	brevem	brevem	breve
	Abl.	ācr**ī**	ācr**ī**	ācr**ī**	brev**ī**	brev**ī**	brev**ī**
Pl.	**Nom.**	ācrēs	ācrēs	ācr**ia**	brevēs	brevēs	brev**ia**
	Gen.	ācr**ium**	ācr**ium**	ācr**ium**	brev**ium**	brev**ium**	brev**ium**
	Dat.	ācribus	ācribus	ācribus	brevibus	brevibus	brevibus
	Akk.	ācrēs	ācrēs	ācr**ia**	brevēs	brevēs	brev**ia**
	Abl.	ācribus	ācribus	ācribus	brevibus	brevibus	brevibus
		„dreiendig“			„zweiendig“		

		glücklich		
		m	f	n
Sg.	Nom.	fēlīx	fēlīx	fēlīx
	Gen.	fēlīcis	fēlīcis	fēlīcis
	Dat.	fēlīcī	fēlīcī	fēlīcī
	Akk.	fēlīcem	fēlīcem	fēlīx
	Abl.	fēlīc**ī**	fēlīc**ī**	fēlīc**ī**
Pl.	Nom.	fēlīcēs	fēlīcēs	fēlīc**ia**
	Gen.	fēlīc**ium**	fēlīc**ium**	fēlīc**ium**
	Dat.	fēlīcibus	fēlīcibus	fēlīcibus
	Akk.	fēlīcēs	fēlīcēs	fēlīc**ia**
	Abl.	fēlīcibus	fēlīcibus	fēlīcibus
		„einendig“		

! Beachte die Endungen, die von den Formen der Konsonantischen Deklination abweichen:
Abl. Sg. ***-ī***,
Nom./Akk. Pl. n ***-ia***,
Gen. Pl. ***-ium***.

Bei „einendigen“ Adjektiven bleibt die Form im Nominativ Singular unabhängig vom grammatischen Geschlecht des Substantivs gleich:

m	f	n
amīc**us fēlīx**	amīc**a fēlīx**	iter **fēlīx**
der glückliche Freund	die glückliche Freundin	die glückliche Reise

! Stelle stets fest, zu welchem Substantiv ein Adjektiv in KNG-Kongruenz steht. In der Regel steht das Adjektiv hinter dem Substantiv, das es näher beschreibt.

Bei „zweiendigen“ Adjektiven heißt es:

m	f	n
gladi**us brevis**	epistul**a brevis**	iter **breve**
das kurze Schwert	der kurze Brief	die kurze Reise

1.2 Possessiv-Pronomen der ersten und zweiten Person

Possessiv-Pronomina (besitzanzeigende Fürwörter) werden wie die Adjektive der ā-/o-Deklination dekliniert.

Sg.	meus, mea, meum	mein	tuus, tua, tuum	dein
Pl.	noster, nostra, nostrum	unser	vester, vestra, vestrum	euer

1.3 Reflexives Personal- und Possessiv-Pronomen der dritten Person

Es gibt im Lateinischen **drei reflexive** (rückbezügliche) Personal-Pronomina:

Sg./Pl.	Lateinisch	Deutsch
Dat.	sibī	(für) sich
Akk.	sē	sich
Abl.	sēcum	mit/bei sich

Die reflexiven Possessiv-Pronomina lauten:

	Lateinisch	Deutsch
Sg.	suus, sua, suum	sein/ihr
Pl.	suus, sua, suum	ihre

! Das reflexive Possessiv-Pronomen ist im Singular und Plural gleich. Achte stets auf das Subjekt des Satzes, auf das es sich zurückbezieht: ***Quīntus*** *amīcōs* ***suōs*** *salūtat.* – „Quintus grüßt **seine** Freunde." ***Senātōrēs*** *amīcōs* ***suōs*** *salūtant.* – „Die Senatoren grüßen **ihre** Freunde."

2. Satzlehre

2.1 Verwendung des reflexiven Personal-Pronomens der dritten Person

1. Quīntus **sibī** cēnam parat.	Quintus bereitet **sich** ein Essen zu.
2. Flāvia **sē** laetam praebet.	Flavia zeigt **sich** erfreut.
3. *Quīntus* **sē** thermās[!] valdē amāre dīcit.	*Quintus* sagt, dass **er** die Thermen sehr liebt.
4. *Flāvia* **sē** famīliam valdē amāre dīcit.	*Flavia* sagt, dass **sie** die Familie sehr liebt.
5. *Senātōrēs* **sē** patriam valdē amāre dīcunt.	*Die Senatoren* sagen, dass **sie** das Vaterland sehr lieben.
6. *Quīntus* **sē sibī** cēnam parāre dīcit.	*Quintus* sagt, dass **er sich/für sich** ein Essen bereitet

Das reflexive Personal-Pronomen der 3. Person **bezieht sich immer auf das Subjekt** des Satzes zurück.
In einem **AcI** bezieht sich das reflexive Personal-Pronomen in der Regel auf das Subjekt des Satzes, von dem der AcI abhängt. ***sē*** wird mit **„er"/„sie"** (Sg.) (3./4.) oder mit **„sie"** (Pl.) (5.), ***sibī*** mit **„sich/für sich"** (6.) wiedergegeben; ausschlaggebend ist auch hier das Subjekt des Satzes.

Ü **AcI →**

„sich" ← ***sē*** → „er" / „sie" / „sie" (Pl.)

1. Formenlehre

1.1 Infinitiv Perfekt

Der **Infinitiv Perfekt** ist zu erkennen an dem **Infinitiv-Zeichen**

-isse

Dieses ist an den **Perfektstamm** des Verbs angefügt.

Lateinisch		Deutsch
Perfektstamm ↓	Infinitiv-Zeichen ↓	
clāmāv	**-isse**	gerufen (zu) haben
tacu	**-isse**	geschwiegen (zu) haben
māns	**-isse**	geblieben (zu) sein
cucurr	**-isse**	gelaufen (zu) sein
vēn	**-isse**	gekommen (zu) sein
dēfend	**-isse**	verteidigt (zu) haben
fu	**-isse**	gewesen (zu) sein

1.2 Personal-Pronomen der dritten Person Sg./Pl.: *is, ea, id* „er, sie, es“

	Lateinisch			Deutsch			Lateinisch			Deutsch
	Singular						Plural			
	m	f	n				m	f	n	
Nom.	is	ea	id	er	sie	es	iī (eī)	eae	ea	sie
Gen.	eius	eius	eius	dessen/ sein(e)	deren/ ihr(e)	dessen/ sein(e)	eōrum	eārum	eōrum	deren/ ihr(e)
Dat.	eī	eī	eī	ihm	ihr	ihm	eīs (iīs)	eīs (iīs)	eīs (iīs)	ihnen
Akk.	eum	eam	id	ihn	sie	es	eōs	eās	ea	sie
Abl.	cum eō	cum eā	cum eō	mit ihm	mit ihr	mit ihm	cum eīs (iīs)	cum eīs (iīs)	cum eīs (iīs)	mit ihnen

2. Satzlehre

2.1 AcI: gleichzeitiges und vorzeitiges Zeitverhältnis

In einem **AcI** kann ein **Infinitiv Präsens** oder ein **Infinitiv Perfekt** vorkommen.

1. Lūcius Flāviam Rōmae **esse** audit.	Lucius **hört**, dass Flavia in Rom **ist**.
2. Lūcius Flāviam in Galliā servam **fuisse** nārrat.	Lucius **erzählt**, dass Flavia in Gallien eine Sklavin **gewesen ist**.
3. Lūcius Quīntum Flāviam per vim **līberāvisse** audīvit.	Lucius **hat gehört**, dass Quintus Flavia mit Gewalt **befreit hatte**.

Der **Infinitiv Präsens (Infinitiv der Gleichzeitigkeit)** drückt im AcI einen Vorgang aus, der **gleichzeitig** zur Handlung des Prädikats verläuft (1.). Dieses Zeitverhältnis nennt man **Gleichzeitigkeit**.

Der **Infinitiv Perfekt (Infinitiv der Vorzeitigkeit)** drückt im AcI dagegen einen **Vorgang** aus, der **vor** der Handlung des Prädikats, also **vorzeitig**, verlaufen ist (2./3.).

2.2 Verwendung des Personal-Pronomens der dritten Person Sg./Pl. *is, ea, id* „er, sie, es"

Aufidius Aridus Flāviam dīmittit.	Aufidius Aridus lässt Flavia frei.
Eius hūmānitās māgna est.	**Seine (Dessen)** Menschlichkeit ist groß.
Quīntus **eum** hominem bonum appellat.	Quintus nennt **ihn** einen guten Menschen.

Das **Personal-Pronomen** ***is, ea, id*** wird **anstelle** einer bereits **genannten Sache oder Person** verwendet.
Der Genitiv gibt dabei einen **Besitzer** an, der nicht Subjekt desselben Satzes ist.

Ü Achte bei der Übersetzung darauf, für welche Person oder Sache das Personal-Pronomen verwendet wird. Darüber gibt dir der **Textzusammenhang** Auskunft.
Vergleiche:
Aufidius Flāviam dīmittit. – „Aufidius lässt Flavia frei."
Eius *familia valdē gaudet.* – „**Ihre** Familie freut sich sehr."

Grundwissen: Fakten

Formenlehre

1 Das **Plusquamperfekt** ist am Tempus-Zeichen ***-era-*** zu erkennen, das an den Perfektstamm angefügt ist und vor das Person-Zeichen tritt, z. B. *clāmāv**erat*** „er, sie, es hatte gerufen". **→ L 13, 1.2**

2 Der **Infinitiv Perfekt** ist am **Infinitiv-Zeichen *-isse*** zu erkennen, das an den Perfektstamm angefügt ist, z. B. *clāmāv**isse*** „gerufen (zu) haben". **→ L 16, 1.1**

3 Das **Personal-Pronomen der 1./2. Person** *(ego, tū, nōs, vōs)* hat eine eigene Deklination. Das **Personal-Pronomen der 3. Person** ist bei Bezug auf das Subjekt durch das **Reflexiv-Pronomen** *sē, sibī, sēcum* ausgedrückt, bei Bezug auf ein anderes Satzglied durch Formen des **Personal-Pronomens** *is, ea, id*. **→ L 13, 1.1/L 15, 1.3/L 16, 1.2**

4 Das **Possessiv-Pronomen der 1. und 2. Person** ist durch die Formen *meus, tuus, noster, vester* ausgedrückt. Das **Possessiv-Pronomen der 3. Person** ist bei Bezug auf das Subjekt mit *suus, sua, suum* ausgedrückt (reflexiv), bei Bezug auf ein anderes Satzglied durch den Genitiv des Personal-Pronomens *is, ea, id: eius – eōrum/eārum* (nicht-reflexiv). **→ 15, 1.2–3/L 16, 1.2**

5 Es gibt einendige *(fēlīx)*, zweiendige *(brevis, breve)* und dreiendige *(ācer, ācris, ācre)* **Adjektive der Kons. Deklination.** Eine Ausnahme in der Deklination bilden der Ablativ Singular: ***-ī***, der Genitiv Plural ***-ium***, der Nominativ/Akkusativ Plural ***-ia***. **→ L 15, 1.1**

Satzlehre

6 Der **AcI** (Accusativus cum Infinitivo) ist eine **satzwertige Konstruktion**. Er beschreibt einen Vorgang, der von bestimmten Verben („Kopfverben") sowie unpersönlichen Ausdrücken abhängt. Das **Subjekt** steht innerhalb des AcI im **Akkusativ**, das **Prädikat** im **Infinitiv**. Die **Reflexiv-Pronomina** *sē, sibī, suus, sua, suum* im AcI beziehen sich in der Regel auf das Subjekt des Satzes, von dem der AcI abhängt. **→ L 14, 2.1/L 15, 2.1**

Lūcius Flāviam in Galliā esse scit. – „Lucius weiß, dass Flavia in Gallien ist."
A I

Grundwissen: Überblick

7 **Die Endung *-ī*** kann beim Nomen und Verb ganz Unterschiedliches anzeigen:

***-ī* beim Nomen (Substantiv und Adjektiv)**

- Nom. Pl. m der Subst. und Adj. der o-Dekl.: *vir-ī bon-ī* „gute Männer";
- Gen. Sg. m und n der Subst. und Adj. der o-Dekl.: *māgn-ī medic-ī* „des großen Arztes", *dōn-ī pulchr-ī* „des schönen Geschenkes";
- Dat. Sg. der Subst. und Adj. der Kons. Dekl.: *sort-ī grav-ī* „dem schweren Los";
- Abl. Sg.: *v-ī* „mit Gewalt" und in *mar-ī* „auf dem Meer";
- Abl. Sg. der Adj. der Kons. Dekl.: *cum fēlīc-ī amīcō* „mit dem glücklichen Freund".

***-ī* beim Verb**

- 1. P. Sg. beim Perfekt: *clāmāv-ī* „ich habe gerufen", *cucurr-ī* „ich bin gelaufen";
- Imperativ Sg. der ī-Konj.: *audī!* „höre!".

Ich kann schon ...

1 **zu Verbformen den Infinitiv Präsens nennen und die Formen übersetzen.**
paraverat – fueram – plauseramus – luseras – legerant – parueratis – sederant – decesseramus – statuerat – defenderant – placuerat – miseram – steteramus – dederas

2 **den entsprechenden Infinitiv Präsens zu dem Infinitiv Perfekt nennen und dann die Sätze übersetzen.**
1. Bene egisse iucundum est. 2. Multa spectacula vidisse placet.
3. Non superavisse maestum est. 4. Multos amicos cognovisse bona fortuna est.
5. Durum atque miserum est patria decessisse.

3 **die Formen des Personal-Pronomens nach den Personen sortieren.**
sibi – nos – ego – nobis – tibi – tecum – me – tu – vos – sine te – se – mihi – vobiscum

4 **feststellen, ob das Possessiv-Pronomen reflexiv oder nicht-reflexiv ist, und eine Begründung dazu angeben.**
1. Flavia lacrimas suas non tenet. 2. Cuncti lacrimas eius vident.
3. Omnes patriam suam defendunt. 4. Nos patriam eorum non invadimus.

5 **Adjektive den Deklinationen zuordnen und den entsprechenden Kasus angeben.**
felici – longi – aequae – acria – miserum – brevium – bonos – difficiles – omnibus – publicis – facilis

6 **einen AcI in einem Satz einklammern und den Satz dann übersetzen.**
1. Omnes oratorem bene dicere sentiunt. 2. Quis nos semper bene valere non gaudet?
3. Rex cives suos felices esse dixit. 4. Flavia se civem Romanam esse dicit.
5. Cuncti deos sibi auxilia dare sciunt.

7a **erklären, was durch die Endung *-i* jeweils angezeigt wird.**
barbari – regi – dedi – viri – vi – vidi – veni (!) – agri – victori – vixi – pii – voci – miseri – vocavi – homini – equi – equiti – aperi – brevi – defendi – regni – promisi – mortali – posui

b **erklären, warum in folgenden Verbindungen die Endung *-i* eindeutig festgelegt ist.**
homines boni – omnis medici – oculi acres – cuncti pueri – felici vita – in mari alto – saxi asperi

1. Formenlehre

1.1 Futur I

Das Futur I ist an folgenden Tempus-Zeichen zu erkennen:

- in der ā-/ē-Konjugation: -b -bi -bu
- in der ī-/Konsonantischen Konjugation: -a -e

Diese stehen zwischen **Präsensstamm** und Person-Zeichen.

Lateinisch (Futur I)			Deutsch (Futur I)
Präsensstamm ↓	Endung ↓		
clāmā	**-b**	-ō	**ich werde** schreien
tacē	**-b*i***	-s	**du wirst** schweigen
tacē	**-b*u***	-nt	**sie werden** schweigen
audi	**-a**	-m	**ich werde** hören
leg	**-ē**	-s	**du wirst** lesen
	↑ Tempus-Zeichen	↑ Person-Zeichen	

Konjugationsschema Futur I

	ā-Konjugation		ē-Konjugation		ī-Konjugation	
1.P.Sg.	clāmā**b**ō	ich werde schreien	tacē**b**ō	ich werde schweigen	audi**a**m	ich werde hören
2.P.Sg.	clāmā**b*i***s	du wirst schreien	tacē**b*i***s	du wirst schweigen	audi**ē**s	du wirst hören
3.P.Sg.	clāmā**b*i***t	er, sie, es wird schreien	tacē**b*i***t	er, sie, es wird schweigen	audi**e**t	er, sie, es wird hören
1.P.Pl.	clāmā**b*i***mus	wir werden schreien	tacē**b*i***mus	wir werden schweigen	audi**ē**mus	wir werden hören
2.P.Pl.	clāmā**b*i***tis	ihr werdet schreien	tacē**b*i***tis	ihr werdet schweigen	audi**ē**tis	ihr werdet hören
3.P.Pl.	clāmā**b*u***nt	sie werden schreien	tacē**b*u***nt	sie werden schweigen	audi**e**nt	sie werden hören

	Konsonantische Konjugation	
1.P.Sg.	leg**a**m	ich werde lesen
2.P.Sg.	leg**ē**s	du wirst lesen
3.P.Sg.	leg**e**t	er, sie, es wird lesen
1.P.Pl.	leg**ē**mus	wir werden lesen
2.P.Pl.	leg**ē**tis	ihr werdet lesen
3.P.Pl.	leg**e**nt	sie werden lesen

	esse	
1.P.Sg.	er**ō**	ich werde sein
2.P.Sg.	er***i***s	du wirst sein
3.P.Sg.	er*i*t	er, sie, es wird sein
1.P.Pl.	er*i*mus	wir werden sein
2.P.Pl.	er*i*tis	ihr werdet sein
3.P.Pl.	er***u***nt	sie werden sein

1.2 Interrogativ-Pronomen (Frage-Pronomen)

Deklinationsschema

	Lateinisch	Deutsch
Nom.	quis?, quid?	wer?, was?
Gen.	cuius?	wessen?
Dat.	cui?	wem?
Akk.	quem?, quid?	wen?, was?
Abl.	ā/dē quō?, quōcum?	von wem?/über wen?, mit wem?

2. Satzlehre

2.1 Tempora: Zeitstrahl (4)

Auf einem Zeitstrahl lässt sich das Futur I folgendermaßen einordnen:

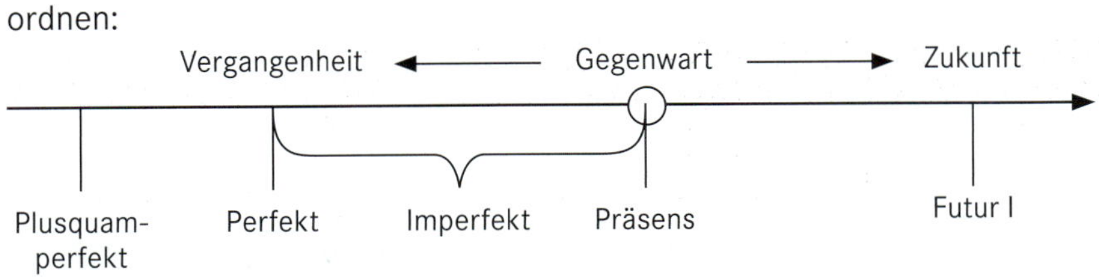

2.2 Fragesätze: Wortfragen

Quis forum Trāiānī īgnōrat? — **Wer** kennt nicht das Trajansforum?

Cuius monumenta ibī appārent? — **Wessen** Denkmäler sind dort zu sehen (zeigen sich dort)?

Fragesätze, auf die man **nicht mit Ja oder Nein** antworten kann, heißen **Wortfragen**. Diese werden durch verschiedene Frage-Pronomen oder Fragewörter wie *ubī* „wo?“, *quō* „wohin?“ oder *cūr* „warum?“ eingeleitet.

! Vergleiche dazu die Satzfragen (→ L 7, 2.2).

1. Formenlehre

1.1 *īre* und Komposita

Das Verb ***īre*** „gehen" verbindet sich mit vielen Präpositionen zu **Komposita** (Zusammensetzungen). Diese lassen sich häufig gut erschließen, z. B. ***red**īre* „zurückgehen" (*re* „zurück, wieder"), ***trāns**īre* „hinübergehen" (*trāns* „jenseits, über ... hinüber").

! Einige der Formen von *īre* sind leicht mit Formen von *is, ea, id* zu verwechseln. Achte darauf, ob die Form als Prädikat (häufig am Satzende) vorkommt. *Ad forum Trāiānī cum amīcō* ***eō***. – „**Ich gehe** mit dem Freund zum Trajansforum." ***Cum eō*** *forum Trāiānī spectant.* – „Sie betrachten **mit ihm** das Trajansforum."

Konjugationsschema Präsensstamm

	Präsens		Imperfekt		Futur I	
1.P.Sg.	eō	ich gehe	ībam	ich ging	ībō	ich werde gehen
2.P.Sg.	īs	du gehst	ībās	du gingst	īb*i*s	du wirst gehen
3.P.Sg.	it	er, sie, es geht	ībat	er, sie, es ging	īb*i*t	er, sie, es wird gehen
1.P.Pl.	īmus	wir gehen	ībāmus	wir gingen	īb*i*mus	wir werden gehen
2.P.Pl.	ītis	ihr geht	ībātis	ihr gingt	īb*i*tis	ihr werdet gehen
3.P.Pl.	e*u*nt	sie gehen	ībant	sie gingen	īb*u*nt	sie werden gehen

Infinitiv	īre	(zu) gehen
Imperativ Sg.	ī!	geh!
Pl.	īte!	geht!

Konjugationsschema Perfektstamm

	Perfekt		Plusquamperfekt	
1.P.Sg.	iī	ich bin gegangen/ging	ieram	ich war gegangen
2.P.Sg.	īstī	du bist gegangen/gingst	ierās	du warst gegangen
3.P.Sg.	iit	er, sie, es ist gegangen/ging	ierat	er, sie, es war gegangen
1.P.Pl.	iimus	wir sind gegangen/gingen	ierāmus	wir waren gegangen
2.P.Pl.	īstis	ihr seid gegangen/gingt	ierātis	ihr wart gegangen
3.P.Pl.	iērunt	sie sind gegangen/gingen	ierant	sie waren gegangen
Infinitiv	īsse	gegangen (zu) sein		

1.2 Relativ-Pronomen *quī, quae, quod*

Das **Relativ-Pronomen** (rückbezügliches Fürwort) *quī, quae, quod* „der, die, das; wer, was“ weist Endungen auf, die mit denen der Formen von *is, ea, id* übereinstimmen.

Deklinationsschema

	Lateinisch			Deutsch			Lateinisch			Deutsch
	Singular						Plural			
	m	f	n				m	f	n	
Nom.	quī	quae	quod	der	die	das	quī	quae	quae	die
Gen.	cu**ius**	cu**ius**	cu**ius**	dessen	deren	dessen	quōrum	quārum	quōrum	deren
Dat.	cui	cui	cui	dem	der	dem	qu**ibus**	qu**ibus**	qu**ibus**	denen
Akk.	quem	quam	quod	den	die	das	quōs	quās	quae	die
Abl.	quōcum	quācum	quōcum	mit dem	mit der	mit dem	qu**ibus**cum	qu**ibus**cum	qu**ibus**cum	mit denen

2. Satzlehre

2.1 Relativsatz

1. Quīntus, **quī** monumenta explānat, gaudet. — Quintus, **der** die Sehenswürdigkeiten erklärt, freut sich.
2. Hospitēs, **quī** Rōmam vident, laetī sunt. — Die Gäste, **die** Rom sehen, sind fröhlich.
3. Flāvia, **cui** cūnctī favent, bella est. — Flavia, **der** alle gewogen sind, ist hübsch.

„**Bezugswort**“ des Relativ-Pronomens

Ein **Relativsatz** ist ein Gliedsatz. Er beschreibt ein Satzglied näher, dem er hinzugefügt ist, und wird durch ein **Relativ-Pronomen** eingeleitet. Dieses **stimmt in Numerus** und **Genus** mit dem Wort **überein**, das näher beschrieben wird (**Bezugswort**). Es steht in der Regel **vor dem Relativ-Pronomen**, sodass sich dieses darauf „zurück“bezieht. Der Relativsatz erfüllt die **Funktion des Attributs**.

Ü **Bestimme** vor der Übersetzung das **Bezugswort** des Relativ-Pronomens, damit du weißt, wer oder was näher beschrieben wird.
Beginne stets mit der Übersetzung des **Hauptsatzes**. Füge den **Relativsatz** dann direkt **hinter** dem übersetzten **Bezugswort** an.

Satzmodell

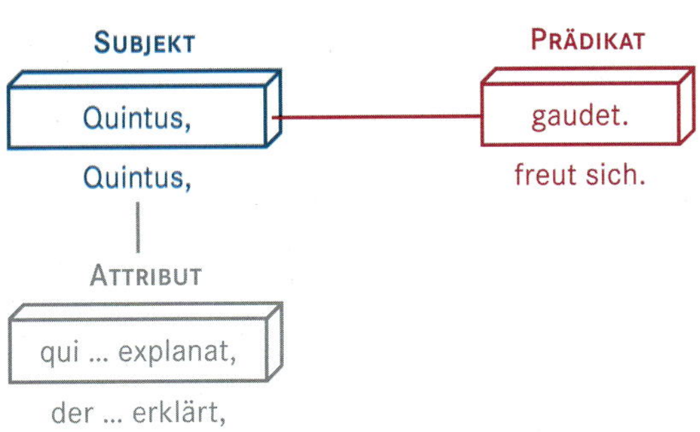

2.2 *is, ea, id* als Demonstrativ-Pronomen

Hermundūrī sēdēs trāns Danūvium habuērunt.	Die Hermunduren hatten ihr Siedlungsgebiet jenseits der Donau.
1. **Ea** cīvitās saepe Danūvium trānsībat.	**Dieser** Stamm überquerte oft die Donau.
2. Numerus **eōrum**, quī trānsiērunt neque rediērunt, citō crēvit.	Die Zahl **derjenigen (derer)**, die hinübergingen und nicht zurückgingen, wuchs schnell.

is, ea, id kann auch als **Demonstrativ-Pronomen** (hinweisendes Fürwort) verwendet sein.
Es weist dann auf ein **Substantiv** hin, das es näher bestimmt, z. B. *ea cīvitās* (1.). Mit diesem stimmt es in **KNG** überein. Im Deutschen ist das Demonstrativ-Pronomen hier mit **„dieser, diese, dieses“** wiederzugeben.

Satzmodell

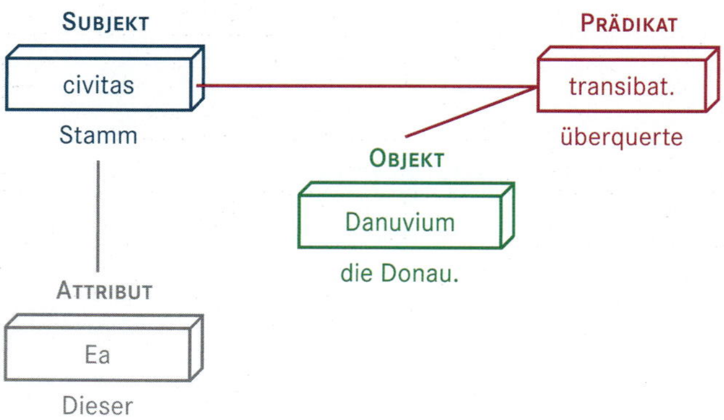

Gelegentlich steht ***is, ea, id*** auch **ohne Substantiv,** auf das es hinweist (2.). Die Übersetzung ergibt sich aus dem Textzusammenhang.

Merke dir:
ea, quae: das, was
Nārrā ea, quae scīs! Erzähl (das), was du weißt!

1. Formenlehre

1.1 *velle – nōlle*

velle „wollen" und *nōlle* „nicht wollen" gehören zu den **Sonderkonjugationen**. Die Formen im **Präsens** sind **unregelmäßig**.
In den anderen Tempora sind die bekannten Endungen (Tempus-Zeichen + Person-Zeichen) an den jeweiligen Präsensstamm bzw. Perfektstamm angefügt.

Konjugationsschema *velle*

	Präsens		Imperfekt		Futur I	
1.P.Sg.	volō	ich will	volē**bam**	ich wollte	vol**am**	ich werde wollen
2.P.Sg.	vīs	du willst	volē**bās**	du wolltest	vol**ēs**	du wirst wollen
3.P.Sg.	vult	er, sie, es will	volē**bat**	er, sie, es wollte	vol**et**	er, sie, es wird wollen
1.P.Pl.	vol*u*mus	wir wollen	volē**bā**mus	wir wollten	vol**ē**mus	wir werden wollen
2.P.Pl.	vultis	ihr wollt	volē**bā**tis	ihr wolltet	vol**ē**tis	ihr werdet wollen
3.P.Pl.	vol*u*nt	sie wollen	volē**ba**nt	sie wollten	vol**e**nt	sie werden wollen
Infinitiv	velle	(zu) wollen				
Perfekt	voluī	ich habe gewollt/ wollte				

Konjugationsschema ***nōlle***

	Präsens		Imperfekt		Futur I	
1.P.Sg.	nōlō	ich will nicht	nōlē**bam**	ich wollte nicht	nōl**am**	ich werde nicht wollen
2.P.Sg.	nōn vīs	du willst nicht	nōlē**bās**	du wolltest nicht	nōl**ēs**	du wirst nicht wollen
3.P.Sg.	nōn vult	er, sie, es will nicht	nōlē**bat**	er, sie, es wollte nicht	nōl**et**	er, sie, es wird nicht wollen
1.P.Pl.	nōl*u*mus	wir wollen nicht	nōlē**bā**mus	wir wollten nicht	nōl**ē**mus	wir werden nicht wollen
2.P.Pl.	nōn vultis	ihr wollt nicht	nōlē**bā**tis	ihr wolltet nicht	nōl**ē**tis	ihr werdet nicht wollen
3.P.Pl.	nōl*u*nt	sie wollen nicht	nōlē**ba**nt	sie wollten nicht	nōl**e**nt	sie werden nicht wollen
Infinitiv	nōlle	nicht (zu) wollen				
Perfekt	nōluī	ich habe nicht gewollt/wollte nicht				

1.2 Futur II

Ein weiteres Tempus für einen zukünftigen Vorgang ist das **Futur II**. Es ist zu erkennen an dem **Tempus-Zeichen**

-er-/-eri-

Dieses ist zwischen **Perfektstamm** und Person-Zeichen eingefügt.

	Lateinisch	Deutsch	Lateinisch	Deutsch
1.P.Sg.	clāmāv**er**ō	ich werde geschrien haben	cucurr**er**ō	ich werde gelaufen sein
2.P.Sg.	clāmāv**eri**s	du wirst geschrien haben	cucurr**eri**s	du wirst gelaufen sein
3.P.Sg.	clāmāv**eri**t	er, sie, es wird geschrien haben	cucurr**eri**t	er, sie, es wird gelaufen sein
1.P.Pl.	clāmāv**eri**mus	wir werden geschrien haben	cucurr**eri**mus	wir werden gelaufen sein
2.P.Pl.	clāmāv**eri**tis	ihr werdet geschrien haben	cucurr**eri**tis	ihr werdet gelaufen sein
3.P.Pl.	clāmāv**eri**nt	sie werden geschrien haben	cucurr**eri**nt	sie werden gelaufen sein

	esse	
1.P.Sg.	fu**er**ō	ich werde gewesen sein
2.P.Sg.	fu**eri**s	du wirst gewesen sein
3.P.Sg.	fu**eri**t	er, sie, es wird gewesen sein
1.P.Pl.	fu**eri**mus	wir werden gewesen sein
2.P.Pl.	fu**eri**tis	ihr werdet gewesen sein
3.P.Pl.	fu**eri**nt	sie werden gewesen sein

2. Satzlehre

2.1 Dativ des Besitzers

1. **Amīcō** vīlla pulchra *est.* — **Der Freund** *besitzt* ein schönes Landhaus. (Wörtlich: **Dem Freund** *ist* ein schönes Landhaus.)
2. **Rōmānīs** mōrēs bonī *sunt.* — **Die Römer** *haben* gute Sitten. (Wörtlich: **Den Römern** *sind* gute Sitten.)

Der Dativ in Verbindung mit einer Form von *esse* gibt den **Besitzer einer Sache** oder **Eigenschaft** an. Er heißt deshalb **Dativ des Besitzers.** Im Deutschen wird er mit dem Nominativ wiedergegeben, die Form von *esse* mit „haben" oder „besitzen".

Ü Wenn ein Dativ mit einer **Form von *esse*** verbunden ist, so liegt in der Regel ein **Dativ des Besitzers** vor. Übersetze zunächst immer wörtlich und dann mit „haben/besitzen". ***Mihī*** *amīcus* ***est.*** – „**Mir ist** ein Freund." → „**Ich habe** einen Freund."

2.2 Verwendung des Futur II

Flāvia:
„Sī Quīntus mē **rogāverit**, ego nūptiās nōn recūsābō."

Flavia:
„Wenn Quintus mich **fragt** (gefragt haben wird), werde ich die Heirat nicht verweigern."

Das Futur II beschreibt einen Vorgang in der Zukunft, der vor einem anderen zukünftigen Vorgang stattfindet (erst muss Quintus fragen, dann kann Flavia antworten). Es kommt deshalb fast nur in Gliedsätzen vor, die durch ***sī*** „wenn, falls", ***nisī*** „wenn nicht" oder ***cum*** „(immer) wenn" eingeleitet werden.

Ü Im Deutschen wird das Futur II meist mit Präsens oder Perfekt wiedergegeben.

2.3 Tempora: Zeitstrahl (5)

Auf einem Zeitstrahl lässt sich das Futur II folgendermaßen einordnen:

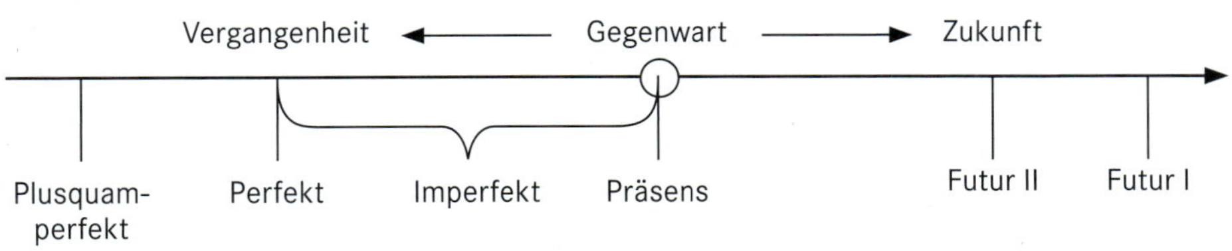

1. Formenlehre

1.1 Kurzvokalische ĭ-Konjugation

Konjugationsschema

	Präsens		Imperfekt		Futur I	
1.P.Sg.	capĭō	ich nehme	capĭēbam	ich nahm	cápĭam	ich werde nehmen
2.P.Sg.	capĭs	du nimmst	capĭēbās	du nahmst	cápĭēs	du wirst nehmen
3.P.Sg.	capĭt	er, sie, es nimmt	capĭēbat	er, sie, es nahm	cápĭet	er, sie, es wird nehmen
1.P.Pl.	cápĭmus	wir nehmen	capĭēbāmus	wir nahmen	capĭēmus	wir werden nehmen
2.P.Pl.	cápĭtis	ihr nehmt	capĭēbātis	ihr nahmt	capĭētis	ihr werdet nehmen
3.P.Pl.	cápĭunt	sie nehmen	capĭēbant	sie nahmen	cápĭent	sie werden nehmen
Infinitiv	cápere	(zu) nehmen				
Imperativ Sg. Pl.	cape! cápĭte!	nimm! nehmt				
Perfekt	cēpī	ich habe genommen/ nahm				

Die Endungen des Präsensstammes der kurzvokalischen ĭ-Konjugation ähneln denen der ī-Konjugation. Nur der Infinitiv Präsens und der Imperativ Singular haben ein *-e* statt eines *-ī*: *cap**e**re, cap**e**!*.

Unterscheide:
tacē, tacēte! (ē-Konjugation)
venī, venīte! (ī-Konjugation)
lege, legite! (Kons. Konjugation)
Aber:
cape, capite! (kurzvok. ĭ-Konjugation)

1.2 Komposita von *esse*

Auch von *esse* gibt es zahlreiche Komposita. Sie lassen sich von den Präpositionen her erschließen:

adesse, adsum, adfuī/affuī	„da sein, anwesend sein; helfen“
interesse, intersum, interfuī	„(dazwischen sein), *(m. Dat.)* teilnehmen (an etw.)“
abesse, absum, āfuī	„abwesend sein, fehlen; entfernt sein“

POS- steht vor *-s*, POT- vor Vokalen.

Ein Kompositum von *esse* ist unregelmäßig:
posse (< pot-esse), possum, potuī „(mächtig sein) können“.

	Präsens		Imperfekt		Futur I	
1.P.Sg.	poss*um*	ich kann	poteram	ich konnte	poterō	ich werde können
2.P.Sg.	potes	du kannst	poterās	du konntest	poter*is*	du wirst können
3.P.Sg.	potest	er, sie, es kann	poterat	er, sie, es konnte	poter*it*	er, sie, es wird können
1.P.Pl.	poss*umus*	wir können	poterāmus	wir konnten	poter*imus*	wir werden können
2.P.Pl.	potestis	ihr könnt	poterātis	ihr konntet	poter*itis*	ihr werdet können
3.P.Pl.	poss*unt*	sie können	poterant	sie konnten	poter*unt*	sie werden können
Infinitiv	posse	(zu) können				
Perfekt	potuī	ich habe gekonnt/konnte				

Cūr mihī nōn ***ades***?	Warum ***hilfst du*** mir nicht?
Cūr miserīs ***adesse*** nōn **potes**?	Warum **kannst du** Unglücklichen nicht ***helfen***?
Spectāculō ***interesse*** nōn **poteram**.	An der Veranstaltung **konnte ich** nicht ***teilnehmen***.
Amīcī nōn diū ***abesse*** **poterunt**.	Die Freunde **werden** nicht lange ***fern sein*** **können**.

Grundwissen: Fakten

Formenlehre

1 Das **Futur I** ist bei Verben der ā-/ē-Konjugation an den Tempus-Zeichen ***-b-/-bi-/-bu-***, bei Verben der ī-, kurzvok. ĭ- und Kons. Konjugation an den Tempus-Zeichen ***-a-/-e-*** zu erkennen, die an den Präsensstamm angefügt sind, z. B. *clāmā**bi**t* „er, sie, es wird schreien/rufen"; *leg**e**t* „er, sie, es wird lesen". Das Verb *esse* hat eigene Formen: *erō, eris, ..., erunt.* → **L 17, 1.1**

2 Das **Futur II** ist am Tempus-Zeichen ***-er-/eri-*** zu erkennen, das zwischen Perfektstamm und Person-Zeichen eingefügt ist, z. B. *clāmāv**eri**t* „er, sie, es wird gerufen haben". → **L 19, 1.2**

3 Verben, deren Präsensstamm auf den **kurzen Vokal *-ĭ-*** auslautet, gehören zur **kurzvokalischen ĭ-Konjugation**. Die Formen ähneln denen der ī-Konjugation, z. B. *capere, capiō, ...* „nehmen, ich nehme, ...". → **L 20, 1.1**

4 *īre* und *esse* sind mit Präpositionen zu **Komposita** verbunden, z. B. *trānsīre, interesse. posse (< pot-esse)* hat nur im Präsens abweichende Formen: *possum, potes, ...* → **L 18, 1.1/L 20, 1.2**

5 Die Formen des **Interrogativ-Pronomens** *quis?, quid?* „wer?, was?" ähneln den Formen des **Relativ-Pronomens** *quī, quae, quod* „der, die, das" im Singular. *quī, quae, quod* hat eine eigene Deklination mit ähnlichen Endungen wie *is, ea, id* (→ **L 16, 1.2**). → **L 17, 1.2/L 18, 1.2**

6 Das Personal-Pronomen der 3. P. Sg. *is, ea, id* „er, sie, es" wird auch als **Demonstrativ-Pronomen** („dieser, diese, dieses") verwendet, das auf eine Person/Sache zurück- oder vorausweist. Die Formen sind identisch mit denen des Personal-Pronomens. → **L 16, 1.2/L 18, 2.2**

Satzlehre

7 Der Dativ drückt in Verbindung mit einer Form von *esse* ein Besitzverhältnis aus: **Dativ des Besitzers.** → **L 19, 2.1**

8 Relativ-Pronomen leiten **Relativsätze** ein. Diese bestimmen ein Satzglied näher. Das Relativ-Pronomen stimmt mit ihm in Numerus und Genus überein. → **L 18, 2.1**

Grundwissen: Überblick

9 Verben lassen sich in **sechs Tempora** setzen. Mit dem **Präsensstamm** werden folgende drei Tempora gebildet:
- **Präsens:** Präsensstamm + Person-Zeichen *(-ō, -s, -t, -mus, -tis, -nt)*;
- **Imperfekt:** Präsensstamm + Tempus-Zeichen ***-ba-*** + Person-Zeichen *(-m, -s, -t, -mus, -tis, -nt)*;
- **Futur I:** Präsensstamm + Tempus-Zeichen ***-b-/-bi-/-bu-*** oder ***-a-/-e-*** + Person-Zeichen *(-ō/-m, -s, -t, -mus, -tis, -nt)*.

10 Folgende drei Tempora werden mit dem jeweiligen **Perfektstamm** gebildet:
- **Perfekt:** Perfektstamm + Person-Zeichen *(-ī, -istī, -it, -imus, -istis, -ērunt)*;
- **Plusquamperfekt:** Perfektstamm + Tempus-Zeichen ***-era-*** + Person-Zeichen *(-m, -s, -t, -mus, -tis, -nt)*;
- **Futur II:** Perfektstamm + Tempus-Zeichen ***-er(i)-*** + Person-Zeichen *(-ō, -s, -t, -mus, -tis, -nt)*.

Ich kann schon ...

1 Futurformen erkennen und übersetzen.
liberabis – oras – ducam – rides – ibit – nolent – dabo – valebunt – prohibent – cresco – eris – favebam – audis – narrabimus – redimus – peribis – voletis – fletis – dices

2 zu den Futur-II-Formen den Infinitiv Präsens und dessen Bedeutung nennen.
dixeritis – sedero – promiseris – timuerint – steterimus – fuero – paruerit – paraverint – credideris – posueris – responderimus – perierint

3 Verbformen nach ihrer Zugehörigkeit zur kurzvokalischen i-Konj., ī-Konj. und Konsonantischen Konj. unterscheiden und die Formen übersetzen.
cupietis – audiemus – laedis – age – bibebamus – aspiciebant – poscit – incipit – accipiunt – tradunt – legent – capient – cupe – venite – conspicite – senti

4 die Formen von Komposita von *ire* und *esse* bestimmen und die Sätze übersetzen.
1. Multi homines perierunt. 2. Nemo eis affuit. 3. Cuncti pugnae interesse voluerunt. 4. Quis salutem fuga petere potuit? 5. Multos cives in patriam redisse apparet.

5 Interrogativ-Pronomen, Relativ-Pronomen und Demonstrativ-Pronomen unterscheiden und bestimmen.
eius – quorum – quibus – quem? – eo – ei – cui – qui – quis? – earum – quae – quam – eum – cuius? – eas – eis – qua – quos – quocum?

6 das Bezugswort zu *is, ea, id* erkennen und die Sätze jeweils entsprechend übersetzen.
1. Ibi villa Quinti est; eam mox intrabimus. 2. Flavia puella pulchra est eiusque forma mihi placet. 3. Piratae navem nostram invaserunt; vi et armis autem eos prohibere studuimus neque nos ab eorum furore defendere potuimus; eo multi perierunt.

7 erkennen, wann ein Dativ des Besitzers vorliegt, und die Sätze entsprechend übersetzen.
1. Non cuncti sapientiae student. 2. Etiam Romanis mores barbari erant. 3. Rex civibus suis vitam felicem semper praebere vult. 4. Cui vitia non sunt?

8 das Relativ-Pronomen erkennen, sein Bezugswort nennen und den Relativsatz übersetzen.
1. Hodie familia Quinti veniet, cui valde faveo. 2. Cum eo et alii amici nos petent, quibus de salute nostra narrabo. 3. Romani cum Germanis, quibus furor ingens erat, diu de imperio pugnaverunt. 4. Numquam pericula timere desierunt, quae ab eis erant.

9 Verbformen des Präsensstammes nach Person, Numerus und Tempus bestimmen und jeweils den Infinitiv Präsens dazu nennen.
movetis – vivetis – mittis – vertebamus – ignoro – flebo – negabant – mutabam – defendam – solebit – invadit – abducemus – dormis – audiemus – legebas – vocas – cogito – sedebis – datis

10 Verbformen des Perfektstammes nach Person, Numerus und Tempus bestimmen und jeweils den Infinitiv Präsens dazu nennen.
verterunt – terruit – diximus – edideram – traxerit – desperavi – stetisti – desii – statuerat – horruimus – studuistis – imposuerant – cessimus – riseras – cucurrero – duxeramus – veneris

1. Formenlehre

1.1 ē-Deklination

Es gibt im Lateinischen eine **vierte Deklinationsklasse**, die **ē-Deklination**. Hierzu gehören Substantive, die den **Kennvokal *-ē*** haben. Die Substantive der ē-Deklination sind in der Regel **Feminina**.

	ē-Deklination	
	Singular	**Plural**
Nom.	rēs die Sache	rēs die Sachen
Gen.	reī der Sache	rērum der Sachen
Dat.	reī der Sache	rēbus den Sachen
Akk.	rem die Sache	rēs die Sachen
Abl.	rē durch die Sache	rēbus durch die Sachen

2. Satzlehre

2.1 Ablativ und Genitiv der Beschaffenheit

1. Ulixēs erat vir **summā prūdentiā**.	Odysseus war ein **sehr kluger** Mann (ein Mann **von höchster Klugheit**).
2. Virī **ēgregiā corporis vī** urbem Trōiam ā Graecīs diū dēfendērunt.	**Außerordentlich starke** Männer (Männer **mit hervorragender Körperkraft**) verteidigten die Stadt Troia lange gegen die Griechen.
3. Inter Graecōs multī virī **māgnae auctōritātis** erant.	Unter den Griechen waren viele **hochangesehene** Männer (Männer **von großem Ansehen**).

In Verbindung mit einem Adjektiv können der Ablativ (1./2.) wie auch der Genitiv (3.) eine Person oder Sache näher bestimmen oder bewerten. Dadurch wird deren **Beschaffenheit** ausgedrückt. Eine solche Verbindung lässt sich mit der Frage **„von welcher Beschaffenheit?“** erschließen.

Ü Im Deutschen kann dieser Ablativ bzw. Genitiv auf zwei verschiedene Arten wiedergegeben werden:
- mit einem **Adjektiv als Attribut**: sehr klug, außerordentlich stark, hochangesehen;
- mit einer **präpositionalen Verbindung**: von höchster Klugheit, mit hervorragender Körperkraft, von großem Ansehen.

1. Formenlehre

1.1 Bildung von Adverbien

Adjektive können auch als Adverbien verwendet werden; sie treten „zum Verb" hinzu. Sie weisen dann eine besondere Endung auf:

-ē **-iter** **-er**

Deklination	Adjektiv	Adverb	Deutsche Übersetzung
ā-/o-Deklination	vērus, -a, -um miser, -era, -erum pulcher, -chra, -chrum	vēr**ē** miser**ē** pulchr**ē**	wahr, echt elend, unglücklich schön
Kons. Deklination	ācer, ācris, ācre brevis, breve fēlīx *aber:* clēmēns	ācr**iter** brev**iter** fēlīc**iter** clēment**er**	heftig, scharf kurz glücklich sanft, mild

Merke dir die Ausnahmen:

bonus, -a, -um → Adverb: **bene** „gut"
facilis, facilis, facile → Adverb: **facile** „leicht"

1.2 Demonstrativ-Pronomen *hic, haec, hoc*

hic, haec, hoc „dieser, diese, dieses" ist ein weiteres Demonstrativ-Pronomen. Es hat ähnliche Endungen wie das bereits bekannte Pronomen *is, ea, id* (→ L 16, 1.2).

	Lateinisch			Deutsch			Lateinisch			Deutsch
	Singular						Plural			
	m	f	n				m	f	n	
Nom.	hic	haec	hoc	dieser	diese	dieses	hī	hae	haec	diese
Gen.	huius	huius	huius	dieses	dieser	dieses	hōrum	hārum	hōrum	dieser
Dat.	huic	huic	huic	diesem	dieser	diesem	hīs	hīs	hīs	diesen
Akk.	hunc	hanc	hoc	diesen	diese	dieses	hōs	hās	haec	diese
Abl.	(cum) hōc	(cum) hāc	(cum) hōc	mit diesem	mit dieser	mit diesem	(cum) hīs	(cum) hīs	(cum) hīs	mit diesen

2. Satzlehre

2.1 Verwendung der Adverbien

Ulixēs in cōnsiliō **clēmenter** et **bene** dīxit.	Odysseus sprach in der Versammlung **sanft** und **gut**.
In pugnā autem **ācriter** contendit.	Im Kampf aber kämpfte er **unerbittlich**.

Ein **Adverb** bestimmt das Prädikat näher. Es erfüllt im Satz die **Funktion des Adverbiales**.

Satzmodell

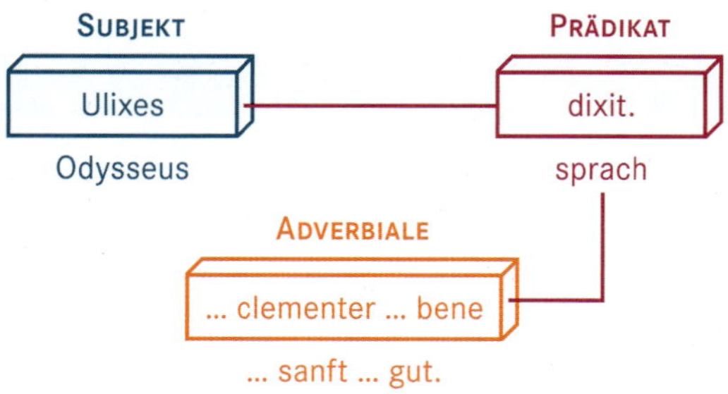

2.2 Verwendung des Demonstrativ-Pronomens *hic, haec, hoc*

1. **Haec** est īnsula, in quā Circa vīxit.	**Dies** ist die Insel, auf der Kirke gelebt hat.
2. Nēmō **hunc** locum salvus relīquit.	Niemand hat **diesen** Ort wohlbehalten verlassen.
3. Ulixēs vir summae prūdentiae erat; **hunc** Circa mūtāre nōn potuit.	Odysseus war ein sehr kluger Mann; **diesen** konnte Kirke nicht verwandeln.

hic, haec, hoc weist mit Nachdruck auf etwas hin, was dem Erzähler **unmittelbar vor Augen** steht. Dieses kann danach oder auch kurz vorher genannt sein (2./3.). In Verbindung mit einer Form von *esse* weist es auf ein **Substantiv** hin, das **im Satz folgt** (1.). Es stimmt in Kasus, Numerus und Genus mit diesem überein (KNG-Kongruenz).

1. Formenlehre

1.1 Genus verbi: Aktiv – Passiv

Neben den Formen des **Aktivs** gibt es auch im Lateinischen Formen des **Passivs**.

Das **Aktiv** stellt die **Tätigkeitsform** *(ich rette, ich habe gerettet)* dar, während das **Passiv** die **„Leideform“** *(ich werde gerettet, ich bin gerettet worden)* angibt.

1.2 Partizip Perfekt Passiv (PPP; Partizip der Vorzeitigkeit)

Neben der 1. P. Sg. Präs. Akt. und der 1. P. Sg. Perf. Akt. (→ Insel 5, 10) haben sehr viele Verben noch **eine weitere Stammform**: das **Partizip Perfekt Passiv** (**PPP; Partizip der Vorzeitigkeit**).

Das PPP ist zu erkennen am **PPP-Zeichen** **-t-** oder **-s-**.

Es wird wie ein Adjektiv der ā-/o-Deklination auf *-us, -a, -um* dekliniert (→ L 6, 1.3).

In der Regel lässt sich diese Form recht leicht auf den Infinitiv Präsens zurückführen.

PPP		Inf. Präs. Aktiv	Übersetzung: Partizip II
servā	**-t**-us, -a, -um	servāre	gerettet
audī	**-t**-us, -a, -um	audīre	gehört
cap	**-t**-us, -a, -um	capere	erobert
mō	**-t**-us, -a, -um	movēre	bewegt
moni	**-t**-us, -a, -um	monēre	ermahnt
relic	**-t**-us, -a, -um	relinquere	zurückgelassen
incēn	**-s**-us, -a, -um	incendere	entflammt
ius	**-s**-us, -a, -um	iubēre	beauftragt
	↑ PPP-Zeichen		

! Am besten lernst du das PPP bei den Stammformen mit.

Im Englischen wird das **Past Participle** in der Regel mit ***-ed*** gebildet:
to move – I have mov**ed**;
I was moved;
to serve – I have serv**ed**;
I was serv**ed**.

1.3 Stammformenreihe

Auch das PPP gehört zu den Stammformen eines Verbs. Gemeinsam mit der 1. P. Sg. Präsens Aktiv und der 1. P. Sg. Perfekt Aktiv bildet es eine **Stammformenreihe**. Nachfolgend ist dafür jeweils ein Verb aus den sechs verschiedenen Perfekt-Bildungen als Beispiel aufgeführt.
Die Stammformen aller Verben findest du in Tab. 5.1–5, S. 166 ff.

Perfekt-Bildung mit -v-

amō	amāvī	amātum	amāre	lieben; verliebt sein

Perfekt-Bildung mit -u-

terreō	terruī	territum	terrēre	*(jmdn.)* erschrecken

Perfekt-Bildung mit -s-

sentiō	sēnsī	sēnsum	sentīre	fühlen; merken; meinen

Perfekt-Bildung mit Reduplikation

tangō	tétigī	tāctum	tangere	berühren

Perfekt-Bildung mit Dehnung

capiō	cēpī	captum	capere	(ein)nehmen, erobern; (er)fassen

Perfekt-Bildung ohne Veränderung

statuō	statuī	statūtum	statuere	beschließen, entscheiden; aufstellen; festsetzen

1.4 Perfekt Passiv

Verben sind häufig **im Aktiv** verwendet. Von den meisten kann auch **das Passiv** gebildet werden.
Das **Perfekt Passiv** ist zu erkennen am **PPP** und einer **Präsensform von** ***esse***.

	Lateinisch		Deutsch
Sg.	servātus, -a, -um	sum es est	ich bin gerettet worden/wurde gerettet du bist gerettet worden/wurdest gerettet er, sie, es ist gerettet worden/wurde gerettet
Pl.	servātī, -ae, -a	sumus estis sunt	wir sind gerettet worden/wurden gerettet ihr seid gerettet worden/wurdet gerettet sie sind gerettet worden/wurden gerettet
Infinitiv	servātum, -am, -um/ servātōs, -ās, -a	esse	gerettet worden (zu) sein

Die **Endung** des **PPP** richtet sich nach dem Subjekt des Satzes. Mit diesem stimmt es in Kasus, Numerus und Genus überein (**KNG-Kongruenz**).

Im Deutschen wird das Partizip II zur Bildung zusammengesetzter Verbformen verwendet: ich habe **gerettet** (Perfekt Aktiv); ich bin **gerettet** worden (Perfekt Passiv).

2. Satzlehre

2.1 Verwendung des Perfekt Passiv

1. Aenēās ventīs adversīs in Africam **portātus est**.	Aeneas **ist** durch ungünstige Winde nach Afrika **gebracht/getrieben worden**.
2. Eum ā Dīdōne rēgīnā libenter **acceptum esse** scīmus.	Wir wissen, dass er von der Königin Dido bereitwillig **aufgenommen worden ist**.

Das **Perfekt Passiv** wird verwendet, wenn **das Subjekt des Satzes nicht selbst gehandelt hat**, sondern wenn etwas mit diesem geschehen ist (1). Die **handelnde Person** wird durch ***ā/ab* mit Ablativ** angegeben (2). Der **Infinitiv Perfekt Passiv (Infinitiv der Vorzeitigkeit)** drückt in einem **AcI** die **Vorzeitigkeit** aus (2.).

2.2 Genitiv zur Angabe des „Subjekts“ und „Objekts“

1. Dolor **Dīdōnis** māgnus erat.	Der Schmerz **Didos** war groß.
2. Dīdō amōre **Aenēae** vehementer incēnsa est.	Dido ist durch die Liebe **zu Aeneas** heftig entflammt worden.

Der **Genitiv** drückt hier Unterschiedliches aus:

- In Satz 1: Der Genitiv *(dolor) Dīdōnis* antwortet auf die Frage **„wessen?“**: der Schmerz **Didos**.
  Dido selbst empfindet Schmerz, ist also das **„Subjekt“** des Schmerzes.
  Der **Genitiv** dient hier zur **Angabe des „Subjekts“** (Genitivus subiectivus).
- In Satz 2: Der Genitiv *(amōre) Aenēae* antwortet auf die Frage **„wozu?“** oder **„zu wem?“**: die Liebe **zu Aeneas**.
  Dido liebt Aeneas, **Aeneas** ist also das **„Objekt“** der Liebe.
  Der **Genitiv** dient hier zur **Angabe des „Objekts“** (Genitivus obiectivus).

! Unterscheide:
timor ***patris*** –
„die Angst **des Vaters**“
oder
„die Angst **vor dem Vater**“

1. Formenlehre

1.1 Plusquamperfekt Passiv

Das Plusquamperfekt Passiv ist am **PPP** und einer **Imperfektform von *esse*** zu erkennen:

	Lateinisch		Deutsch
Sg.	servātus, -a, -um	eram erās erat	ich war gerettet worden du warst gerettet worden er, sie, es war gerettet worden
Pl.	servātī, -ae, -a	erāmus erātis erant	wir waren gerettet worden ihr wart gerettet worden sie waren gerettet worden

1.2 Futur II Passiv

Das Futur II Passiv ist am **PPP** und einer **Form des Futur I von *esse*** zu erkennen:

	Lateinisch		Deutsch
Sg.	servātus, -a, -um	erō eris erit	ich werde gerettet worden sein du wirst gerettet worden sein er, sie, es wird gerettet worden sein
Pl.	servātī, -ae, -a	erimus eritis erunt	wir werden gerettet worden sein ihr werdet gerettet worden sein sie werden gerettet worden sein

2. Satzlehre

2.1 Relativischer Satzanschluss

1. Rōmulus et Remus urbem condidērunt. **Quae** moenibus circumdata est.	Romulus und Remus haben eine Stadt gegründet. **Diese** ist von Mauern umgeben (worden).
2. Rōmulus et Remus urbī novae nōmen dare cupiēbant. **Quam ob rem** vehementer inter sē certāvērunt.	Romulus und Remus wollten der neuen Stadt den Namen geben. **Wegen dieser Sache (Deshalb)** haben sie heftig miteinander gestritten.

Das **Relativ-Pronomen** steht hier am **Anfang eines Hauptsatzes**. Es bezieht sich auf ein einzelnes Wort (1.) oder auf die ganze Aussage des vorausgehenden Satzes (2.).
Im Deutschen wird es mit dem Demonstrativ-Pronomen **„dieser, diese, dieses“** wiedergegeben. Es stellt eine enge Verbindung zum vorausgehenden Satz dar. Man bezeichnet eine solche Verwendung des Relativ-Pronomens als **relativischen Satzanschluss**.

! Achte darauf, ob das Relativ-Pronomen hinter einem Komma oder einem Punkt steht:
Pulchra est urbs Rōma, ***quae*** *ā Rōmulō condita est.* – „Schön ist die Stadt Rom, **die** von Romulus gegründet worden ist.“
Pulchra est urbs Rōma. ***Quae*** *ā Rōmulō condita est.* – „Schön ist die Stadt Rom. **Diese** (Sie) ist von Romulus gegründet worden.“

2.2 Zusammenfassung Gliedsätze

Gliedsätze werden durch **Subjunktionen** eingeleitet. Diese geben verschiedene **Sinnrichtungen** des untergeordneten Satzes an:

Lateinische Subjunktion	Deutsche Bedeutung	Sinnrichtung	Gliedsatzart
cum dum postquam priusquam ubī	als; als plötzlich; (immer) wenn während nachdem bevor; bevor nicht sobald	Zeit	Temporalsatz
quod quoniam	weil da ... ja, wo ... doch	beachteter Grund	Kausalsatz
etsī quamquam	auch wenn, obwohl obwohl, obgleich	nicht beachteter Grund	Konzessivsatz
nisī sī	wenn nicht; außer wenn, falls	Bedingung	Konditionalsatz

Grundwissen: Fakten

Formenlehre

1 Das **Partizip Perfekt Passiv (PPP; Partizip der Vorzeitigkeit)** ist eine Verbform, die dekliniert werden kann. Es ist an den **Endungen *-tus, -ta, -tum/-sus, -sa, -sum*** und ***-tī, -tae, -ta/-sī, -sae, -sa*** zu erkennen. Diese Endungen sind an den manchmal leicht veränderten Präsensstamm angefügt, z. B. *lēc**tus*** „gelesen"; *mis**sus*** „geschickt". → **L 23, 1.2**

2 Das **Perfekt Passiv, Plusquamperfekt Passiv** und **Futur II Passiv** ist zu erkennen an der Verbindung des **Partizip Perfekt Passiv** mit den **Präsensformen, Imperfektformen** bzw. **Futur I-Formen von *esse***, z. B.
- *lēctum est* „es ist gelesen worden/wurde gelesen" (Perfekt Passiv); → **L 23, 1.4**
- *missus erat* „er war geschickt worden" (Plusquamperfekt Passiv); → **L 24, 1.1**
- *missī erunt* „sie werden geschickt worden sein" (Futur II Passiv). → **L 24, 1.2**

3 Der **Infinitiv Perfekt Passiv** ist am **Partizip Perfekt Passiv im Akkusativ** und ***esse*** zu erkennen, z. B. *mis**sum esse*** „geschickt worden (zu) sein". → **L 23, 1.4**

4 **Substantive** mit dem **Kennvokal *-ē*** gehören zur **ē-Deklination**, z. B. *rēs, reī* „die Sache; das Ereignis". Sie sind in der Regel **Feminina**. → **L 21, 1.1**

5 Das **Demonstrativ-Pronomen *hic, haec, hoc*** „dieser, diese, dieses" wird ähnlich wie *is, ea, id* dekliniert. → **L 22, 1.2**

6 Das **Adverb** ist an der Endung ***-ē*** (Adjektive der ā-/-o-Deklination), z. B. *longē* „weit", bzw. ***-iter/-er*** (Adjektive der Kons. Deklination), z. B. *ācriter* „heftig", zu erkennen. → **L 22, 1.1**

Satzlehre

7 Der **Genitiv** oder **Ablativ** eines **Substantivs** kann in Verbindung mit einem Adjektiv die **Beschaffenheit** einer Person oder Sache ausdrücken. → **L 21, 2.1**

8 Der **Genitiv** kann das Subjekt oder Objekt anzeigen. → **23, 2.2**

9 Am Anfang eines Hauptsatzes bildet ein **Relativ-Pronomen** einen **relativischen Satzanschluss**. Es ist dann wie ein **Demonstrativ-Pronomen** verwendet. → **L 24, 2.1**

Grundwissen: Überblick

10 **Die Endung *-e*** kann beim Nomen und Verb ganz Unterschiedliches anzeigen:
***-e* beim Nomen (Substantiv und Adjektiv)**
- Abl. Sg. der Subst. der Kons. Dekl.: *cum ōrātōr-**e*** „mit dem Redner";
- Abl. Sg. der Subst. der ē-Dekl.: *r-**ē*** „durch die Sache";
- Vok. Sg. der o-Dekl.: *domin-**e**!* „Herr!";
- Neutrum Sg. der Adj. der Kons. Dekl.: *brev-**e*** „kurz";
- Adverb der Adj. der o-Dekl.: *vēr-**ē*** „wahr" und *miser-**ē*** „elend".

***-e* beim Verb**
- Imp. Sg. der ē-, Kons., kurzvok. ĭ-Konj.: *rīd**ē**!* „lache!" – *curr-**e**!* „laufe!" – *cap-**e**!* „nimm!".

11 Der **Ablativ** eines **Substantivs** gibt verschiedene **Sinnrichtungen** an:
Zeit (wann?) – Ort (wo?) – Mittel (womit?) – Art und Weise (wie?) – Grund (warum?) – Trennung (wovon getrennt?) – Beschaffenheit (von welcher Beschaffenheit?)

Ich kann schon ...

1 **das PPP auf den Infinitiv Präsens zurückführen.**
paratus – relicta – praebita – aedificatum – recti – decepta – captum – auditus – abductus – mutatae – tactus – tractos – incensum – docti – commota

2 **Passivformen bestimmen und übersetzen.**
amati sunt– servatus erit – sollicitati eramus – reducti erunt – offensi erant – auditus sum – posita erat – constitutum est

3 **den Infinitiv Perfekt Passiv auf die Grundform zurückführen und übersetzen.**
superatum esse – fractos esse – incensas esse – facta esse – motos esse – aspectam esse

4 **Substantive der ē-Deklination erkennen und bestimmen.**
rem – testem – fidei – reges – rebus – spe – pes – re – debe – fidem – rerum – miserum – fide

5 **Formen von *hic, haec, hoc* bestimmen, mit dem entsprechenden Substantiv verbinden und die Verbindung übersetzen.**
his – hunc – hac – hos – harum – haec – huius – hanc

fidem – deos – rebus – oratorem – ducis – dearum – dona – pugna

6 **zu Adverbien die entsprechenden Adjektive und deren Bedeutung nennen.**
iucunde – vehementer – breviter – aeque – recte – pulchre – libenter – bene – dure

7 **den Ablativ und Genitiv der Beschaffenheit erkennen und auf jeweils zwei Arten wiedergeben.**
cives magnae audaciae – vir summa humanitate – puella egregiae formae – homines magna auctoritate – iuvenes magnae prudentiae – bono animo esse

8 **erkennen, ob der Genitiv ein Subjekt (Genitivus subiectivus) oder Objekt (Genitivus obiectivus) anzeigt, und im Satz übersetzen.**
1. Amor patriae nos tenet. 2. Iram ducis timemus. 3. Pater cura filiarum oppressus est. 4. Amor matris me servavit. 5. Studio litterarum gaudeo. 6. Dolore reginae omnes commoti sunt.

9 **Sätze mit relativischem Satzanschluss und mit Relativ-Pronomen erkennen und wiedergeben.**
Mox in urbem veniemus. Quam videre semper studemus. Ibi etiam templa[1] spectabimus, in quibus cives deos colunt. Tum amicum petemus, cuius villa egregia est. Qua re iam nunc valde gaudeo. Epistulam enim accepi, qua me amicus invitat. Cui magnam gratiam habeo.

10 **Wörter mit Endung *-e* nach Form und Wortart unterscheiden und auf die Grundform zurückführen.**
mone – amice – cane – vive – publice – pede – tene – bene – age – sole – pulchre – sede – fide – barbare – lege

11 **die Sinnrichtung eines Ablativs aus dem Zusammenhang erschließen und übersetzen.**
1. Tota urbe clamor est. 2. Iam prima luce homines in forum currunt. 3. Omnes spectaculis gaudent. 4. Puellae egregia forma sunt. 5. Multi verbis et viribus inter se certant. 6. Hoc tempore multi laboribus vacant et multis rebus carent. 7. Quis haec spectacula non laeta mente spectat?

2. Satzlehre

2.1 PPP als Participium coniunctum (PC)

1. **Tarquinius** ā cīvibus Superbus **appellātus** crūdēliter imperābat.	Tarquinius, von den Bürgern Superbus genannt (der von den Bürgern Superbus genannt worden war), herrschte grausam.
2. **Tarquinius** cupiditāte rēgnī **captus** etiam uxōrem necāvit.	**Nachdem** Tarquinius von dem Verlangen nach der Königsherrschaft ergriffen (worden) war, tötete er sogar seine Ehefrau.
3. Tum cīvēs **rēgem** furōre atque īrā semper **mōtum** nōn iam amābant.	Darauf liebten die Bürger den König, **da** er immer von Raserei und Zorn getrieben (worden) war, nicht mehr.
4. Postrēmō **Brūtus**, vir bonus, vī et armīs **prohibitus** (tamen) Tarquiniōs pepulit.	Schließlich hat Brutus, ein tüchtiger Mann, **obwohl** er mit Gewalt und Waffen daran gehindert worden war, *(dennoch)* die Tarquinier vertrieben.

Das **PPP** ist auch ohne eine **Form von *esse*** verwendet. Dem Partizip kommt dann im Satz eine besondere Funktion zu: Es kann **Attribut** oder **Adverbiale** sein.
Das Partizip ist dabei fast immer mit einem Substantiv verbunden. Mit diesem **Bezugswort** stimmt es in **Kasus, Numerus und Genus** überein: **KNG-Kongruenz**. Man nennt das auf diese Weise „verbundene Partizip" **Participium coniunctum (PC)**.

Ü Gelegentlich kann das PPP ohne Bezugswort verwendet sein. Im Deutschen wird es mit einem Substantiv wiedergegeben:
dictum: (das Gesagte,) das Wort;
scrīpta: Schriftstücke;
doctī: Gelehrte.

2.2 PPP als Attribut

Als **Attribut** bestimmt das Participium coniunctum ein **Substantiv** näher (2.1, Satz 1). Es kann auf verschiedene Weise übersetzt werden:

- **wörtlich** mit deutschem Partizip II „... genannt";
- freier mit **Relativsatz:** „der ... genannt (worden) war".

Auch im Englischen lassen sich Relativsätze verkürzen: Tarquinius who was called Superbus by the citizens was a cruel ruler. → Tarquinius called Superbus by the citizens was a cruel ruler.

Satzmodell (Satz 1)

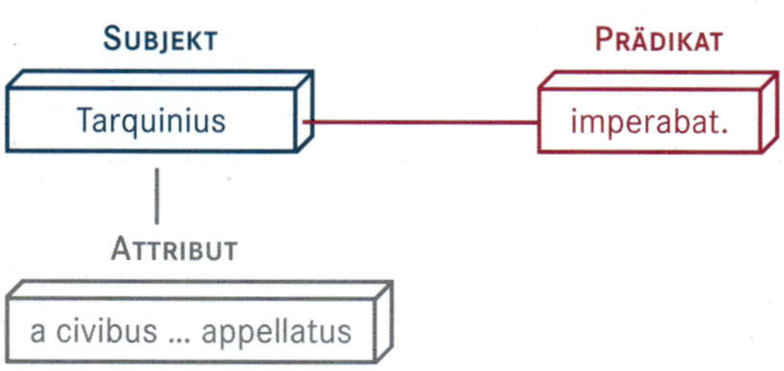

2.3 PPP als Adverbiale

Als **Adverbiale** bestimmt das Participium coniunctum das Prädikat des Satzes näher (2.1, Sätze 2–4). Es stellt eine **satzwertige Konstruktion** dar.

Satzmodell (Satz 2)

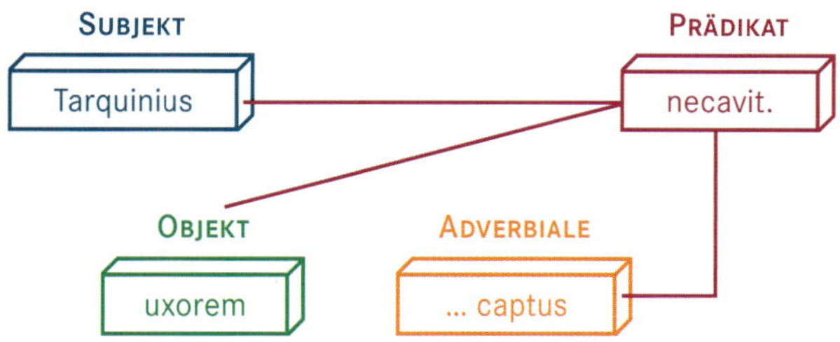

Zeitverhältnis

Die vom PC ausgedrückte Handlung ist immer **vorzeitig**, d.h. sie ist **vor** der im Prädikat erfassten Handlung abgelaufen.
Das **PPP** ist deshalb das **Partizip der Vorzeitigkeit** (→ L 23, 1.2).

In der **Funktion des Adverbiales** kann das PPP **verschiedene Sinnrichtungen** erfassen.

Sinnrichtung	deutsche Subjunktion	grammatische Bezeichnung
1. Zeit	nachdem/als	*temporal*
2. beachteter Grund	weil/da	*kausal*
3. nicht beachteter Grund	obwohl	*konzessiv*

Übersetzungsmöglichkeiten

Das PC in der Funktion des Adverbiales kann verschieden übersetzt werden.
Ausgehend von einer zunächst wörtlichen Wiedergabe (2.1, Satz 4: Brutus, durch Gewalt und Waffen gehindert ...), lässt sich das PC übersetzen mit:

Ü Da das PPP eine vorzeitige Handlung zum Prädikat ausdrückt, muss es im Deutschen mit dem entsprechenden Tempus wiedergegeben werden (hier: Plusquamperfekt).

1. Beiordnung	2. Unterordnung	3. präpositionale Verbindung
Das PC wird durch einen eigenen **Hauptsatz** wiedergegeben; die Sinnrichtung wird durch ein **zusätzliches Wort** ausgedrückt: *Brutus* **war** *durch Gewalt und Waffen* ***gehindert worden; trotzdem*** *...*	Das PC wird als **Gliedsatz** wiedergegeben; dieser wird eingeleitet durch eine **Subjunktion**, die die Sinnrichtung ausdrückt: ***Obwohl*** *Brutus durch Gewalt und Waffen* ***gehindert worden war,*** *...*	Das PPP wird **substantiviert** und mit einer **Präposition** verknüpft, die die Sinnrichtung ausdrückt: ***Trotz der Behinderung*** *durch Gewalt und Waffen hat ...*

Erkennungs- und Übersetzungshilfe

Vorgehensweise bei der Übersetzung:	Tarquiniī ā plēbe pulsī Rōmae imperium nōn iam habēbant.
1. Markiere das Partizip, das ohne eine Form von *esse* steht.	Tarquiniī ā plēbe pulsī Rōmae imperium nōn iam habēbant.
2. Suche das Bezugswort, das in KNG-Kongruenz zu dem Partizip steht.	Tarquiniī ā plēbe pulsī Rōmae imperium nōn iam habēbant.
3. Öffne eine Klammer hinter dem Bezugswort und schließe sie hinter dem PPP.	Tarquiniī (ā plēbe pulsī) Rōmae imperium nōn iam habēbant.
4. Übersetze den Satz ohne die PC-Klammer auf ein Notizblatt.	*Die Tarquinier (...) hatten in Rom keine Herrschaft mehr inne.*
5. Übersetze die Aussage der PC-Klammer wörtlich separat auf das Notizblatt.	*(vom Volk vertrieben)*
6. Entscheide aus dem Textzusammenhang, ob das PC attributiv oder adverbial gebraucht ist.	*(adverbial, denn es gibt Begleitumstände an)*
7. Wenn du eine adverbiale Verwendung erkennst, so überlege, welche Sinnrichtung durch das PC ausgedrückt ist.	*(Sinnrichtung temporal, auch kausal möglich)*
8. Übersetze entsprechend der Sinnrichtung, z. B. mit einem Gliedsatz.	*(nachdem/weil sie vertrieben worden waren)*
9. Verknüpfe schließlich die Aussage der PC-Klammer sinnvoll mit dem restlichen Satz.	*Die Tarquinier hatten, nachdem sie vertrieben worden waren, in Rom keine Herrschaft mehr inne.*

Ü Ist das Bezugswort des PPP das Subjekt des Satzes, so gibt es für die Wiedergabe durch einen Gliedsatz im Deutschen zwei Möglichkeiten:

a) Das Subjekt bleibt außerhalb des Gliedsatzes, das Prädikat tritt an die zweite Stelle *(Die Tarquinier hatten, nachdem sie ...)*.
b) Das Subjekt wird in den Gliedsatz gezogen *(Nachdem/Da die Tarquinier ..., hatten sie ...)*.

1. Formenlehre

1.1 Passiv im Präsensstamm: Präsens/Imperfekt/Futur I

Im **Passiv** des **Präsens, Imperfekts** und **Futur I** sind an den **Präsensstamm** eigene **Person-Zeichen** angefügt.

Die **Person-Zeichen** lauten:

	Singular		Plural	
1. P.:	-(o)r	„ich“	-mur	„wir“
2. P.:	-ris	„du“	-minī	„ihr“
3. P.:	-tur	„er, sie, es“	-ntur	„sie“

Der **Infinitiv Präsens Passiv** ist an folgenden **Infinitiv-Zeichen** zu erkennen:

- in der ā-/ē-/ī-Konjugation: **-rī**
- in der Kons./kurzvok. ĭ-Konjugation: **-ī**

	ā-Konjugation		ē-Konjugation		ī-Konjugation	
Infinitiv	vocā**rī**	gerufen (zu) werden	monē**rī**	ermahnt (zu) werden	audī**rī**	gehört (zu) werden
1.P.Sg.	voc**or**	ich werde gerufen	mone**or**	ich werde ermahnt	audi**or**	ich werde gehört
2.P.Sg.	vocā**ris**	du wirst gerufen	monē**ris**	du wirst ermahnt	audī**ris**	du wirst gehört
3.P.Sg.	vocā**tur**	er, sie, es wird gerufen	monē**tur**	er, sie, es wird ermahnt	audī**tur**	er, sie, es wird gehört
1.P.Pl.	vocā**mur**	wir werden gerufen	monē**mur**	wir werden ermahnt	audī**mur**	wir werden gehört
2.P.Pl.	vocā**minī**	ihr werdet gerufen	monē**minī**	ihr werdet ermahnt	audī**minī**	ihr werdet gehört
3.P.Pl.	voca**ntur**	sie werden gerufen	mone**ntur**	sie werden ermahnt	audi*u***ntur**	sie werden gehört

	Kons. Konjugation		kurzvok. ĭ-Konjugation	
Infinitiv	mittī	geschickt (zu) werden	capī	gefasst (zu) werden
1.P.Sg.	mitt**or**	ich werde geschickt	capĭ**or**	ich werde gefasst
2.P.Sg.	mitte**ris**	du wirst geschickt	cape**ris**	du wirst gefasst
3.P.Sg.	mitt*i***tur**	er, sie, es wird geschickt	capĭ**tur**	er, sie, es wird gefasst
1.P.Pl.	mitt*i***mur**	wir werden geschickt	capĭ**mur**	wir werden gefasst
2.P.Pl.	mitt*i***minī**	ihr werdet geschickt	capĭ**minī**	ihr werdet gefasst
3.P.Pl.	mitt*u***ntur**	sie werden geschickt	capĭ*u***ntur**	sie werden gefasst

Im **Imperfekt Passiv** ist das bekannte **Tempus-Zeichen *-ba-*** an den **Präsensstamm** angefügt; dieses steht zwischen dem Kennvokal bzw. Sprechvokal und dem Person-Zeichen.

	ā-Konj.	ē-Konj.	ī-Konj.	Kons. Konj.	kurzvok. ĭ-Konj.	Deutsch	
1.P.Sg.	vocā**bar**	monē**bar**	audi*ē***bar**	mitt*ē***bar**	capĭ*ē***bar**	ich wurde	
2.P.Sg.	vocā**bā**ris	monē**bā**ris	audi*ē***bā**ris	mitt*ē***bā**ris	capĭ*ē***bā**ris	du wurdest	
3.P.Sg.	vocā**bā**tur	monē**bā**tur	audi*ē***bā**tur	mitt*ē***bā**tur	capĭ*ē***bā**tur	er, sie, es wurde	gerufen ermahnt gehört geschickt gefasst
1.P.Pl.	vocā**bā**mur	monē**bā**mur	audi*ē***bā**mur	mitt*ē***bā**mur	capĭ*ē***bā**mur	wir wurden	
2.P.Pl.	vocā**bā**minī	monē**bā**minī	audi*ē***bā**minī	mitt*ē***bā**minī	capĭ*ē***bā**minī	ihr wurdet	
3.P.Pl.	vocā**ba**ntur	monē**ba**ntur	audi*ē***ba**ntur	mitt*ē***ba**ntur	capĭ*ē***ba**ntur	sie wurden	

Im **Futur I Passiv** treten je nach Konjugationsklasse die **Tempus-Zeichen *-b-/-bi-/-bu-*** bzw. ***-a-/-e-*** zwischen Präsensstamm und Person-Zeichen.

	ā-Konj.	ē-Konj.	ī-Konj.	Kons. Konj.	kurzvok. ĭ-Konj.	Deutsch	
1.P.Sg.	vocā**b**or	monē**b**or	audi**a**r	mitt**a**r	capĭ**a**r	ich werde	
2.P.Sg.	vocā**be**ris	monē**be**ris	audi**ē**ris	mitt**ē**ris	capĭ**ē**ris	du wirst	
3.P.Sg.	vocā**b*i***tur	monē**b*i***tur	audi**ē**tur	mitt**ē**tur	capĭ**ē**tur	er, sie, es wird	gerufen werden ermahnt werden gehört werden geschickt werden gefasst werden
1.P.Pl.	vocā**b*i***mur	monē**b*i***mur	audi**ē**mur	mitt**ē**mur	capĭ**ē**mur	wir werden	
2.P.Pl.	vocā**b*i***minī	monē**b*i***minī	audi**ē**minī	mitt**ē**minī	capĭ**ē**minī	ihr werdet	
3.P.Pl.	vocā**bu**ntur	monē**bu**ntur	audi**e**ntur	mitt**e**ntur	capĭ**e**ntur	sie werden	

2. Satzlehre

2.1 Dramatisches Präsens

Gallī nocte ad montem **successērunt**. Saxa ***ascendunt***. Invicem ***sublevant***[1], aliī aliōs ***trahunt***.
Ita silentiō ad summum ***perveniunt***. Immō canēs ***fallunt***. Subitō autem ānserēs[2] **clāmāvērunt**.

Die Gallier **rückten** nachts an den Berg heran. Sie ***steigen*** die Felsen ***hinauf***. Sie ***heben*** sich gegenseitig ***hoch***, die einen ***ziehen*** die anderen. So ***gelangen*** sie lautlos zum Gipfel. Ja sie ***täuschen*** sogar die Hunde. Plötzlich aber **schnatterten** die Gänse.

1) **invicem sublevāre**: sich gegenseitig hochheben 2) **ānser, -eris** m: Gans

Im Text wird ein **historisches Ereignis** erzählt. Das **Tempus** wechselt vom **Perfekt** *(successērunt)* in das **Präsens** *(ascendunt, sublevant, trahunt, perveniunt, fallunt)* und dann wieder ins **Perfekt** *(clāmāvērunt)*.
Durch diesen Tempuswechsel wird das **Geschehen dem Leser/ Hörer** unmittelbar **vergegenwärtigt**. Es wirkt **lebhafter, spannender, dramatischer.** Dieses so verwendete Präsens heißt **dramatisches Präsens.**

2.2 Doppelter Akkusativ

Cīvēs **sē** in urbe **tūtōs** putābant. — Die Bürger hielten **sich** in der Stadt *für* **sicher**.

Cīvēs **Tarquinium superbum** appellābant. — Die Bürger bezeichneten **Tarquinius** *als* **hochmütig**.

Quis **Tarquinium rēgem** fēcit? — Wer hat **Tarquinius** *zum* **König** gemacht?

Einige Verben können **zwei Akkusative** nach sich haben. Sie haben dann neben der bekannten eine weitere Vokabelbedeutung. Zu diesen Verben gehören unter anderem:

	Bekannte Bedeutung	Bedeutung mit doppeltem Akkusativ
putāre dūcere cēnsēre	glauben, meinen führen; ziehen (ein)schätzen; der Ansicht sein	halten für
appellāre dīcere	*(jmdn.)* anreden; sich *(an jmdn.)* wenden sagen; sprechen	*(jmdn.)* ... nennen, *(jmdn.)* bezeichnen *(als)* *(jmdn.)* ... nennen
facere reddere	machen zurückgeben	*(jmdn.)* machen *(zu)* (etw.) ... machen

Diese Konstruktion gibt es auch im Englischen:
He called him a very good friend. – Er nannte ihn einen sehr guten Freund.

27 Lektion

1. Formenlehre

1.1 u-Deklination
1.2 Demonstrativ-Pronomen *ille, illa, illud*
1.3 Partizip Präsens Aktiv (PPA; Partizip der Gleichzeitigkeit)

2. Satzlehre

2.1 Verwendung des Demonstrativ-Pronomens *ille, illa, illud*
2.2 PPA als Participium coniunctum
2.3 PPA als Attribut
2.4 PPA als Adverbiale
2.5 *quī, quae, quod* als adjektivisches Interrogativ-Pronomen

1. Formenlehre

1.1 u-Deklination

Es gibt im Lateinischen eine **fünfte Deklinationsklasse**, die **u-Deklination**. Die dazu gehörenden Substantive haben den **Kennvokal *-u***. Die Substantive der u-Deklination sind in der Regel **Maskulina**.

	u-Deklination	
	Singular	**Plural**
Nom.	exercitus das Heer	exercitūs die Heere
Gen.	exercitūs des Heeres	exercituum der Heere
Dat.	exercituī dem Heer	exercitibus den Heeren
Akk.	exercitum das Heer	exercitūs die Heere
Abl.	cum exercitū mit dem Heer	cum exercitibus mit den Heeren

1.2 Demonstrativ-Pronomen *ille, illa, illud*

ille, illa, illud „jener, jene, jenes“ ist ein weiteres **Demonstrativ-Pronomen**. Es hat ähnliche Endungen wie das bereits bekannte Pronomen *is, ea, id* (→ L 16, 1.2).

	Lateinisch			Deutsch			Lateinisch			Deutsch
	Singular						**Plural**			
	m	**f**	**n**				**m**	**f**	**n**	
Nom.	ille	illa	illud	jener	jene	jenes	illī	illae	illa	jene
Gen.	illīus	illīus	illīus	jenes	jener	jenes	illōrum	illārum	illōrum	jener
Dat.	illī	illī	illī	jenem	jener	jenem	illīs	illīs	illīs	jenen
Akk.	illum	illam	illud	jenen	jene	jenes	illōs	illās	illa	jene
Abl.	(cum) illō	(cum) illā	(cum) illō	mit jenem	mit jener	mit jenem	(cum) illīs	(cum) illīs	(cum) illīs	mit jenen

1.3 Partizip Präsens Aktiv (PPA; Partizip der Gleichzeitigkeit)

Neben dem PPP gibt es das **Partizip Präsens Aktiv (PPA; Partizip der Gleichzeitigkeit)**. Das PPA ist an folgenden **PPA-Zeichen** zu erkennen:

- Nominativ Singular: **-ns**

  Dieses ist an den Präsensstamm (teilweise mit Sprechvokal) angefügt.

- alle weiteren Kasus: **-nt**

  Dieses steht zwischen dem Präsensstamm (teilweise mit Sprechvokal) und Endungen der Adjektive der Konsonantischen Deklination (→ L 15, 1.1).

Inf. Präs. Akt.	PPA Nom. Sg.	PPA Gen. Sg.	Übersetzung: Partizip I
vocāre	vocā **-ns**	voca **-nt**-is	rufend
monēre	monē **-ns**	mone **-nt**-is	mahnend
audīre	audiē **-ns**	audie **-nt**-is	hörend
legere	legē **-ns**	lege **-nt**-is	lesend
capere	capiē **-ns**	capie **-nt**-is	fassend
	↑ PPA-Zeichen	↑ PPA-Zeichen	

Das **Partizip I** im **Deutschen** hat eine ähnliche Form: „Dunkel war's, der Mond schien helle, als ein Wagen blitzeschnelle, langsam um die gerade Ecke fuhr. Drinnen saßen **stehend** Leute, **schweigend** ins Gespräch vertieft, ..."

Merke dir:
īre, iēns, ***eu**nt*is: gehend

Deklinationsschema

		m	f	n
Sg.	Nom.	legēns	legēns	legēns
	Gen.	legentis	legentis	legentis
	Dat.	legentī	legentī	legentī
	Akk.	legentem	legentem	legēns
	Abl.	(ā) legent**e**	(ā) legent**e**	(ā) legent**e**
Pl.	Nom.	legentēs	legentēs	legentia
	Gen.	legentium	legentium	legentium
	Dat.	legentibus	legentibus	legentibus
	Akk.	legentēs	legentēs	legentia
	Abl.	(ā) legentibus	(ā) legentibus	(ā) legentibus

2. Satzlehre

2.1 Verwendung des Demonstrativ-Pronomens *ille, illa, illud*

1. Pūblius Scīpiō ad Zamam cum Hannibale vehementer pūgnāvit. Hic fortiter sē dēfendit, **ille** hostem ācriter petīvit et superāvit.	P. Scipio hat bei Zama mit Hannibal heftig gekämpft. Dieser hat sich <dabei> tapfer verteidigt, **jener** hat den Feind heftig angegriffen und besiegt.
2. Itaque Rōmānī **illum** valdē colēbant.	Deshalb verehrten die Römer **jenen** sehr.
3. Semper Rōmānī dē **illā** pūgnā ad Zamam factā nārrāvērunt.	Immer erzählten die Römer von **jener** *(berühmten)* Schlacht bei Zama.

ille, illa, illud weist im Gegensatz zu *hic, haec, hoc* (→ L 22, 2.1) auf das hin, was aus der Sicht des Erzählers **weit(er) entfernt** ist.
In Satz 1 und 2 weisen *ille* und *illum* dabei auf den zuerst Genannten (der weiter weg ist), also Scipio, hin.
In Verbindung mit einem Substantiv verweist *ille* auf eine **berühmte Sache** oder **Person** der Vergangenheit (Satz 3.)

2.2 PPA als Participium coniunctum (PC)

1. Hannibal odiō Rōmānōrum **ārdēns** exercitum in Italiam dūxit.	Hannibal, vor Hass auf die Römer **brennend** (der vor Hass ... brannte), führte sein Heer nach Italien.
2. Poenī montēs Alpēs **trānseuntēs** multa perīcula dēfendērunt.	**Während/Als** die Punier die Alpen überquerten, wehrten sie viele Gefahren ab.
3. Rōmānī exercitum Hannibalis **timentēs** urbem relīquērunt.	**Weil/Da** die Römer Hannibals Heer fürchteten, verließen sie die Stadt.
4. Sed Hannibal cum exercitū ad portās urbis **stāns** (tamen) Rōmam nōn invāsit.	Aber Hannibal hat, **obwohl** er mit dem Heer vor den Toren der Stadt stand, (dennoch) Rom nicht angegriffen.

Das **PPA** wird **ohne** eine **Form von *esse*** verwendet. Dem Partizip kommt dann im Satz eine besondere Funktion zu: Es kann **Attribut** oder **Adverbiale** sein. Das Partizip ist dabei fast immer mit einem Substantiv verbunden. Mit diesem **Bezugswort** stimmt es in **Kasus, Numerus** und **Genus** überein: **KNG-Kongruenz**. Man spricht auch hier von einem **Participium coniunctum (PC)**.

Ü Gelegentlich kann ein PPA ohne Bezugswort verwendet sein. Im Deutschen wird es mit einem Substantiv wiedergegeben:
spectantēs: die Zuschauer;
docentēs: Lehrende, Dozenten.

2.3 PPA als Attribut

Als **Attribut** bestimmt das Participium coniunctum ein **Substantiv** näher (2.2, Satz 1). Es kann auf verschiedene Weise übersetzt werden:
- **wörtlich** mit deutschem Partizip I: „... brennend";
- freier mit **Relativsatz**: „der ... brannte".

Vergleiche dazu das PPP als Attribut (→ L 25, 2.2).

Satzmodell

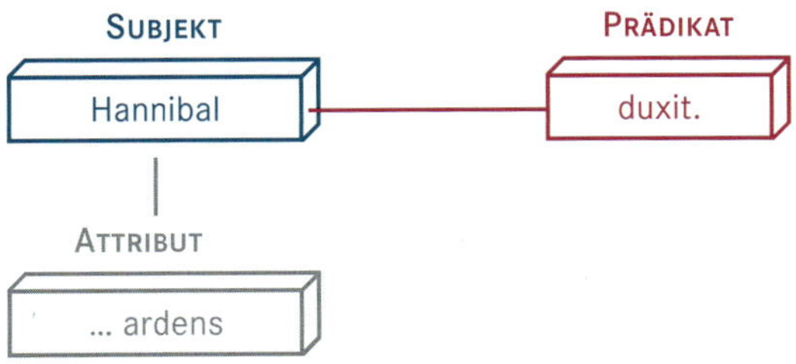

2.4 PPA als Adverbiale

Als **Adverbiale** bestimmt das Participium coniunctum das Prädikat des Satzes näher (2.2, Sätze 2–4).

Vergleiche dazu das PPP als Adverbiale (→ L 25, 2.3).

Satzmodell

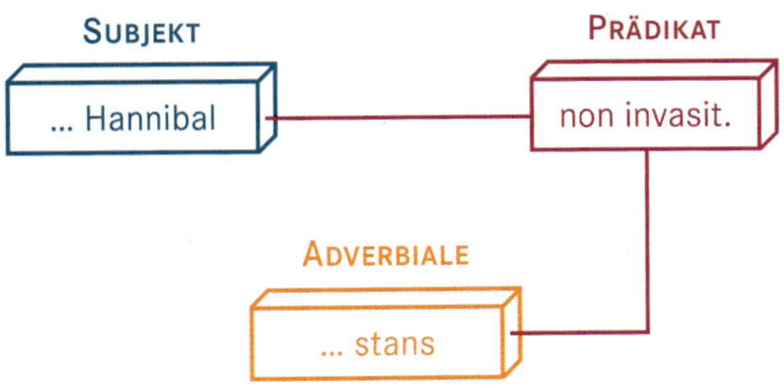

Zeitverhältnis

Die hier vom PC ausgedrückte Handlung ist immer **gleichzeitig**, d. h. sie läuft **zeitgleich** zu der im Prädikat erfassten Handlung ab. Das **PPA** ist deshalb das **Partizip der Gleichzeitigkeit** (→ L 27, 1.3).

In der **Funktion des Adverbiales** kann das PPA **verschiedene Sinnrichtungen** erfassen:

Sinnrichtung	deutsche Subjunktion	grammatische Bezeichnung
1. Zeit	während/als	*temporal*
2. beachteter Grund	weil/da	*kausal*
3. nicht beachteter Grund	obwohl	*konzessiv*

Übersetzungsmöglichkeiten

Das PC in der Funktion des Adverbiales kann verschieden übersetzt werden.

Ausgehend von einer zunächst wörtlichen Wiedergabe (2.2, Satz 3. Die Römer ... fürchtend) lässt sich das PC übersetzen mit:

Ü Vergleiche dazu die Erkennungshilfe und die Übersetzungsmöglichkeiten des PC mit PPP (→ L 25, 2.3). Beachte das Zeitverhältnis, das durch das PPA ausgedrückt wird.

1. Beiordnung	2. Unterordnung	3. präpositionale Verbindung
PC wird durch einen eigenen **Hauptsatz** wiedergegeben; die Sinnrichtung wird durch ein **zusätzliches Wort** ausgedrückt:	PC wird als **Gliedsatz** wiedergegeben; dieser wird eingeleitet durch eine **Subjunktion**, die die Sinnrichtung ausdrückt:	Das PPP wird **substantiviert** und mit einer **Präposition** verknüpft, die die Sinnrichtung ausdrückt:
*Die Römer **fürchteten** Hannibals Heer; **deshalb** ...*	***Weil** die Römer Hannibals Heer **fürchteten**, verließen sie ...*	***Wegen ihrer Angst/Aus Angst** vor Hannibals Heer verließen ...*

2.5 *quī, quae, quod* als adjektivisches Interrogativ-Pronomen

1. **Quae gēns** tōtī orbī terrārum imperat?	**Welches Volk** herrscht über den ganzen Erdkreis?
2. **Cui cīvitātī** deī favent?	**Welchem Staat** sind die Götter gewogen?

Das Interrogativ-Pronomen *quī, quae, quod?* „welcher, welche, welches?“ wird wie das Relativ-Pronomen (→ L 18, 1.2) dekliniert und ist wie ein Adjektiv einem Substantiv beigefügt, mit dem es in Kasus, Numerus und Genus übereinstimmt (KNG-Kongruenz). Es leitet eine Wortfrage ein.

! Vergleiche dazu die Wortfragen (→ L 17, 2.2).

1. Formenlehre

1.1 Konjunktiv Präsens Aktiv/Passiv

Ein weiterer lateinischer Modus neben dem Indikativ und dem Imperativ ist der **Konjunktiv**. Er ist der Modus, der ausdrückt, dass etwas **möglich** ist (Möglichkeitsform). Der **Konjunktiv Präsens** hat folgende **Modus-Zeichen**:

- in der ā-Konjugation: -e-
- in den übrigen Konjugationen einschließlich *īre*: -a-

esse, posse, velle und *nōlle* haben wieder Sonderformen.

Das **Modus-Zeichen** ist **zwischen Präsensstamm** und **Person-Zeichen** eingefügt.

! Vergleiche die Erläuterung des Begriffs Modus (→ L 6, 1.1).

Ü Der **Konjunktiv Präsens** wird im **Deutschen** in der Regel mit dem **Indikativ Präsens** wiedergegeben.

! In der ā-Konjugation ist das Modus-Zeichen mit dem Kennvokal zu *-e-* verschmolzen.

Konjugationsschema Konjunktiv Präsens Aktiv

	ā-Konj.	ē-Konj.	ī-Konj.	Kons. Konj.	kurzvok. ĭ-Konj.	īre
1.P.Sg.	vocem	moneam	audiam	mittam	capiam	eam
2.P.Sg.	vocēs	moneās	audiās	mittās	capiās	eās
3.P.Sg.	vocet	moneat	audiat	mittat	capiat	eat
1.P.Pl.	vocēmus	moneāmus	audiāmus	mittāmus	capiāmus	eāmus
2.P.Pl.	vocētis	moneātis	audiātis	mittātis	capiātis	eātis
3.P.Pl.	vocent	moneant	audiant	mittant	capiant	eant

	esse	posse	velle	nōlle
1.P.Sg.	sim	possim	velim	nōlim
2.P.Sg.	sīs	possīs	velīs	nōlīs
3.P.Sg.	sit	possit	velit	nōlit
1.P.Pl.	sīmus	possīmus	velīmus	nōlīmus
2.P.Pl.	sītis	possītis	velītis	nōlītis
3.P.Pl.	sint	possint	velint	nōlint

Konjugationsschema Konjunktiv Präsens Passiv

	ā-Konj.	ē-Konj.	ī-Konj.	Kons. Konj.	kurzvok. ĭ-Konj.
1.P.Sg.	voc**er**	mone**ar**	audi**ar**	mitt**ar**	capi**ar**
2.P.Sg.	voc**ē**ris	mone**ā**ris	audi**ā**ris	mitt**ā**ris	capi**ā**ris
3.P.Sg.	voc**ē**tur	mone**ā**tur	audi**ā**tur	mitt**ā**tur	capi**ā**tur
1.P.Pl.	voc**ē**mur	mone**ā**mur	audi**ā**mur	mitt**ā**mur	capi**ā**mur
2.P.Pl.	voc**ē**minī	mone**ā**minī	audi**ā**minī	mitt**ā**minī	capi**ā**minī
3.P.Pl.	voc**e**ntur	mone**a**ntur	audi**a**ntur	mitt**a**ntur	capi**a**ntur

1.2 Konjunktiv Perfekt Aktiv

Das **Modus-Zeichen** des Konjunktiv Perfekt Aktiv lautet:

-eri-

Es ist **zwischen Perfektstamm** und **Person-Zeichen** eingefügt.

Konjugationsschema Konjunktiv Perfekt Aktiv

vocāv- monu- māns- vēn- cucurr- statu- fu-	-**eri**m -**eri**s -**eri**t -**eri**mus -**eri**tis -**eri**nt

! Die Formen des Konjunktiv Perfekt Aktiv sind bis auf die 1. Person Singular identisch mit denen des Futur II Aktiv (→ L 19, 1.2).

Ü Der **Konjunktiv Perfekt Aktiv** wird im **Deutschen** in der Regel mit dem **Indikativ Perfekt** wiedergegeben.

1.3 Konjunktiv Perfekt Passiv

Der Konjunktiv Perfekt Passiv ist am **PPP** und einer **Konjunktiv-Präsens-Form von *esse*** zu erkennen:

Sg	Pl.
servātus, -a, -um { sim / sīs / sit	servātī, -ae, -a { sīmus / sītis / sint

2. Satzlehre

2.1 Konjunktivische Gliedsätze mit *ut* und *nē*

In lateinischen **Gliedsätzen**, die mit bestimmten **Subjunktionen** eingeleitet sind, steht der **Konjunktiv**.
Zu diesen Subjunktionen gehören ***ut*** „dass, damit; sodass" und ***nē*** „dass nicht, damit nicht".

! Der lateinische Konjunktiv wird im **Deutschen** meist mit dem **Indikativ derselben Zeit** wiedergegeben. Der Gliedsatz lässt sich häufig mit dem Infinitiv mit „zu" (2.) oder bei gleichem Subjekt im Haupt- und Gliedsatz mit „um ... zu" (3.) übersetzen.

Konjunktivische Gliedsätze geben als **Objekt** ein **Begehren**, als **Adverbiale** eine **Absicht** oder **Folge** an.

		Gliedsatzart
1. Cicerō ōrat, **ut** senātōrēs cīvitātem serv**e**nt.	Cicero bittet darum, **dass** die Senatoren den Staat retten.	Begehrsatz
2. Cōnsul ā Catilīnā postulat, **nē** perniciēī urbis stude**a**t.	Der Konsul fordert von Catilina, **dass** er **nicht** nach dem Verderben der Stadt strebt/strebe *(nicht ... zu streben).*	
3. Cicerō in senātū dīcit, **ut** iniūriās Catilīnae aperi**a**t.	Cicero hält im Senat eine Rede, **damit** er die Schandtaten Catilinas aufdeckt *(um ... aufzudecken).*	Finalsatz (Absicht)
4. In Catilīnam ācriter animadvertit, **nē** cīvitās in summum perīculum voc**ē**tur.	Gegen Catilina geht er scharf vor, **damit** der Staat nicht in höchste Gefahr gebracht wird.	
5. Verbīs cōnsulis Catilīna *ita* terrētur, **ut** citō senātum relinqu**a**t et ex urbe abe**a**t.	Durch die Worte des Konsuls wird Catilina *so* erschreckt, **dass** er schnell den Senat verlässt und aus der Stadt verschwindet.	Konsekutivsatz (Folge)

2.2 Konjunktivische Gliedsätze mit *cum*

In Gliedsätzen, die mit der **Subjunktion *cum*** eingeleitet sind, steht oft auch der **Konjunktiv**.
Der Gliedsatz erfüllt im Satz die Funktion des **Adverbiales** und gibt einen **Zeitumstand** („als, nachdem"), einen **beachteten Grund** („weil") oder einen **nicht beachteten Grund** („obwohl") an.

Ü Der lateinische Konjunktiv in *cum*-Sätzen wird im Deutschen mit dem Indikativ derselben Zeit wiedergegeben.
Ein Subjekt, das direkt vor dem *cum*-Satz steht, kann in der Übersetzung in diesen hineingezogen werden (2.).

		Gliedsatzart
1. **Cum** Cicerō in senātū Catilīnam verbīs ācribus pet**a**t, senātōrēs saepe plaudunt.	**Als** Cicero im Senat Catilina mit scharfen Worten angreift, applaudieren die Senatoren oft.	Temporalsatz (Zeit)
2. Cicerō, **cum** perīcula cīvitātis sci**a**t, omnēs Catilīnāriōs tollit.	Cicero vernichtet, **weil** er die Gefahren für den Staat kennt, alle Catilinarier./Weil Cicero ..., vernichtet er ...	Kausalsatz (beachteter Grund)
3. **Cum** eī iūre nōn lice**a**t, (tamen) Catilīnāriōs interficī iubet.	**Obwohl** es ihm nach dem Recht nicht erlaubt ist, befiehlt er (dennoch), dass die Catilinarier getötet werden.	Konzessivsatz (nicht beachteter Grund)

2.3 Indirekte Fragesätze

Eine Frage, die von einem Verb des Sagens, Fragens, Sprechens o. Ä. abhängt, wird als **indirekte Frage** bezeichnet. Im Lateinischen steht in indirekten Fragesätzen der **Konjunktiv**.

Ü Im Deutschen wird in der Regel der Indikativ derselben Zeit benutzt.

		Gliedsatzart
Omnēs sciunt, **quid** Catilīna in cīvitāte petīv**erit**, **quantā** īrā in cōnsulem **sit**/fu**erit**.	Alle wissen, **was** Catilina im Staat angestrebt hat, **wie** wütend (von **wie großer** Wut) gegen den Konsul er ist/gewesen ist.	Indirekter Fragesatz

Grundwissen: Fakten

Formenlehre

1 Das **Passiv** im **Präsensstamm** (Präsens, Imperfekt, Futur I) hat eigene Person-Zeichen: ***-(o)r, -ris, -tur, -mur, -minī, -ntur***. Die Tempus-Zeichen für das Imperfekt und Futur I Passiv sind identisch mit denen des Aktivs, z. B. *audiē**bā**tur* „er, sie, es wurde gehört", *audi**a**r* „ich werde gehört werden". → **L 26, 1.1**

2 Der **Infinitiv Präsens Passiv** ist am **Infinitiv-Zeichen** ***-rī/-ī*** zu erkennen, das an den Präsensstamm angefügt ist, z. B. *vocā**rī*** „gerufen (zu) werden", *dūc**ī*** „geführt (zu) werden". → **L 26, 1.1**

3 Der **Konjunktiv Präsens Aktiv** und **Passiv** hat das Modus-Zeichen ***-a-*** zwischen Präsensstamm und Person-Zeichen bzw. ***-e-*** in der ā-Konj., z. B. *dūc**ā**tur, voc**e**t*. Die Verben *esse, velle* haben eigene Formen: ***sim, sīs, ... – velim, velīs, ...*** → **L 28, 1.1**

4 Der **Konjunktiv Perfekt Aktiv** ist am **Modus-Zeichen** ***-eri-*** zu erkennen, das an den Perfektstamm angefügt ist, z. B. *vocāv**eri**t*. → **L 28, 1.2**
Der **Konjunktiv Perfekt Passiv** ist am PPP und den Formen ***sim, sīs, sit, sīmus, sītis, sint*** zu erkennen, z. B. ***vocātus**, -a, -um **sit***. → **L 28, 1.3**

5 Das **Partizip Präsens Aktiv (PPA; Partizip der Gleichzeitigkeit)** ist eine weitere Verbform, die dekliniert werden kann (wie Adjektive der Kons. Deklination mit Ausnahme des Abl. Sg.). Im Nom. Sg. ist es an der **Endung** ***-ns*** zu erkennen. In den anderen Kasus ist ***-nt-*** zwischen dem Präsensstamm (teilweise mit Sprechvokal) und den Kasus-Zeichen eingefügt, z. B. *clāmāns, clāma**nt**is* „rufend". → **L 27, 1.3**

6 **Substantive** mit dem **Kennvokal** ***-u*** gehören zur **u-Deklination**. Sie sind in der Regel **Maskulina**, z. B. *exercitus, exercitūs* „das Heer". → **L 27, 1.1**

7 Das **Demonstrativ-Pronomen** ***ille, illa, illud*** „jener, jene, jenes" wird ähnlich wie *is, ea, id* dekliniert. → **L 27, 1.2**

Satzlehre

8 Das **PPP ohne *esse*** und das **PPA** sind häufig als **Participium coniunctum (PC)** verwendet. Sie haben ein Bezugswort in KNG-Kongruenz. Im Deutschen lässt sich diese Konstruktion verschieden wiedergeben, z. B. mit einer präpositionalen Verbindung oder durch einen Gliedsatz. → **L 25, 2.1–3/L 27, 2.2–4**

9 **Konjunktivische Gliedsätze** sind durch **Subjunktionen** (z. B. *ut, nē, cum*) eingeleitet. Sie werden im Deutschen mit dem jeweiligen Indikativ wiedergegeben. → **L 28, 2.1–2**

Grundwissen: Überblick

10 Das **Relativ-Pronomen** *quī, quae, quod* ist verschieden verwendet:
- als Einleitung eines Relativsatzes **nach** einem **Komma**;
- als relativischer Satzanschluss **zu Beginn eines Hauptsatzes**;
- als Interrogativ-Pronomen **zu Beginn eines (indirekten) Fragesatzes**.

11 Der **Akkusativ** ist verwendet als **Objekt** (wen oder was?), **zur Angabe der zeitlichen Ausdehnung** (wie lange?), **der Richtung** (wohin?) und als **doppelter Akkusativ** nach bestimmten Verben (z. B. *putāre, facere*).

Ich kann schon ...

1 **Passivformen des Präsensstammes bestimmen und übersetzen.**
superaris – arcebantur – commovebitur – pelleris (!) – videntur – mutabor – terremur – audiebaris – neglegar – irridebamini

2 **den Infinitiv Präsens Passiv auf die Grundform zurückführen und übersetzen.**
vitari – interfici – duci – legi – muniri – regi – decipi – falli – terreri

3 **Formen des Konjunktiv Präsens nach Konjugationsklassen ordnen.**
portetur – sentiatis – velim – ambulemus – petamini – deleamur – possis – trahantur – surgas – sacrificentur – sint – audiatur – timeat

4 **Formen des Konjunktiv Perfekt bestimmen und auf die Grundform zurückführen.**
expugnaverit – petitus sis – adducti simus – fecerim – conspexeritis – erepti sint – voluerint – verterimus

5 **das Partizip Präsens Aktiv (PPA) passend zu Substantiven hinzufügen und übersetzen.**
defendentibus – cadente – consistentes – pugnantem – rapienti – audientium – ruentis

milites – gladiatorem[!] – barbaro – hominum – hostis – sole – civibus

6 **Substantive der u-Deklination erkennen und bestimmen.**
corpus – exercitus – senatui – sacrum – metu – moenium – manuum – senatu – diu – exercitibus – militibus

7 **Formen von *ille, illa, illud* bestimmen und passend mit Substantiven verbinden.**
illius – illos – illi – illis – illarum – illam – illa – illud – illorum – illum – illo

barbaros – templis[!] – virtutis – virorum – virium – exercitum – donum – metu – arti – puellam – arma

8 **ein Participium coniunctum (PC) im Satz erkennen und auf verschiedene Weise wiedergeben.**
Hannibal urbem Romam cum copiis petens ad portas constitit; is magnitudine autem moenium commotus ad castra rediit.

9 **die Sinnrichtung konjunktivischer Gliedsätze benennen und übersetzen.**
1. Cicero postulat, ut odium ab animo arceamus. 2. In litteris orat, ne amicitiam neglegamus. 3. Itaque vos invitabimus, ne sine amicis simus. 4. Certe servi cenam bonam parabunt, ut vobiscum vita gaudeamus. 5. Cum nox venerit, cenamus.

10 **die Verwendung eines Relativ-Pronomens erklären und dieses übersetzen.**
1. Galli, qui in urbem invadunt, etiam arcem expugnare student. Quae diligenter custoditur. 2. Mox autem illi scient, quo modo mons Capitolinus capi possit.

11 **die Funktion eines Akkusativs im Satz bestimmen und entsprechend wiedergeben.**
1. Cicero in senatu Catilinam verbis acribus petivit. 2. Qui multos dies civitati interitum parare studuit. 3. Cicero eum hostem patriae appellavit eumque urbem relinquere coegit. 4. Numquam ille iterum Romam venit.

1. Formenlehre

1.1 Konjunktiv Imperfekt Aktiv/Passiv

Das **Modus-Zeichen** des **Konjunktiv Imperfekt** lautet für alle Konjugationen (außer *esse, posse, velle, nōlle*)

-re-

Es ist zwischen **Präsensstamm**, ggf. Sprechvokal und **Person-Zeichen** eingefügt.

! Der Konjunktiv Imperfekt gleicht dem Infinitiv Präsens Aktiv mit angehängtem Person-Zeichen.

Ü Der Konjunktiv Imperfekt in Gliedsätzen (außer in *sī*-Sätzen) wird im Deutschen mit dem Präteritum wiedergegeben.

Konjugationsschema Konjunktiv Imperfekt Aktiv

	ā-Konj.	ē-Konj.	ī-Konj.	Kons. Konj.	kurzvok. ĭ-Konj.	īre
1.P.Sg.	vocā**re**m	monē**re**m	audī**re**m	mitte**re**m	cape**re**m	ī**re**m
2.P.Sg.	vocā**rē**s	monē**rē**s	audī**rē**s	mitte**rē**s	cape**rē**s	ī**rē**s
3.P.Sg.	vocā**re**t	monē**re**t	audī**re**t	mitte**re**t	cape**re**t	ī**re**t
1.P.Pl.	vocā**rē**mus	monē**rē**mus	audī**rē**mus	mitte**rē**mus	cape**rē**mus	ī**rē**mus
2.P.Pl.	vocā**rē**tis	monē**rē**tis	audī**rē**tis	mitte**rē**tis	cape**rē**tis	ī**rē**tis
3.P.Pl.	vocā**re**nt	monē**re**nt	audī**re**nt	mitte**re**nt	cape**re**nt	ī**re**nt

	esse	posse	velle	nōlle
1.P.Sg.	es**se**m	pos**se**m	vel**le**m	nōl**le**m
2.P.Sg.	es**sē**s	pos**sē**s	vel**lē**s	nōl**lē**s
3.P.Sg.	es**se**t	pos**se**t	vel**le**t	nōl**le**t
1.P.Pl.	es**sē**mus	pos**sē**mus	vel**lē**mus	nōl**lē**mus
2.P.Pl.	es**sē**tis	pos**sē**tis	vel**lē**tis	nōl**lē**tis
3.P.Pl.	es**se**nt	pos**se**nt	vel**le**nt	nōl**le**nt

Konjugationsschema Konjunktiv Imperfekt Passiv

	ā-Konj.	ē-Konj.	ī-Konj.	Kons. Konj.	kurzvok. ĭ-Konj.
1.P.Sg.	vocā**re**r	monē**re**r	audī**re**r	mitte**re**r	cape**re**r
2.P.Sg.	vocā**rē**ris	monē**rē**ris	audī**rē**ris	mitte**rē**ris	cape**rē**ris
3.P.Sg.	vocā**rē**tur	monē**rē**tur	audī**rē**tur	mitte**rē**tur	cape**rē**tur

1.P.Pl.	vocā**rē**mur	monē**rē**mur	audī**rē**mur	mitte**rē**mur	cape**rē**mur
2.P.Pl.	vocā**rē**minī	monē**rē**minī	audī**rē**minī	mitte**rē**minī	cape**rē**minī
3.P.Pl.	vocā**re**ntur	monē**re**ntur	audī**re**ntur	mitte**re**ntur	cape**re**ntur

1.2 Konjunktiv Plusquamperfekt Aktiv

Das **Modus-Zeichen** des **Konjunktiv Plusquamperfekt Aktiv** lautet

-isse-

Es ist zwischen **Perfektstamm** und **Person-Zeichen** eingefügt.

Konjugationsschema Konjunktiv Plusquamperfekt Aktiv

Perfektstamm	Endung
vocāv- monu- māns- vēn- cucurr- statu- fu-	-**isse**m -**issē**s -**isse**t -**issē**mus -**issē**tis -**isse**nt

! Der Konjunktiv Plusquamperfekt Aktiv gleicht dem Infinitiv Perfekt Aktiv mit angehängtem Person-Zeichen.

Ü Der Konjunktiv Plusquamperfekt in Gliedsätzen (außer in *sī*-Sätzen) wird im Deutschen mit dem Indikativ Plusquamperfekt wiedergegeben.

1.3 Konjunktiv Plusquamperfekt Passiv

Den Konjunktiv Plusquamperfekt Passiv ist am **PPP** und einer **Konjunktiv-Imperfekt-Form von *esse*** zu erkennen.

Konjugationsschema Konjunktiv Plusquamperfekt Passiv

Sg.		Pl.	
servātus, -a, -um	essem essēs esset	servātī, -ae, -a	essēmus essētis essent

Ü Die Konjunktivformen des Imperfekts und Plusquamperfekts treten meist in Gliedsätzen auf (→ L 28, 2.1/2).

2. Satzlehre

2.1 Zeitverhältnisse in konjunktivischen Gliedsätzen

1. a) Cleopatra valdē **petit**, **ut** Caesarem conveni**at**. — Kleopatra verlangt sehr danach, **dass** sie mit Caesar zusammentrifft/ mit Caesar zusammenzutreffen.

   b) Cleopatra valdē **petīvit**, **ut** Caesarem convenī**ret**. — Kleopatra verlangte sehr danach, **dass** sie mit Caesar zusammentraf/ mit Caesar zusammenzutreffen.

2. a) **Cum** Cleopatra intrā**verit**, Caesar amōre **capitur**.	**Als** Kleopatra eingetreten ist, wird Caesar von Liebe erfasst.
b) **Cum** Cleopatra intrā**visset**, Caesar amōre **captus est**.	**Als/Nachdem** Kleopatra eingetreten war, wurde Caesar von Liebe erfasst.

Das Prädikat des Gliedsatzes beschreibt einen Vorgang, der in einem bestimmten **zeitlichen Verhältnis** zum Vorgang des übergeordneten Satzes steht.

Konj. Präsens/ Konj. Imperfekt/	I der Gleichzeitigkeit II der Gleichzeitigkeit	drücken einen Vorgang aus, der **gleichzeitig** zur Handlung des übergeordneten Prädikats verläuft (1. a/b).)
Konj. Perfekt/ Konj. Plusquamperfekt/	I der Vorzeitigkeit II der Vorzeitigkeit	drücken einen Vorgang aus, der **vor** der Handlung des übergeordneten Prädikats, also **vorzeitig**, verlaufen ist (2. a/b).

2.2 Mehrgliedriges Satzgefüge

1. Caesar postulāvit, **ut** Cleopatra addūce**rētur**.	Caesar verlangte, dass Kleopatra (zu ihm) gebracht werde.
2. **Cum** ea ad Caesarem adducta es**set**, māgna admīrātiō omnēs incessit.	Als/Nachdem diese zu Caesar gebracht worden war, ergriff alle große Bewunderung.
3. **Cum** Cleopatra ēgregiā fōrmā es**set**, Caesar eī ita favēbat, **ut** omnia face**ret**, **quae** ea volē**bat**.	Da Kleopatra von hervorragender Schönheit war, war ihr Caesar so gewogen, dass er alles machte, was sie wollte.

Das mehrgliedrige Satzgefüge (Periode) besteht aus einem Hauptsatz und einem oder mehreren Gliedsätzen. Es kann z. B. folgendermaßen gebaut sein:

- Der Gliedsatz folgt auf den Hauptsatz (1.).

HS	Caesar postulavit,	
GS		ut ... adduceretur.

- Der Gliedsatz geht dem Hauptsatz voraus (2.).

HS		magna ... incessit.
GS	Cum ... adducta esset,	

- Gliedsätze stehen vor und nach dem Hauptsatz; dabei kann ein Gliedsatz auch einem anderen untergeordnet sein (3.).

HS		Caesar ... favebat,		
GS	Cum ... esset,		ut ... faceret,	
GS				quae ...

Ü Suche bei mehrgliedrigen Satzgefügen sorgfältig heraus, was zum Hauptsatz, was zu welchem Gliedsatz gehört und wodurch die Gliedsätze eingeleitet werden. Beginne die Übersetzung mit dem Hauptsatz und füge dann den Gliedsatz/die Gliedsätze hinzu (→ Kästchenmethode M 2.3, S. 144 f.).

1. Formenlehre

1.1 *ferre* und Komposita

2. Satzlehre

2.1 Konditionales Satzgefüge
2.2 Irrealis der Gegenwart
2.3 Irrealis der Vergangenheit

1. Formenlehre

1.1 *ferre* und Komposita

Das Verb ***ferre*** „tragen, bringen" gehört zu den Sonderkonjugationen. Seine **Stammformenreihe** ist mit **verschiedenartigen Stämmen** gebildet:
ferre: **fer**ō, **tul**ī, **lāt**um „tragen, bringen; ertragen; berichten"

Präsensstamm

	AKTIV							
	Präsens			Imperfekt			Futur I	
	Indikativ		Konjunktiv	Indikativ		Konjunktiv		
1.P.Sg.	ferō	ich trage	feram	ferēbam	ich trug	ferrem	feram	ich werde tragen *usw.*
2.P.Sg.	fers	du trägst	ferās	ferēbās	du trugst	ferrēs	ferēs	
3.P.Sg.	fert	er/sie/es trägt	ferat	ferēbat	er/sie/es trug	ferret	feret	
1.P.Pl.	fer*i*mus	wir tragen	ferāmus	ferēbāmus	wir trugen	ferrēmus	ferēmus	
2.P.Pl.	fertis	ihr tragt	ferātis	ferēbātis	ihr trugt	ferrētis	ferētis	
3.P.Pl.	fer*unt*	sie tragen	ferant	ferēbant	sie trugen	ferrent	ferent	

Infinitiv	ferre	(zu) tragen
Imperativ Sg. Imperativ Pl.	fer! ferte!	trag! tragt!
PPA	ferēns, ferentis	tragend

	PASSIV							
	Präsens			Imperfekt			Futur I	
	Indikativ		Konjunktiv	Indikativ		Konjunktiv		
1.P.Sg.	feror	ich werde getragen *usw.*	ferar	ferēbar	ich wurde getragen *usw.*	ferrer	ferar	ich werde getragen werden *usw.*
2.P.Sg.	ferris		ferāris	ferēbāris		ferrēris	ferēris	
3.P.Sg.	fertur		ferātur	ferēbātur		ferrētur	ferētur	
1.P.Pl.	fer*i*mur		ferāmur	ferēbāmur		ferrēmur	ferēmur	
2.P.Pl.	fer*i*minī		ferāminī	ferēbāminī		ferrēminī	ferēminī	
3.P.Pl.	fer*u*ntur		ferantur	ferēbantur		ferrentur	ferentur	

Infinitiv	ferrī	getragen (zu) werden

Perfektstamm

	AKTIV								
	Perfekt			Plusquamperfekt			Futur II	
	Indikativ		Konjunktiv	Indikativ		Konjunktiv		
1.P.Sg.	tulī	ich habe getragen *usw.*	tulerim	tuleram	ich hatte getragen *usw.*	tulissem	tulerō	ich werde getragen haben
2.P.Sg.	tulistī *usw.*		tuleris *usw.*	tulerās *usw.*		tulissēs *usw.*	tuleris *usw.*	*usw.*
Infinitiv	tulisse	getragen (zu) haben						

	PASSIV							
	Perfekt			Plusquamperfekt			Futur II	
	Indikativ		Konjunktiv	Indikativ		Konjunktiv		
1.P.Sg.	lātus sum *usw.*	ich bin getragen worden *usw.*	lātus sim *usw.*	lātus eram *usw.*	ich war getragen worden *usw.*	lātus essem *usw.*	lātus erō *usw.*	ich werde getragen worden sein *usw.*
Infinitiv	lātum, -am, -um esse	getragen worden (zu) sein						
PPP	lātus, -a, -um	getragen						

Komposita von *ferre* sind unter anderem:

afferre, afferō, **at**tulī, allātum:	**(herbei)**bringen; melden
differre, differō, **dis**tulī, dīlātum:	aufschieben, verschieben; sich unterscheiden
efferre, efferō, **ex**tulī, ēlātum:	**heraus**tragen; herausheben; hervorbringen
perferre, perferō, pertulī, perlātum:	ertragen; (über)bringen
referre, referō, rettulī, relātum:	**(zurück)**bringen; berichten

! Du kennst schon ein Verb, das in Teilen ein Kompositum von *ferre* ist: *tollere, tollō, sus**tulī**, sub**lātum*** „hochheben; beseitigen, vernichten; entfernen".

2. Satzlehre

2.1 Konditionales Satzgefüge

Ein Satzgefüge, dessen **Gliedsatz** ein **Bedingungssatz** ist, heißt **konditionales Satzgefüge**.

Im Englischen sind dir die if-clauses bekannt:

a) Die Bedingungen und die damit verbundenen Folgen können **wirklich** eintreten, also **real** sein:

Sī caelum bonum **erit**, iter **faciēmus**.
Wenn morgen schönes Wetter **ist**, **machen** wir einen Ausflug.

Eine solche Aussage bezeichnet man als **Realis**.

a) If the weather is fine, we will go for a walk.

b) Die Bedingungen und die damit verbundenen Folgen können aber auch **nicht der Wirklichkeit entsprechen**, also **irreal** sein:

b) If the weather was/had been fine, we would go/would have gone for a walk.

Sī hodiē caelum bonum **esset/fuisset**, iter **facerēmus/fēcissēmus.**
Wenn heute schönes Wetter **wäre/gewesen wäre, würden** wir einen Ausflug **machen/hätten** wir ... **gemacht** (es ist/war aber kein schönes Wetter, der Ausflug findet/fand nicht statt).

Eine solche Aussage bezeichnet man als **Irrealis**.

2.2 Irrealis der Gegenwart

Vārus cōgitāvit: „*Sī* Germānī pācem *servārent,* fīnēs imperiī Rōmānī tūtī *essent.*	Varus dachte: „*Wenn* die Germanen Frieden *hielten/ halten würden, wären* die Grenzen des Römischen Reiches sicher.
Nisī mīlitēs nostrī tam fortēs *essent,* numquam Germānōs in eōrum fīnibus *superārēmus.*“	*Wenn* unsere Soldaten *nicht* so tapfer *wären, würden wir* die Germanen nie in deren Gebiet *besiegen.*“

Der **Irrealis der Gegenwart** steht im Lateinischen im **Konjunktiv Imperfekt.** Er drückt damit einen Gedanken aus, der den Zuständen oder Ereignissen in der Gegenwart nicht entspricht.

Ü ***sī/nisī*** **+ Konj. Imperfekt:**
„wenn/wenn nicht“ + Konjunktiv II der Gegenwart („würde“)
(Irrealis der Gegenwart)

2.3 Irrealis der Vergangenheit

Augustus māgnō dolōre commōtus cōgitat:	Augustus denkt von großem Schmerz bewegt:
1. „*Sī* in Germāniā *fuissem,* cōpiīs Vāriānīs auxilium *dedissem.*	„*Wenn ich* in Germanien *gewesen wäre, hätte ich* den Truppen des Varus Hilfe *gebracht.*
2. *Nisī* cōpiae in īnsidiās *ductī essent,* calamitātem nōn *accēpissent.*“	*Wenn* die Truppen *nicht* in einen Hinterhalt *geführt worden wären, hätten sie* keine Niederlage *erlitten.*“

Der **Irrealis der Vergangenheit** steht im Lateinischen im **Konjunktiv Plusquamperfekt.** Er drückt damit einen Gedanken aus, der den Zuständen oder Ereignissen in der Vergangenheit nicht entspricht.

Ü ***sī/nisī*** **+ Konj. Plusquamperfekt:**
„wenn/wenn nicht“ + Konjunktiv II der Vergangenheit
(Irrealis der Vergangenheit)

2. Satzlehre

2.1 Ablativus absolutus (Abl. abs.) mit PPP: Vorzeitigkeit

1. **Calamitāte** Vārī **nūntiātā** Augustus diū miser per domum errāvit.	**Als/Nachdem** Varus' **Niederlage gemeldet worden war**, irrte Augustus lange unglücklich im Palast umher.
2. **Tribus legiōnibus dēlētīs** tōta urbe cīvēs valdē maestī erant.	**Weil drei Legionen vernichtet worden waren**, waren in der ganzen Stadt die Bürger sehr traurig.
3. **Germāniā pācātā** (tamen) Germānī legiōnēs Rōmānās dēlēvērunt.	**Obwohl Germanien unterworfen (worden) war**, haben (dennoch) Germanen römische Legionen vernichtet.

In den Sätzen ist ein **PPP im Ablativ mit einem Substantiv in KNG-Kongruenz** verbunden. Dieses Substantiv erhält nur gemeinsam mit dem Partizip eine Funktion im Satz, nämlich die eines **Adverbiales**

- der **Zeit**: *temporal* (1.),
- des **beachteten Grundes**: *kausal* (2.),
- des **nicht beachteten Grundes**: *konzessiv* (3.).

Ablativus absolutus bedeutet „losgelöster Ablativ" (→ *absolvere* „loslösen"). Er heißt deshalb so, weil der bloße Ablativ ohne Partizip im Satz keine Funktion hat, also davon „losgelöst" ist.

Satzmodell

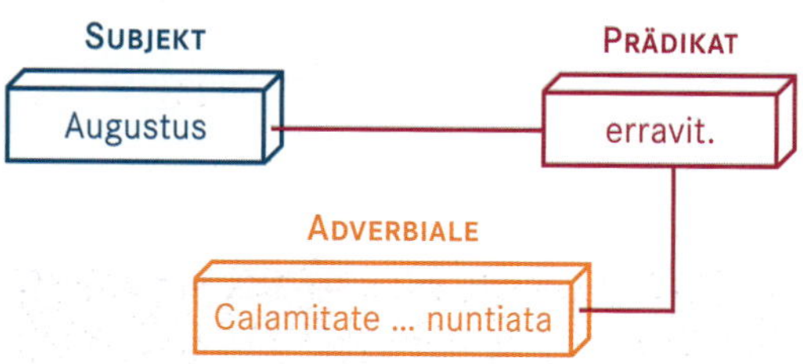

Wenn in einem Satz ein Partizip mit seinem Bezugswort im Ablativ vorkommt, liegt fast immer ein Ablativus absolutus (Abl. abs.) vor. Diese Konstruktion kann vom restlichen Satz abgegrenzt übersetzt werden.

Man nennt diese Konstruktion **Ablativus absolutus (Abl. abs.) mit PPP.**
Dieser Abl. abs. drückt ein Geschehen aus, das **vor** der Handlung des Prädikats stattfindet. Das **Zeitverhältnis** des PPP zum Prädikat ist somit **vorzeitig**.

2.2 Ablativus absolutus (Abl. abs.) mit PPA: Gleichzeitigkeit

1. **Nūntiō** dē Vārī calamitāte **referente** Augustus vehementer perturbābātur.	**Während der Bote** von Varus' Niederlage **berichtete**, wurde Augustus stark erschüttert.
2. **Germānīs** amīcitiam Rōmānōrum **neglegentibus** Augustus valdē īrātus erat.	**Da die Germanen** die Freundschaft mit den Römern **nicht achteten**, war Augustus sehr erzürnt.
3. **Rōmānīs** amīcitiam et pācem **agentibus** (tamen) Germānī gravem iniūriam fēcērunt.	**Obwohl die Römer** Freundschaft und Frieden **wahrten**, begingen die Germanen (dennoch) eine schlimme Gewalttat.

In diesen Sätzen ist ein **PPA im Ablativ** mit einem **Substantiv in KNG-Kongruenz** verbunden. Dieses Substantiv erhält hier ebenfalls nur gemeinsam mit dem Partizip eine Funktion im Satz, nämlich die eines **Adverbiales**

- der **Zeit**: *temporal* (1.),
- des **beachteten Grundes**: *kausal* (2.),
- des **nicht beachteten Grundes**: *konzessiv* (3.).

Ü Kurz gefasste Abl. abs. lassen sich gut mit einer **präpositionalen Verbindung** (Präposition mit Substantiv) wiedergeben: ***sōle occidente*** „*bei* Sonnenuntergang“; ***cīvibus plaudentibus*** „*trotz* des Beifalls der Bürger“ ***urbe captā*** „*nach* Eroberung der Stadt“; ***duce necātō*** „*wegen* Ermordung des Anführers“;

Satzmodell (Satz 1)

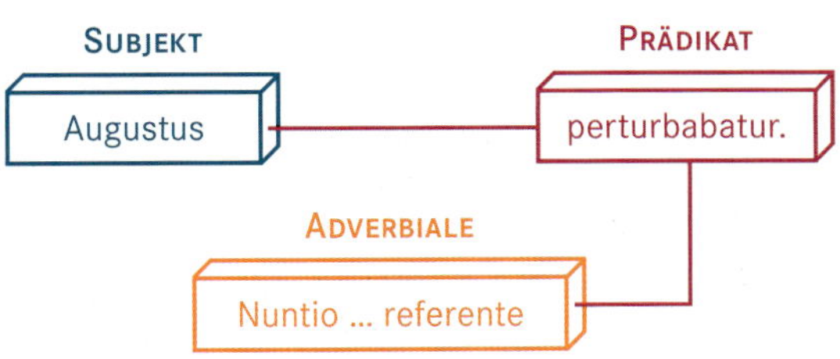

Diese Konstruktion nennt man **Ablativus absolutus (Abl. abs.) mit PPA**. Sie stellt eine **satzwertige Konstruktion** dar.
Der Abl. abs. drückt hier ein Geschehen aus, das **zeitgleich** zu der Handlung des Prädikats stattfindet. Das **Zeitverhältnis** des PPA zum Prädikat ist somit **gleichzeitig**.

Zusammenfassende Übersicht

Sinnrichtung	Abl. abs. mit PPP (vorzeitig)	Abl. abs. mit PPA (gleichzeitig)	grammatische Bezeichnung
1. Zeit	als/nachdem	als/während	*temporal*
2. beachteter Grund	da/weil	da/weil	*kausal*
3. nicht beachteter Grund	obwohl	obwohl	*konzessiv*

2.3 Ablativus absolutus (Abl. abs.) in nominalen Wendungen

1. **Augustō imperātōre** pāx facta est.	**Unter der Herrschaft des Augustus** (Während/Als Augustus herrschte,) ist Frieden geschaffen worden.
2. Augustus cōgitāvit: „**Mē duce** Rōmānī numquam iterum bellum incipient.	Augustus dachte: „**Unter meiner Führung** werden die Römer niemals wieder Krieg beginnen.
3. **Caesare mortuō** omnēs inimīcōs sustulī.“	**Nach Caesars Tod** habe ich alle Feinde beseitigt.“

Substantive oder **Personal-Pronomina im Ablativ** können in Verbindung **mit bestimmten Nomina** (z. B. Substantiv, Adjektiv) wie ein **Ablativus absolutus** die **Funktion des Adverbiales** erfüllen. Man spricht dann von einem **Ablativus absolutus (Abl. abs.) in nominaler Wendung**. Das **Zeitverhältnis** des Abl. abs. in nominaler Wendung zum Prädikat ist meistens **gleichzeitig**.

Caesare imperātōre entspricht *Caesare imperante.*

Solche nominalen Wendungen sind z. B.:

Augustō imperātōre	unter der Herrschaft des Augustus/ während, als Augustus herrschte
Hannibale duce	unter der Führung Hannibals/ während, als Hannibal Führer war
Nerōne mortuō	nach dem Tod Neros/als Nero tot war
mē vīvō	zu meinen Lebzeiten/solange ich lebe

2.4 Übersetzungsweg – Übersetzungsmöglichkeiten eines Abl. abs. mit PPP

Calamitāte Vārī nūntiātā Augustus diū per domum errāvit.

1. Markiere das Partizip im Ablativ.	Calamitāte Vārī nūntiātā Augustus diū per domum errāvit.
2. Suche das Bezugswort, das in KNG-Kongruenz zu dem Partizip steht.	Calamitāte Vārī nūntiātā Augustus diū per domum errāvit.
3. Öffne eine Klammer **vor** dem Bezugswort und schließe sie **hinter dem PPP**.	(Calamitāte Vārī nūntiātā) Augustus diū per domum errāvit.
4. Übersetze den Satz ohne die Abl. abs.-Klammer auf einem Notizblatt.	Augustus irrte lange durch sein Haus.

5. Gib die Aussage der Abl. abs.-Klammer als Hauptsatz separat auf dem Notizblatt wieder.	Die Niederlage des Varus ist gemeldet worden.
6. Mache aus dem Hauptsatz einen Gliedsatz und entscheide die Sinnrichtung aus dem Textzusammenhang.	Nachdem/Als/Weil die Niederlage des Varus gemeldet worden ist/war,
7. Verknüpfe schließlich die Aussage der Abl. abs.-Klammer sinnvoll mit dem restlichen Satz. Achte darauf, dass du im Gliedsatz die Vorzeitigkeit zum Hauptsatz ausdrückst.	Nachdem die Niederlage des Varus gemeldet worden war, irrte Augustus lange durch sein Haus.

Ü Die Vorgehensweise beim Übersetzen des Abl. abs. mit PPA ist identisch mit dem Übersetzen eines Abl. abs. mit PPP. Bei Bei- und Unterordnung musst du allerdings auf das gleichzeitige Zeitverhältnis zum Prädikat des Hauptsatzees achten (→ L 27, 2.4).

Übersetzungsmöglichkeiten

Der Ablativus absolutus kann verschieden übersetzt werden. Ausgehend von einer Wiedergabe als Hauptsatz *(Die Niederlage des Varus ist gemeldet worden)* lässt sich der Abl. abs. übersetzen mit:

1. Beiordnung	2. Unterordnung	3. präpositionale Verbindung
Der Abl. abs. wird durch einen eigenen **Hauptsatz** wiedergegeben; die Sinnrichtung wird durch ein **zusätzliches Wort** ausgedrückt: ***Die Niederlage*** *des Varus* ***war gemeldet worden; darauf (deshalb)*** *irrte Augustus ...*	Der Abl. abs. wird als **Gliedsatz** wiedergegeben; dieser wird durch eine **Subjunktion** eingeleitet, die die Sinnrichtung ausdrückt: ***Nachdem*** *die Niederlage des Varus* ***gemeldet worden war****, irrte Augustus ...*	Das **Partizip** wird **substantiviert** und mit einer **Präposition** verknüpft, die die Sinnrichtung ausdrückt: ***Nach der Meldung*** *der Niederlage des Varus irrte Augustus ...*

2.5 *nē* nach Ausdrücken des Fürchtens

1. Augustus semper timēbat, **nē** Germānī in imperium Rōmānum invāderent.	Augustus fürchtete immer, **dass** die Germanen in das Römische Reich einfielen.
2. Perīculum enim erat, **nē** legiōnēs ibī fīnēs custōdientēs ē Germāniā opprimerentur.	Es bestand nämlich die Gefahr, **dass** die dort die Grenzen schützenden Legionen von Gemanien aus überfallen würden.

Nach **Verben und Ausdrücken des Fürchtens** bedeutet ***nē*** als Einleitung des Gliedsatzes „**dass**".
Der Gliedsatz im Konjunktiv enthält das, was befürchtet wird, also eigentlich **nicht** eintreten soll. Es liegt demnach ein Finalsatz vor.

1. Formenlehre

1.1 Partizip Futur Aktiv (PFA; Partizip der Nachzeitigkeit)

Neben dem PPA (Partizip der Gleichzeitigkeit) und PPP (Partizip der Vorzeitigkeit) gibt es im Lateinischen ein weiteres Partizip: das **Partizip Futur Aktiv (PFA; Partizip der Nachzeitigkeit).**

Das PFA ist zu erkennen am **PFA-Zeichen** -tūr- oder -sūr-.

Daran sind die Endungen der Adjektive der ā-/o-Deklination (→ L 6, 1.3) angefügt.

PFA	Inf. Präs. Aktiv	Übersetzung
servā **-tūr**-us, -a, -um	servāre	einer, der retten wird/will
audī **-tūr**-us, -a, -um	audīre	einer, der hören wird/will
cap **-tūr**-us, -a, -um	capere	einer, der erobern wird/will
mō **-tūr**-us, -a, -um	movēre	einer, der bewegen wird/will
moni **-tūr**-us, -a, -um	monēre	einer, der ermahnen wird/will
relic **-tūr**-us, -a, -um	relinquere	einer, der zurücklassen wird/will
incēn **-sūr**-us, -a, -um	incendere	einer, der entflammen wird/will
ius **-sūr**-us, -a, -um	iubēre	einer, der befehlen wird/will
↑ PFA-Zeichen		

Beachte die Sonderformen:
fu-**tūr**-us, -a, -um < esse „einer, der sein wird/will"
i-**tūr**-us, -a, -um < īre „einer, der gehen wird/will"
(abi-**tūr**-us, -a, -um < abīre) „einer, der weggehen wird/will"

1.2 Infinitiv Futur Aktiv (Infinitiv der Nachzeitigkeit)

Das Partizip Futur Aktiv (PFA) bildet zusammen mit *esse* den **Infinitiv Futur Aktiv (Infinitiv der Nachzeitigkeit).**

Infinitiv Futur Aktiv	Übersetzung	Infinitiv Futur Aktiv	Übersetzung
servā-**tūr**-um, -am, -um/ servā-**tūr**-ōs, -ās, -a } esse	retten werden	fu-**tūr**-um, -am, -um/ fu-**tūr**-ōs, -ās, -a } esse	sein werden
audī-**tūr**-um, -am, -um/ audī-**tūr**-ōs, -ās, -a } esse	hören werden		

2. Satzlehre

2.1 PFA als Participium coniunctum (PC)

1. **Māxentius** in aciem iit hostem **victūrus**.	Maxentius zog in die Schlacht **in der Absicht**, den Feind **zu** besiegen/ , **um** den Feind **zu** besiegen/ , **da** er den Feind besiegen **wollte**.
2. **Chrīstiānī** summō studiō pūgnābant religiōnem suam **dēfēnsūrī**.	Die Christen kämpften mit höchster Leidenschaft **in der Absicht**, ihre Religion **zu** verteidigen/, **um** ihre Religion **zu** verteidigen/, **weil** sie ihre Religion verteidigen **wollten**.

Das PFA ist auch als **Participium coniunctum (PC)** verwendet und hat ein **Bezugswort**, mit dem es in Kasus, Numerus und Genus **(KNG-Kongruenz)** übereinstimmt.

Es hat im Satz die **Funktion des Adverbiales**, drückt aber nur eine einzige Sinnrichtung aus, nämlich die **finale** (1./2.).

Ü Gestalte eine Wendung mit „in der Absicht/um ... zu" mit Infinitiv („in der Absicht, ... zu besiegen/, um ... zu besiegen") oder gehe bei der Übersetzung eines PC mit PFA so vor, wie du es bei einem PC mit PPP oder PPA gelernt hast. Wähle dabei für den Gliedsatz die Subjunktion „weil" oder „da" und füge eine Form von „wollen" zum Prädikat des Gliedsatzes hinzu („da er ... besiegen wollte").

Satzmodell

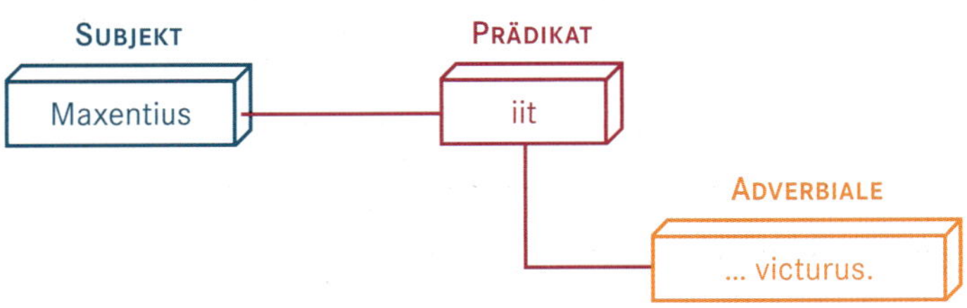

2.2 AcI: nachzeitiges Zeitverhältnis

1. Māxentius audīverat sē in pūgnā **peritūrum esse**.	Maxentius hatte gehört, dass er im Kampf **umkommen werde**.
2. Imperātor sē in aciē hostem **victūrum esse** spērābat.	Der Kaiser hoffte, dass er in der Schlacht seinen Feind **besiegen werde**/in der Schlacht ... **zu besiegen**.

Der **Infinitiv Futur Aktiv** drückt im AcI einen Vorgang aus, der nach der Handlung des Prädikats verläuft (1./2.). Dieses **Zeitverhältnis** nennt man **Nachzeitigkeit**.

Ü Nach Verben wie *spērāre* „hoffen", *prōmittere* „versprechen", *iūrāre* „schwören" wird im Deutschen die Nachzeitigkeit meist nicht ausgedrückt:
Mē *in tempore* ***ventūrum esse*** *prōmittō.* – „Ich verspreche, dass ich rechtzeitig komme (rechtzeitig zu kommen)."

Grundwissen: Fakten

Formenlehre

1 Der **Konjunktiv Imperfekt** ist in der Regel im **Aktiv** und im **Passiv** am **Modus-Zeichen *-re-*** zu erkennen, das an den Präsensstamm angefügt ist, z. B. *monē**re**t, voca**re**ntur*. Beachte: ***essem ..., possem ..., vellem ..., nōllem ...*** → **L 29, 1.1**

2 Der **Konjunktiv Plusquamperfekt Aktiv** ist am **Modus-Zeichen *-isse-*** zu erkennen, das an den Perfektstamm angefügt ist, z. B. *vēn**isse**t.* → **L 29, 1.2**
Im **Konjunktiv Plusquamperfekt Passiv** treten zum **PPP** die Formen ***essem, essēs, esset, ...*** hinzu, z. B. ***vocātus**, -a, -um **esse**t.* → **L 29, 1.3**

3 ***ferre*** gehört zu den **Sonderkonjugationen** und ist mit Präpositionen zu Komposita verbunden. Die Stammformen von *ferre* lauten ***fer**ō - **tul**ī - **lāt**um.* → **L 30, 1.1**

4 Das **Partizip Futur Aktiv (PFA; Partizip der Nachzeitigkeit)** ist eine weitere Verbform, die dekliniert werden kann (wie Adjektive der ā-/o-Deklination). Es ist am **PFA-Zeichen *-tūr-*** bzw. ***-sūr-*** zu erkennen, das an einen manchmal leicht veränderten Präsensstamm angefügt ist, z. B. *mō**tūr**us, ius**sūr**ī, clāmā**tūr**a.* → **L 32, 1.1**

Satzlehre

5 Der **Konjunktiv** kann in **Gliedsätzen ein gleichzeitiges Zeitverhältnis** (Konj. Präsens/Konj. Imperfekt) oder ein **vorzeitiges Zeitverhältnis** (Konj. Perfekt/Konj. Plusquamperfekt) ausdrücken. → **L 29, 2.1**

6 In **konditionalen Satzgefügen** drückt der **Konj. Imperfekt** den **Irrealis der Gegenwart**, der **Konj. Plusquamperfekt** den **Irrealis der Vergangenheit** aus. → **L 30, 2.2–3**

7 Ein **Ablativ mit Partizip** stellt in der Regel einen **Ablativus absolutus (Abl. abs.)** dar. Mit einem **PPP** drückt er ein **vorzeitiges Zeitverhältnis**, mit einem **PPA** ein **gleichzeitiges Zeitverhältnis** aus. Als **satzwertige Konstruktion** lässt sich der **Abl. abs.** z. B. mit einem **Gliedsatz** oder einer **präpositionalen Verbindung** wiedergeben. → **L 31, 2.1–2/4**

8 Der **Abl. abs. in nominaler Wendung** lässt sich fast immer durch eine präpositionale Verbindung wiedergeben, z. B. *Hannibale duce* „unter der Führung Hannibals". → **L 31, 2.3**

9 Im **AcI** gibt der **Infinitiv Futur Aktiv** die **Nachzeitigkeit** an. Als PC gibt das **Partizip Futur Aktiv** (PFA) die **finale Sinnrichtung** an. → **L 32, 2.1–2**

Grundwissen: Überblick

10 Die **drei Zeitverhältnisse** im **AcI** sind an folgenden **Infinitiven** zu erkennen:
- **Gleichzeitigkeit**: Infinitiv Präsens Aktiv/Passiv, z. B. *esse, pūgnā**re**, audī**rī**, mit**tī**;*
- **Vorzeitigkeit**: Infinitiv Perfekt Aktiv/Passiv, z. B. *f**uisse**, pūgnāv**isse**, audī**tum esse**, mis**sōs esse**;* → **L 16, 2.1**
- **Nachzeitigkeit**: Infinitiv Futur Aktiv, z. B. *fu**tūr**um **esse**, pūgnā**tūr**ōs **esse**.* → **L 32, 2.2**

Ich kann schon ...

1 Formen des Konjunktiv Imperfekt Aktiv/Passiv erkennen und bestimmen.
claudent – adessem – vocares – deponeretur – facite – possent – viderit – petetis – sentiret – dixerunt – regereris – mittaris – custodirent – quiescerem – interest – vellent

2 Formen des Konjunktiv Plusquamperfekt Aktiv/Passiv erkennen und bestimmen.
vixissemus – tulerim – ductus esset – fuissent – noluisti – clamavit – issent – acciderit – redditae essent – interruptum esse – dixissem – accensa esset – facta essent

3 Formen von *ferre* mit Komposita bestimmen und übersetzen.
feram – fer – fertur – efferebam – latus sum – referent – affers – tulit – fertis – perferte – ferentur – lati sunt – tulero – distulerant – ferebamus – ferentes

4 das Partizip Futur Aktiv auf den Infinitiv Präsens zurückführen.
neglecturi – missura – victuros – postulaturae – laturus – deleturas – facturum – visuri – raptura – venturos – pugnaturus – irrisuri – ituros – futurum – liberaturam – muniturus

5 den Konjunktiv in Gliedsätzen bestimmen, das Zeitverhältnis nennen und in Sätzen angemessen wiedergeben.
1. Cum Romam venissemus, thermas[1] intravimus. 2. Quis scit, quando urbs Roma condita sit? 3. Cives timent, ne calamitas accidat. 4. Omnes quaesiverunt, ubi Colosseum situm esset. 5. Dic mihi, quid agas, quid egeris, quid factum sit! 6. Fac, ut abeas et discedas!

6 den Irrealis in einem konditionalen Satzgefüge bestimmen und übersetzen.
1. Nisi Varus Germaniam invasisset, legiones Romanae sublatae non essent. 2. Augustus: „Si Varus adhuc viveret, eum magna poena afficerem." 3. Si Romani pacem servare vellent, numquam tot bella gererentur. 4. Nisi tum bellum coeptum esset, nunc pax esset.

7a einen Abl. abs. näher bestimmen und angemessen wiedergeben.
calamitate nuntiata (fugere) – barbaris pacatis (pace carere) – multis audientibus (de civitate dicere) – principe quiescente (intrare) – die ineunte (castra relinquere) – bello finito (in patriam redire)

b einen Abl. abs. in einem Satz markieren, die Sinnrichtung erfassen und im Textzusammenhang übersetzen.
1. Urbe condita Romani Italiam expugnare coeperunt. 2. Caesare interfecto cives pro salute civitatis contenderunt. 3. Nerone imperante Romae multa aedificia exstructa sunt. 4. Roma ardente multi fugerunt. 5. Princeps urbe accensa incendium Troiae canebat.

8 einen Abl. abs. in nominaler Wendung mit präpositionaler Verbindung wiedergeben.
principe auctore – natura duce – Alexandro mortuo – Seneca vivo – Caesare et Bibulo consulibus – vobis mortuis – Pompeio imperatore – Augusto principe

9 das PFA in einem AcI oder als PC erkennen und im Textzusammenhang übersetzen.
1. Cives hostem mox venturum esse putabant. 2. Qui urbem cito capturus accessit. 3. Se cives superaturum esse sperabat. 4. Quis se mox hostem victurum esse speravit? 5. Multi tum ex urbe fugerunt salutem petituri.

10 die drei Zeitverhältnisse im AcI unterscheiden und entsprechend übersetzen.
1. Christiani se post mortem ad Deum perventuros esse sperant. 2. Christum mortem ad salutem hominum sustinuisse sciunt. 3. Homines bonos a Deo amari semperque felices esse credunt.

1. Formenlehre

1.1 Steigerung von Adjektiven

Adjektive können gesteigert werden. Es gibt drei verschiedene Vergleichsstufen:

a) **Positiv** (Grundstufe), z. B. hell, schnell;
b) **Komparativ** (Vergleichsstufe), z. B. heller, schneller;
c) **Superlativ** (Höchststufe), z. B. am hellsten, am schnellsten.

Auch im Englischen und Deutschen werden viele Adjektive durch bestimmte Bildungselemente gesteigert:
short (klein) – short**er** (klein**er**) – short**est** (der klein**ste**/am klein**sten**).

Positiv (Grundstufe)	**Komparativ** (Vergleichsstufe)	**Superlativ** (Höchststufe)
clārus, -a, -um (hell) pulcher, pulchra, pulchrum (schön)	clār**ior**, clār**ior**, clār**ius** (heller) pulchr**ior**, pulchr**ior**, pulchr**ius** (schöner)	clār**issim**us, -a, -um (der, die, das hellste/am hellsten) pulcher**rim**us, -a, -um (der, die, das schönste/am schönsten)
fēlīx, fēlīx, fēlīx (glücklich) celer, celeris, celere (schnell)	fēlīc**ior**, fēlīc**ior**, fēlīc**ius** (glücklicher) celer**ior**, celer**ior**, celer**ius** (schneller)	fēlīc**issim**us, -a, -um (der, die, das glücklichste/am glücklichsten) celer**rim**us, -a, -um (der, die, das schnellste/am schnellsten)
	↓ wird dekliniert wie ein Substantiv der Kons. Deklination **-ior-** Komparativ-Zeichen	↓ wird dekliniert wie ein Substantiv der ā-/o-Deklination **-issim-** **-rim-** Superlativ-Zeichen

Deklinationsschema des Komparativs

	Singular			Plural		
	m	f	n	m	f	n
Nom.	clār**ior**	clār**ior**	clār**ius**	clār**iōr**ēs	clār**iōr**ēs	clār**iōr**a
Gen.	clār**iōr**is	clār**iōr**is	clār**iōr**is	clār**iōr**um	clār**iōr**um	clār**iōr**um
Dat.	clār**iōr**ī	clār**iōr**ī	clār**iōr**ī	clār**iōr**ibus	clār**iōr**ibus	clār**iōr**ibus
Akk.	clār**iōr**em	clār**iōr**em	clār**ius**	clār**iōr**ēs	clār**iōr**ēs	clār**iōr**a
Abl.	clār**iōr**e	clār**iōr**e	clār**iōr**e	clār**iōr**ibus	clār**iōr**ibus	clār**iōr**ibus

1.2 Unregelmäßige Steigerung von Adjektiven

Einige Adjektive werden unregelmäßig gesteigert. Dazu gehören:

Positiv	Komparativ	Superlativ
māgnus, -a, -um (groß)	māior, māior, māius	māximus, -a, -um
parvus, -a, -um (klein)	minor, minor, minus	minimus, -a, -um
bonus, -a, -um (gut)	melior, melior, melius	optimus, -a, -um
malus, -a, -um (schlecht)	peior, peior, peius	pessimus, -a, -um
multī, -ae, -a (viele)	plūrēs, plūrēs, plūra	plūrimī, -ae, -a

Im Englischen und Deutschen gibt es ebenfalls die unregelmäßige Steigerung:
good – better – best
„gut – besser – am besten/der, die beste".

1.3 Steigerung von Adverbien

Adverbien können ebenfalls gesteigert werden.

Positiv	Komparativ	Superlativ
longē (lang)	longius (länger)	longissimē (am längsten)
celeriter (schnell)	celerius (schneller)	celerrimē (am schnellsten)

2. Satzlehre

2.1 Verwendung des Superlativs

1. Lūdīs Olympiīs! **fortissimī** *omnium* inter sē certant.	Bei den Olympischen Spielen wetteifern **die Kräftigsten** *von allen* untereinander.
2. Quī **celerrimē** currit, victor est.	Wer **am schnellsten** läuft, ist (der) Sieger.
3. Ibī athlētae! **celerrimī** et **rōbustissimī** spectārī possunt.	Dort können **sehr schnelle** und **sehr starke** Athleten gesehen werden.
4. Cūnctī athlētae! ***quam* māximam** laudem petunt.	Alle Athleten streben nach ***möglichst* großem** Ruhm.

Mit dem **Superlativ** des **Adjektivs** und des **Adverbs** kann ausgedrückt werden:

1. die **Höchststufe** (1./2.);
2. ein **sehr hoher Grad einer Eigenschaft** (3.), ohne dass sie mit etwas verglichen wird. Im Deutschen kann dafür „sehr", „äußerst" oder „ganz" mit der Grundstufe verwendet werden.
3. in Verbindung mit ***quam*** eine **möglichst hohe Stufe** einer Eigenschaft (4.).

Ü Achte bei der Übersetzung eines Superlativs darauf, ob er mit einem Genitiv-Attribut verbunden ist oder nicht:
pulcherrimae puellae *urbis* „**die schönsten** Mädchen *der Stadt*" – ***pulcherrimae*** puellae „***sehr schöne*** Mädchen".
Der Superlativ nach *quam* wird mit dem Positiv wiedergegeben (4.).

2.2 Vergleich beim Komparativ

1. Athlēta[!] semper **melior** esse studet ***cēterīs*** *(= quam cēterī).* — Ein Athlet will immer **besser** sein **als** die Übrigen.
2. Quae urbs **pulchrior** est ***Rōmā*** *(= quam Rōma)*? — Welche Stadt ist **schöner als** Rom?

Ü Im Deutschen wird der Vergieich mit „**als**" ausgedrückt.

Wenn bei einem **Vergleich** der **Komparativ** verwendet ist, kann die **verglichene Person oder Sache** ausgedrückt sein:

- durch den **Ablativ des Vergleichs;**
- durch ***quam*** + **Substantiv** im **Nominativ/Akkusativ.**

2.3 Doppelter Dativ

1. Victōrēs ***cīvibus*** semper **admīrātiōnī** sunt. — Sieger **werden** ***von den Bürgern*** immer **bewundert** (sind ***den Bürgern*** immer **zur Bewunderung**).
2. Sed Olympiae vincere ***āthlētīs***[!] **māximae laudī** est. — Doch in Olympia zu siegen bedeutet ***für die Athleten*** **den höchsten Ruhm.**
3. Ibī nēmō ***eīs certantibus*** **auxiliō** venit. — Dort kommt ***ihnen*** niemand ***beim Wettkampf*** **zu Hilfe.**

Bei Formen von *esse* „sein" und Verben wie *venīre* „kommen" und *mittere* „schicken" können zwei Dative stehen: **doppelter Dativ.**
Der erste Dativ - meist eine oder mehrere Personen - lässt sich mit der Frage **„wem?"** bzw. **„für wen?"** erschließen, der zweite Dativ (**Dativ des Zwecks**/Dativus finalis) mit der Frage **„wozu?"**.

Ü *Victōrēs* ***cīvibus*** *semper* ***admīrātiōnī*** *sunt.*
Übersetze zunächst immer wörtlich, indem du die Fragen „wem?/für wen?", „wozu?" stellst:
„Sieger sind den Bürgern immer zur Bewunderung."
Suche dann eine freiere Übersetzung:
„Sieger werden von den Bürgern immer bewundert."

1. Formenlehre

★ 1.1 Deponentien

Im Lateinischen haben nicht wenige Verben **nur passivische Formen**, aber eine **aktivische Bedeutung**.
Solche Verben haben sozusagen die **Formen des Aktivs abgelegt** (*dēpōnere* „ablegen"). Sie heißen deshalb **Deponentien**.

Deponentien → passivische Form – aktivische Bedeutung

cōnā**rī** „versuchen" → cōn**or** „ich versuche"
→ cōnā**tus sum** „ich habe versucht"

★ 1.2 Deponentien: Präsensstamm

Die Deponentien werden wie die Verben der verschiedenen Konjugationen im Passiv konjugiert.

Präsensstamm

		ā-Konjugation	ē-Konjugation	ī-Konjugation	Konsonantische Konjugation	ĭ-Konjugation (kurzvokalisch)
	Infinitiv	cōnārī *(zu) versuchen*	verērī *(zu) fürchten*	experīrī *(zu) erfahren*	loquī *(zu) sprechen*	patī *(zu) leiden*
Präsens	**Indikativ**					
	ich versuche, …	cōnor cōnāris cōnātur cōnāmur cōnāminī cōnantur	vereor verēris verētur verēmur verēminī verentur	experior experīris experītur experīmur experīminī experi*u*ntur	loquor loqu*e*ris loqu*i*tur loqu*i*mur loqu*i*minī loqu*u*ntur	patĭor patĕris patĭtur patĭmur patĭminī patĭ*u*ntur
	Konjunktiv					
		cōner cōnēris *usw.*	verear vereāris *usw.*	experiar experiāris *usw.*	loquar loquāris *usw.*	patĭar patĭāris *usw.*
Imperfekt	**Indikativ**					
	ich versuchte, …	cōnābar cōnābāris *usw.*	verēbar verēbāris *usw.*	experi*ē*bar experi*ē*bāris *usw.*	loqu*ē*bar loqu*ē*bāris *usw.*	patĭ*ē*bar patĭ*ē*bāris *usw.*
	Konjunktiv					
		cōnārer cōnārēris *usw.*	verērer verērēris *usw.*	experīrer experīrēris *usw.*	loqu*e*rer loqu*e*rēris *usw.*	patĕrer patĕrēris *usw.*

		ā-Konjugation	ē-Konjugation	ī-Konjugation	Konsonantische Konjugation	ĭ-Konjugation (kurzvokalisch)
Futur I	ich werde versuchen, ...	cōnābor cōnāberis *usw.*	verēbor verēberis *usw.*	experiar experiēris *usw.*	loquar loquēris *usw.*	patĭar patĭēris *usw.*
	Imperativ					
	versuche! versucht!	cōnā**re**! cōnāminī!	verē**re**! verēminī!	experī**re**! experīminī!	loqu*e***re**! loqu*i*minī	patĕ**re**! patĭminī!
	Partizip					
	versuchend	cōnāns, -ntis	verēns, -ntis	experiēns, -entis	loquēns, -entis	patĭēns, -entis

★ 1.3 Deponentien: Perfektstamm

Perfektstamm

		ā-Konjugation	ē-Konjugation	ī-Konjugation	Konsonantische Konjugation	ĭ-Konjugation (kurzvokalisch)
	Infinitiv	cōnātum esse *versucht (zu) haben*	veritum esse *gefürchtet (zu) haben*	expertum esse *erfahren (zu) haben*	locūtum esse *gesprochen (zu) haben*	passum esse *gelitten (zu) haben*
Perfekt	**Indikativ**					
	ich habe versucht, ...	cōnātus, -a sum ... cōnātī, -ae sumus ...	veritus, -a sum ... veritī, -ae sumus ...	expertus, -a sum ... expertī, -ae sumus ...	locūtus, -a sum ... locūtī, -ae sumus ...	passus, -a sum ... passī, -ae sumus ...
	Konjunktiv					
		cōnātus, -a sim ... cōnātī, -ae sīmus ...	veritus, -a sim ... veritī, -ae sīmus ...	expertus, -a sim ... expertī, -ae sīmus ...	locūtus, -a sim ... locūtī, -ae sīmus ...	passus, -a sim ... passī, -ae sīmus ...
Plusquamperfekt	**Indikativ**					
	ich hatte versucht, ...	cōnātus, -a eram ... cōnātī, -ae erāmus ...	veritus, -a eram ... veritī, -ae erāmus ...	expertus, -a eram ... expertī, -ae erāmus ...	locūtus, -a eram ... locūtī, -ae erāmus ...	passus, -a eram ... passī, -ae erāmus ...
	Konjunktiv					
		cōnātus, -a essem ... cōnātī, -ae essēmus ...	veritus, -a essem ... veritī, -ae essēmus ...	expertus, -a essem ... expertī, -ae essēmus ...	locūtus, -a essem ... locūtī, -ae essēmus ...	passus, -a essem ... passī, -ae essēmus ...
Futur II	ich werde versucht haben, ...	cōnātus, -a erō ... cōnātī, -ae erimus ...	veritus, -a erō usw. veritī, -ae erimus ...	expertus, -a erō ... expertī, -ae erimus ...	locūtus, -a erō ... locūtī, -ae erimus ...	passus, -a erō ... passī, -ae erimus ...

1.4 nd-Form I: Gerundium

Ein **Verb** kann im Deutschen zum **Substantiv** gemacht werden, indem man vor den Infinitiv den Artikel setzt: **das Betreten** (des Rasens ist verboten).
Dieser **substantivierte Infinitiv** kann dekliniert werden:
das Betreten – des Betretens – ...

Im **Lateinischen** lässt sich der **Infinitiv** auch **substantivieren**. Im Nominativ bleibt seine Form unverändert:

Nārrāre mihī placet. (Das) Erzählen gefällt mir.

In den übrigen Kasus ist die Form verändert. An den Präsensstamm (teilweise mit Sprechvokal) ist das Bildungselement **-nd-** angefügt.
An diese **nd-Form** treten die Kasus-Zeichen der o-Deklination im Singular:
nārrāre „das Erzählen" – nārra**nd**ī „des Erzählens" – ...

Auch im Englischen findest du das gerund, den substantivierten Infinitiv, z. B. **Singing** is a great fun.
Seine Form bleibt jedoch immer unverändert, z. B. I like **singing**. – the art of **singing**.

Diese veränderte Form des substantivierten Infinitivs heißt **Gerundium**.

Nom.	nārrāre		das Erzählen	experīrī		das Erproben
Gen.	nārra	-**nd**ī	des Erzählens	experie	-**nd**ī	des Erprobens
Dat.	–		–	–		–
Akk.	ad nārra	-**nd**um	zum Erzählen	ad experie	-**nd**um	zum Erproben
Abl.	nārra in nārra	-**nd**ō -**nd**ō	durch Erzählen beim Erzählen	experie in experie	-**nd**ō -**nd**ō	durch Erproben beim Erproben
		↑ Kasus-Zeichen			↑ Kasus-Zeichen	

Merke dir:
īre, ***eu**ndī*, ...: das Gehen, des Gehens, ...
abīre, ab***eu**ndī*, ...: das Weggehen, des Weggehens, ...

2. Satzlehre

2.1 Verwendung des Gerundiums

1. *Ars* **cōgitandī**, nōn **dīcendī** Archimēdī data erat.	Archimedes war die *Kunst* **des Denkens/zu denken**, nicht **des Redens/zu reden** gegeben.
2. Archimēdēs **ad** *dīligenter* **quaerendum** nātus erat.	Archimedes war **zum sorgfältigen Forschen** geboren.
3. *Multa* **inveniendō** glōriam sibī peperit.	**Durch** *viele* **Erfindungen (Dadurch, dass er** *viel* **erfunden hat,)** hat er sich Ruhm erworben.
4. **In studendō** et **docendō** semper viās mīrās habuit.	**Beim Studieren** und **Lehren** hatte er immer sonderbare Methoden (Wege).

Ü Der Genitiv des Gerundiums lässt sich auch mit dem Infinitiv **„zu"** wiedergeben.

! Eigentlich: „durch das Erfinden von vielen Dingen"

Das Gerundium
- kann im Satz als **Genitiv-Attribut** (1.) oder
- in präpositionaler Verbindung (2./4.) sowie im bloßem Ablativ (3.) als **Adverbiale** verwendet sein;
- es kann jeweils mit einem Adverb (2., dīligenter) und/oder Objekt (3., multa) erweitert sein;
- drückt stets einen **Vorgang** aus.

Satzmodelle

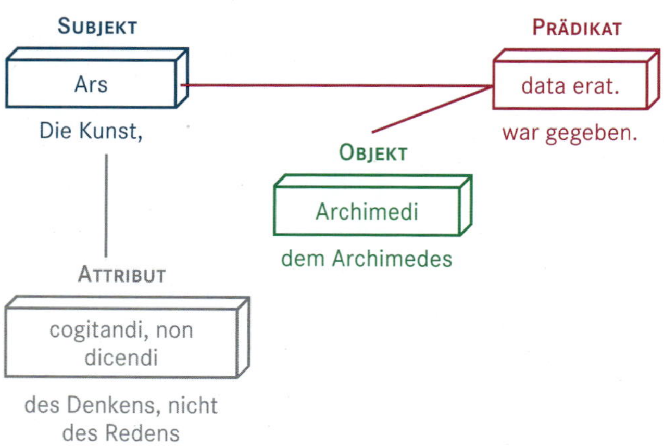

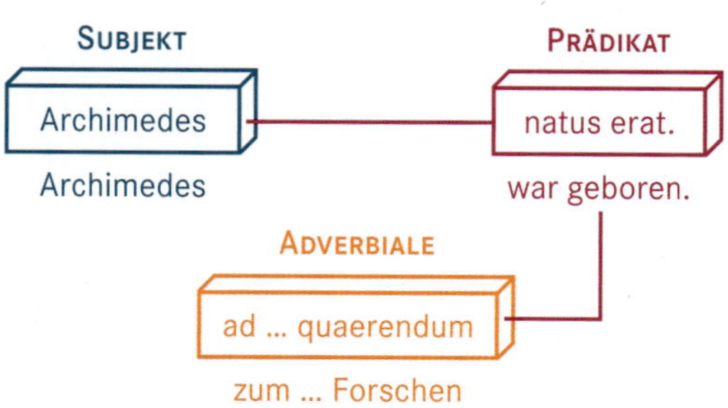

1. Formenlehre

1.1 nd-Form II: Gerundivum

Im Lateinischen kann ein Verb durch das Bildungselement -nd- auch zu einem **Adjektiv** der **ā-/o-Deklination** mit der **Endung** ***-us, -a, -um*** geworden sein, z. B. *docendus, -a, -um.*
Man nennt diese Form des Verbs **Gerundivum**.

Erst in Verbindung mit einem Substantiv lässt sich diese nd-Form angemessen übersetzen.

Infinitiv Präs. Akt.	Gerundivum
nārrāre (erzählen)	nārra**nd**us, -a, -um
docēre (unterrichten)	doce**nd**us, -a, -um
audīre (hören)	audie**nd**us, -a, -um
dēfendere (verteidigen)	dēfende**nd**us, -a, -um
cupere (wünschen)	cupie**nd**us, -a, -um

Infinitiv Präs. des Deponens	Gerundivum
cōnārī (versuchen)	cona**nd**us, -a, -um
verērī (sich fürchten)	vere**nd**us, -a, -um
experīrī (erfahren)	experie**nd**us, -a, -um
loquī (sprechen)	loque**nd**us, -a, -um
patī (leiden)	patie**nd**us, -a, -um

2. Satzlehre

2.1 Verwendung des Gerundivums: Gerundivum-V

1. Ars **nātūrae explānandae** paucīs data est. — Die Kunst **der Erklärung der Natur/, die Natur zu erklären,** ist nur wenigen gegeben.

2. Sōcratēs **ad philosophiam**! **docendam** nātus erat. — Sokrates war **zur Lehre der Philosophie/die Philosophie zu lehren** geboren.

3. **In causīs** nātūrae **quaerendīs** nōnnūllī philosophī! sē acrēs praebuērunt. — **Beim Erforschen (Suchen)** der **Gründe** der Natur haben sich einige Philosophen als scharfsinnig erwiesen.

4. Iuvenum **docendōrum causā** saepe in forō sē continēbat. — **Um** die jungen Leute **zu belehren**, hielt er sich oft auf dem Marktplatz auf.

Das **Gerundivum** ist im Satz wie ein Adjektiv einem Substantiv beigefügt, hat also ein Bezugswort, mit dem es in KNG-Kongruenz verbunden ist.
Die Verbindung eines Substantivs mit einem Gerundivum kann als **Attribut** (1.) oder als **Adverbiale** (2.–4.) verwendet sein.

Satzmodelle (Satz 1/2)

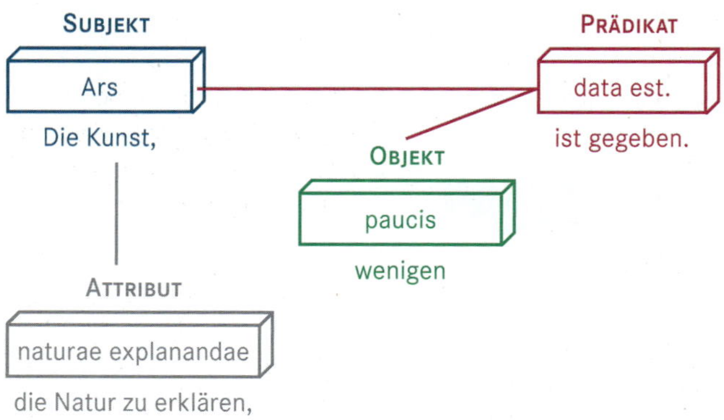

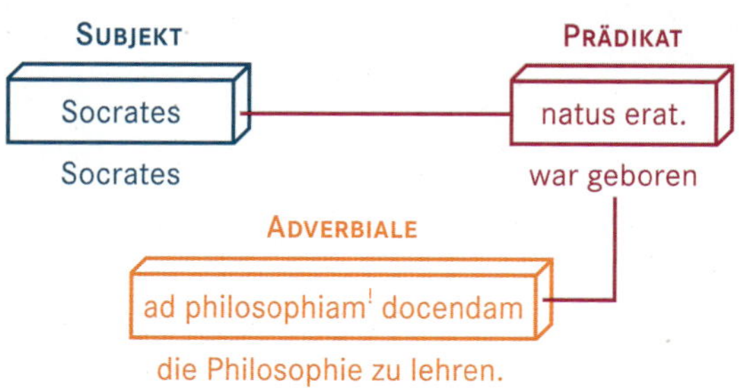

In dieser Verwendung erfasst das Gerundivum einen **Vorgang**. Es wird deshalb als **Gerundivum-V** bezeichnet. Es stellt eine **satzwertige Konstruktion** dar.
Diese Verwendung des Gerundivum-V ist **mit** der Verwendung des **Gerundiums vergleichbar**.

Es lässt sich deshalb ebenso wiedergeben:
- mit einem **Vorgangssubstantiv**: „Erklärung“ (1.), „Lehre“ (2.), „Erforschen“ (3.);
- mit einem **Infinitiv**: „zu erklären“ (1.), „zu lehren“ (2.), „um ... zu belehren“ (4.).

Ü Übersetze das **Gerundivum-V** zunächst immer mit einem **Substantiv, das einen Vorgang ausdrückt**.
Füge dann **das Substantiv im Genitiv** dazu: ***artis experiendae causā*** „der **Erprobung der Kunst wegen**“.
Suche dann, wenn möglich, die elegantere Wiedergabe mit dem **Infinitiv**: „**um die Kunst zu erproben**“.

★ 2.2 Nominativus cum Infinitivo (NcI)

1. **Sōcratēs sapientissimus** omnium **esse** *dīcitur/fertur/ trāditur.*	Man *sagt/berichtet/überliefert,* **dass** Sokrates der weiseste von allen sei.
2. **Ducēs cīvitātis** Sōcratem **timuisse/veritī esse** *videntur.*	Die Staatsführer *scheinen* Sokrates gefürchtet zu haben./*Es scheint,* **dass** die Staatsführer Sokrates gefürchtet haben.

Die Konstruktion **Nominativus cum Infinitivo (NcI)** erscheint bei:
dīcitur: es wird gesagt/man sagt, dass er, sie, es;
fertur: es wird berichtet/man berichtet, dass er, sie, es;
trāditur: es wird überliefert/man überliefert, dass er, sie, es;
vidētur: es scheint, dass er, sie, es; er, sie, es scheint
sowie deren Plural.
Der NcI stellt eine **satzwertige Konstruktion** dar.

Die gleiche Konstruktion begegnet dir auch im Englischen: Socrates is said to be the wisest man of all.

Dabei zeigt im **NcI** an:

- der **Infinitiv Präsens** ein **gleichzeitiges** Zeitverhältnis (1.);
- der **Infinitiv Perfekt** ein **vorzeitiges** Zeitverhältnis (2.).

2. Satzlehre

2.1 Verwendung des Gerundivums: Gerundivum-N

1. Vīt***a*** bene **agend*a* est.**	Das Leben **muss** gut **geführt werden.**/Man muss das Leben gut führen.
2. Corp***us*** **exercend*um* est.**	Der Körper **muss trainiert werden.**/ Man muss den Körper trainieren.
3. Vīr***ēs*** mentis **dēspiciend*ae* nōn sunt.**	Die Kräfte des Geistes **dürfen nicht verachtet werden.**/Man darf die Kräfte ... nicht verachten.
4. Et **labōrand*um* est** et **quiēscend*um* est.**	Man **muss** sowohl **arbeiten** als auch **ruhen.**
5. Praecept**a** medicī ***hominī*** **sequend*a*** sunt.	Die Vorschriften des Arztes **müssen** ***vom Menschen*** **befolgt werden.**/ *Der Mensch* muss die Vorschriften ... befolgen.
6. Hippocratēs modum in bibendō ***hominī*** **trānseundum nōn esse** praecipit.	Hippokrates schreibt vor, dass das Maß beim Trinken ***vom Menschen*** **nicht überschritten werden dürfe.**/ , dass *der Mensch* das Maß ... nicht überschreiten dürfe.

Ein Gerundivum kann auch **mit einer Form von *esse*** das Prädikat bilden. Es wird dann als **Prädikatsnomen** (→ L 6, 2.2) verwendet. In dieser Verwendung drückt das Gerundivum immer eine **Notwendigkeit** aus, etwas, das

- **getan werden muss** (1./2./4./5.);
- **nicht getan werden darf** (3./6., bei Verneinung).

Es wird deshalb **Gerundivum-N** genannt.
Ein **Dativ** beim **Gerundivum-N** bezeichnet meist die **Person**, die etwas **tun muss** oder **nicht tun darf** (5./6.).

Er wird als **Dativ des Urhebers** (Dativus auctoris) bezeichnet und erschließt sich durch die **Frage „von wem?"**.

Das **Gerundivum-N** steht zuweilen innerhalb eines **AcI** (6.).

Ü 1. *Etiam mēns exercenda est.*
Das Gerundivum-N stimmt mit einem Subjekt in KNG überein. Man spricht hier von einer **persönlichen Konstruktion:** „Auch der Geist muss trainiert werden." *oder:* „Auch den Geist muss man trainieren."
2. *Agendum est.*
Das Gerundivum-N ist hier nicht mit einem Subjekt verbunden. Man spricht hier von einer **unpersönlichen Konstruktion**: „Es muss gehandelt werden." *oder:* „Man muss handeln."

Übersetzungsweg beim Gerundivum-N

Lēgēs hominibus semper servandae sunt.

1. Markiere zunächst die Gerundivum-N-Konstruktion.	Lēgēs ... servandae sunt
2. Übersetze dann die Konstruktion (Subjekt und Prädikat) „wörtlich" mit „... ist zu .../... sind zu ..." und freier mit „... müssen ... werden" ... und dann mit „man muss ..."	Gesetze sind zu beachten. Gesetze müssen beachtet werden. Man muss Gesetze beachten.
3. Stelle fest, ob eine Personenangabe im Dativ vorkommt. Falls ja, übersetze diesen Dativ des Urhebers mit „von dem/den ..." „von ..." oder mache den Dativ des Urhebers zum Subjekt.	Lēgēs hominibus ... servandae sunt. Gesetze sind **von Menschen** zu beachten. Gesetze müssen **von Menschen** beachtet werden. **Menschen** müssen die Gesetze beachten.
4. Füge die restlichen Satzteile in den Satz ein.	Lēgēs hominibus semper servandae sunt. Gesetze sind von Menschen immer zu beachten.
5. Entscheide nun, welche der Lösungen dir am angemessensten erscheinen.	a) Gesetze müssen von Menschen immer beachtet werden. b) Menschen müssen die Gesetze immer beachten.

2.2 Genitiv der Teilung (Genitivus partitivus)

1. In cēnā māgna *cōpia* **cibōrum**, *multum* **vīnī**, *satis* **aquae** praebentur, sed *nihil* **versuum**.	Beim Mahl werden eine große *Menge* **(an)** Speisen, *viel* Wein, *genug* Wasser geboten, aber *keine* Verse (*nichts* **an** Versen).
2. *Optimum* **omnium** praeceptum vīvendī est corpus et mentem semper exercēre.	Die allerbeste Lebensregel (*die beste* Regel **von allen** zu leben) ist, Körper und Geist immer zu trainieren.
3. *Quis* **medicōrum** clārissimus est?	*Welcher* **der Ärzte**/*Wer* **von den Ärzten** ist der berühmteste?

Der Genitiv kann auch eine Menge bezeichnen. Er steht nach
- **Mengenangaben** wie *pars, cōpia, multum, nihil, satis* (1.),
- nach **Superlativen** wie *optimus, clārissimus* (2.),
- nach **Interrogativ-Pronomen** wie *quis, quid* (3.).

Man nennt diesen Genitiv **Genitiv der Teilung** (Genitivus partitivus). Er lässt sich mit der Frage erschließen „(ein Teil) **wovon?**".

Grundwissen: Fakten

Formenlehre

★ **1** **Deponentien** sind Verben, die **passivische Formen**, aber **aktivische Bedeutung** haben, z. B. *cōnārī* „versuchen", *cōn**or*** „ich versuche", *cōnā**tus sum*** „ich habe versucht". → **L 34, 1.1**

2 Das **Gerundium** ist ein **substantiviertes Verb** und an dem Bildungselement ***-nd-*** und den **Kasus-Zeichen** der **o-Deklination** im **Singular** zu erkennen, z. B. *ad nārra**ndum*** „zum Erzählen". → **L 34, 1.4**

3 Das **Gerundivum** ist eine **Adjektivform des Verbs** und weist ebenfalls das Bildungselement ***-nd-*** am Präsensstamm auf. Hinzugefügt werden können **alle Kasus-Zeichen** der **ā-/o-Deklination**, z. B. *nārra**ndus**, nārra**ndīs***. → **L 35, 1.1**

4 Der **Komparativ** (Vergleichsstufe) von **Adjektiven** und **Adverbien** ist in der Regel am Komparativ-Zeichen ***-ior-*** und ***-ius*** zu erkennen, der **Superlativ** (Höchststufe) am Superlativ-Zeichen ***-issim-/-rim-***, z. B. *long**ior**, celer**ius** – long**issi**mus, celer**rim**ē.* → **L 33, 1.1–3**
Einige Adjektive sind **unregelmäßig gesteigert**, z. B. *māgnus, māior, māximus – multī, plūrēs, plūrimī.* → **L 33, 1.2**

Satzlehre

5 Das **Gerundivum-V** drückt in Verbindung **mit einem Substantiv** einen **Vorgang** aus, z. B. *ad pāc**em** serva**ndam*** „zur Bewahrung des Friedens/um Frieden zu bewahren". → **L 35, 2.1**

6 Das **Gerundivum-N** drückt in Verbindung mit einer Form von ***esse*** die **Notwendigkeit** einer Handlung aus. Die **Person**, die die Handlung ausführen muss, steht im **Dativ** (Dativ des Urhebers/Dativus auctoris), z. B. *Lēgēs **mihī** servandae sunt.* – „Die Gesetze müssen von mir beachtet werden./Ich muss die Gesetze beachten." → **L 36,2.1**

7 Der **Ablativ des Vergleichs** drückt **nach einem Komparativ** den Vergleichspunkt aus. Er wird mit „als" wiedergegeben, z. B. *Nēmō sapientior fuit **Sōcrate**.* – „Niemand war weiser als Sokrates." → **L 33, 2.2**

8 Der **Genitiv der Teilung** (Genitivus partitivus) drückt nach Mengenangaben, Superlativen und Interrogativ-Pronomen den Teil eines Ganzen aus. → **L 36, 2.2**

★ **9** Der **NcI** (Nominativus cum Infinitivo) steht nach Ausdrücken wie ***fertur/dīcitur/trāditur*** und ***vidētur*** sowie deren Plural. → **L 35, 2.2**

Grundwissen: Überblick

10 ***quam*** kann im Satz Verschiedenes ausdrücken:

- **Akk. Sg. f** des **Relativ-** oder **Interrogativ-Pronomens** (*ars, quam* ... „die Kunst, die ..."; *quam artem* ...? „welche Kunst ...");
- **Akk. Sg. f** des **relativischen Satzanschlusses** (... *puella. Quam libenter videō* ... „... das Mädchen. Dieses sehe ich gerne ...");
- **Fragewort „wie"** bei **Adjektiven** und **Adverbien** (*quam vetus ...?* „wie alt ...?", *quam longē* ...? „wie weit ...?");
- **Vergleichswort „als"** beim **Komparativ** (*māior quam ...* „größer als ...");
- den **möglichst hohen Grad** beim **Superlativ** (*quam plūrimī* „möglichst viele");
- **im Ausruf** „wie" bzw. „wie sehr" (*Quam dūra fortūna est!* – „Wie hart ...!").

Ich kann schon ...

★ **1 Deponentien bestimmen und übersetzen.**
hortabatur – experimur – patere – sequuntur – conati erant – veritum esse – proficiscor – admirabimini – loquuntur – contemplati eratis – potitus sum – fruimur – versabitur

2 ein Gerundium erkennen, bestimmen und entsprechend wiedergeben.
ars vivendi – ad imperandum (natus) – currendo (corpus exercere) – in beate vivendo – spectandi causa – de fugiendo (cogitare) – ad bene loquendum (idonei) – de moriendo (disserere)

3 ein Gerundivum von einem Gerundium unterscheiden und bestimmen.
in ambulando – cupiditas uxoris videndae – ad vocem audiendam – cognoscendi causa – in urbe expugnanda – de libertate defendenda – modus scribendi – signum impetus faciendi

4 die Steigerungsstufen bestimmen und auf ihre Grundstufe zurückführen.
longiores – iustissimi – minorem – miserrimus – pessima – maiora – brevioribus – meliorem – acerrimos – libentissime – optime – ingentiores – vehementius – liberrimus – angustiore – maximos

5 ein Gerundivum-V bestimmen und übersetzen.
urbis liberandae causa – ad bestias! necandas (proficisci) – de agris colendis (loqui) – in natura contemplanda – a rebus gerendis (arcere) – ars templi! aedificandi – miserorum servandorum causa – pace facienda

6 ein Gerundivum-N erkennen und übersetzen.
1. Nunc est bibendum. 2. Aqua saepe bibenda est. 3. Homini mens exercenda est. 4. Tum fugiendum erat. 5. Quando vobis domum eundum est? 6. Pericula hominibus vitanda esse nemo nescit.

7 erkennen, wann ein Ablativ des Vergleichs vorliegt, und ihn entsprechend übersetzen.
1. Roma urbs pulcherrima est. 2. Quae urbs pulchrior est Roma? 3. Quis dux acrior et fortior erat quam Caesar? 4. Nemo plures terras expugnavit Alexandro. 5. Romani urbem moenibus maximis circumdederunt. 6. Hercules se robustiorem praebuit ceteris.

8 den Genitiv der Teilung erkennen und wiedergeben.
1. Maxima pars civium periit. 2. Nemo fere hostium effugere potuit. 3. Quid auxilii miseris latum est? 4. Fugientibus satis temporis non erat. 5. Fortissimi hominum e periculo effugerunt.

★ **9 den NcI erkennen, das Zeitverhältnis darin feststellen und die Konstruktion übersetzen.**
1. Urbs Roma a Romulo condita esse traditur. 2. Homines semper bella gessisse feruntur. 3. Nemo scire videtur, quid post mortem sit. 4. Etiam bestiae! inter se loqui posse dicuntur.

10 *quam* in seinen vielfältigen Aufgaben und Bedeutungen erkennen und angemessen übersetzen.
1. Quis scit, quam ingentes copias Alexander in Asiam duxerit? 2. Magna urbs, quam condiderat, Alexandria appellata est. 3. Alexander non iam in Graeciam rediit. Quam ante multos annos reliquerat. 4. Quam plurimas terras expugnare voluit. 5. Quam virtutem maiorem putas audacia Alexandri? 6. Nemo plus curavit, ut litterae Graecorum in terris Asiae colerentur quam Alexander.

1. Formenlehre
★ 1.1 Semideponentien
★ 1.2 *fierī*

2. Satzlehre
★ 2.1 Konjunktiv in Hauptsätzen

1. Formenlehre

★ 1.1 Semideponentien

Es gibt Verben, die nur **teilweise die Merkmale eines Deponens** – passivische Form und aktivische Bedeutung – aufweisen. Dies kann entweder im Perfektstamm oder im Präsensstamm der Fall sein. Solche Verben sind **„halbe" Deponentien**. Man nennt sie daher **Semideponentien**.

! Vergleiche **Semi**-Finale = **Halb**-Finale.

Zu den Semideponentien gehören:

Grundform	1. P. Sg. Präsens	1. P. Sg. Perfekt	Deutsche Bedeutung
audēre	audeō	**ausus, -a sum**	wagen
cōnfīdere	cōnfīdō	**cōnfīsus, -a sum**	vertrauen
gaudēre	gaudeō	**gāvīsus, -a sum**	sich freuen
solēre	soleō	**solitus, -a sum**	gewohnt sein, pflegen
revertī	**revertor**	revertī	zurückkehren

★ 1.2 fierī

Das Verb ***fierī*** gehört zu den Sonderkonjugationen.

- Es hat nur im Präsensstamm eigene Formen.
- Die Formen des Perfektstammes sind identisch mit den Formen des Passivs im Perfektstamm von *facere* „machen".

fierī, fiō, factus sum „werden, geschehen; gemacht werden"

Präsensstamm

	Präsens			Imperfekt			Futur I	
	Indikativ		Konjunktiv	Indikativ		Konjunktiv		
1.P.Sg.	fīō	ich werde	fīam	fīēbam	ich wurde	fierem	fīam	ich werde werden
2.P.Sg.	fīs	du wirst	fīās	fīēbās	du wurdest	fierēs	fīēs	du wirst werden
3.P.Sg.	fit	*usw.*	fīat	fīēbat	*usw.*	fieret	fīet	*usw.*
1.P.Pl.	fīmus		fīāmus	fīēbāmus		fierēmus	fīēmus	
2.P.Pl.	fītis		fīātis	fīēbātis		fierētis	fīētis	
3.P.Pl.	fīunt		fīant	fīēbant		fierent	fīent	
Infinitiv	fierī	(zu) werden						

2. Satzlehre

★ 2.1 Konjunktiv in Hauptsätzen

In Alesia stehen alle Eingeschlossenen dicht zusammen und rufen durcheinander:

1. „Sociī nostrī cōpiās Rōmānās vincant."	„Unsere Bundesgenossen können wohl die römischen Truppen besiegen."
2. „Omnēs hīc pūgnent!"	„Alle sollen hier kämpfen!"
3. „Incipiāmus pūgnam! Nē dēspērēmus!"	„Lasst uns doch den Kampf beginnen! Lasst uns nicht verzweifeln!"
4. „Nōs dūcās in hostem, Critognāte!"	„Führe uns doch gegen den Feind, Critognatus!"
5. „Quid nunc faciāmus?"	„Was sollen wir nun tun?"
6. „Nē abieritis!"	„Geht nicht weg!"

Der Konjunktiv Präsens (→ L 28, 1.1) kann auch in Aussage- und Aufforderungssätzen stehen. Er drückt dann aus:

- eine **Möglichkeit** (Potentialis, 1.);
- in der 3. P. Sg./Pl. einen **Befehl** (Jussiv, 2.);
- in der 1. P. Pl. eine **Aufforderung** (Hortativ, 3.);
- einen **Wunsch** (Optativ, 4.).

In **Fragesätzen**, drückt der Konjunktiv Präsens der 1. P. Sg./Pl. eine **überlegende Frage** (Deliberativ, 5.) aus.

In **Aufforderungssätzen** drückt der **Konjunktiv Perfekt** in der 2. P. Sg./Pl. zusammen mit ***nē*** ein **Verbot** (Prohibitiv, 6.) aus.

Ü Falls ein Konjunktiv im Hauptsatz steht, ist häufig eine Umschreibung mit „können/dürften" und „sollen" notwendig. Achte auf das Satzzeichen und den Zusammenhang, um die richtige Sinnrichtung zu erfassen:
Hominēs Rōmam tūtī redeant. – „Die Menschen **können** wohl sicher nach Rom zurückgehen" (z. B. ist der Weg wieder frei oder der Feind vertrieben).
Hominēs statim Rōmam redeant! – „Die Menschen **sollen** sofort nach Rom zurückkehren!" (Wenn sie hier bleiben, besteht die Gefahr, dass ihnen etwas zustößt.)

1. Formenlehre
1.1 Demonstrativ-Pronomen *īdem, eadem, idem*
★ 1.2 Indefinit-Pronomen *aliquis, aliquid/aliquī, aliqua, aliquod*

2. Satzlehre
2.1 Verwendung des Demonstrativ-Pronomens *īdem, eadem, idem*
★ 2.2 Verwendung des Indefinit-Pronomens *aliquis, aliquid/aliquī, aliqua, aliquod*

1. Formenlehre

1.1 Demonstrativ-Pronomen *īdem, eadem, idem*

īdem, eadem, idem „derselbe, dieselbe, dasselbe" ist ein weiteres **Demonstrativ-Pronomen**. Es wird ähnlich wie das bekannte Pronomen *is, ea, id* (→ L 16, 1.2) dekliniert.

	Lateinisch			Deutsch		
	Singular					
	m	f	n			
Nom.	īdem	eadem	idem	derselbe	dieselbe	dasselbe
Gen.	eiusdem	eiusdem	eiusdem	desselben	derselben	desselben
Dat.	eīdem	eīdem	eīdem	demselben	derselben	demselben
Akk.	eu**n**dem	ea**n**dem	idem	denselben	dieselbe	dasselbe
Abl.	(cum) eōdem	(cum) eādem	(cum) eōdem	mit demselben	mit derselben	mit demselben

	Lateinisch			Deutsch
	Plural			
	m	f	n	
Nom.	iīdem	eaedem	eadem	dieselben
Gen.	eōru**n**dem	eāru**n**dem	eōru**n**dem	derselben
Dat.	eīsdem	eīsdem	eīsdem	denselben
Akk.	eōsdem	eāsdem	eadem	dieselben
Abl.	(cum) eīsdem	(cum) eīsdem	(cum) eīsdem	mit denselben

★ 1.2. Indefinit-Pronomen *aliquis, aliquid/aliquī, aliqua, aliquod*

aliquis, aliquid „irgendjemand, irgendetwas" und *aliquī, aliqua, aliquod* „irgendein, irgendeine, irgendein" gehören zu den Pronomina, die eine **unbestimmte Person oder Sache** bezeichnen (**Indefinit-Pronomen**).

Die Formen hinter dem Präfix (Vorsilbe) *ali-* sind bis auf drei Ausnahmen identisch mit denen des Interrogativ-Pronomens *quis, quid* bzw. des Relativ-Pronomens *quī, quae, quod.*

	substantivische Verwendung			
	Lateinisch		Deutsch	
	m/f	n		
Nom.	aliquis	aliquid	irgendjemand	irgendetwas
Gen.	alicuius		irgendjemandes	
Dat.	alicui		irgendjemandem	
Akk.	aliquem	aliquid	irgendjemanden	irgendetwas
Abl.	(cum) aliquō	(cum) aliquō	mit irgendjemandem	mit irgendetwas

	adjektivische Verwendung					
	Lateinisch			Deutsch		
	Singular					
	m	f	n			
Nom.	aliquī	aliqu**a**	aliquod	irgendein	irgendeine	irgendein
Gen.	alicuius	alicuius	alicuius	irgendeines	irgendeiner	irgendeines
Dat.	alicui	alicui	alicui	irgendeinem	irgendeiner	irgendeinem
Akk.	aliquem	aliquam	aliquod	irgendeinen	irgendeine	irgendein
Abl.	(cum) aliquō	(cum) aliquā	(cum) aliquō	mit irgendeinem	mit irgendeiner	mit irgendeinem

	adjektivische Verwendung			
	Lateinisch			Deutsch
	Plural			
	m	f	n	
Nom.	aliquī	aliquae	aliqu**a**	irgendwelche
Gen.	aliquōrum	aliquārum	aliquōrum	irgendwelcher
Dat.	aliquibus	aliquibus	aliquibus	irgendwelchen
Akk.	aliquōs	aliquās	aliqu**a**	irgendwelche
Abl.	(cum) aliquibus	(cum) aliquibus	(cum) aliquibus	mit irgendwelchen

2. Satzlehre

2.1 Verwendung des Demonstrativ-Pronomens *īdem, eadem, idem*

1. Nihil novī sub sōle, sed semper **idem**. — Nichts Neues unter der Sonne, sondern immer **dasselbe**.
2. Nōnne philosophī[!] tum dē **eīsdem** rēbus cōgitāvērunt, dē quibus hodiē? — Haben nicht die Philosophen damals über **dieselben** Dinge nachgedacht wie heute (, über welche [sie] heute [nachdenken])?

Das Demonstrativ-Pronomen *īdem, eadem, idem* wird **substantivisch** (1.) und **adjektivisch** (2.) verwendet.

★ 2.2 Verwendung des Indefinit-Pronomens *aliquis, aliquid/aliquī, aliqua, aliquod*

1. Dīxit **aliquis**: „Cognosce tē ipsum[1]!“ — **Jemand** hat gesagt: „Erkenne dich selbst!“
2. Quis nescit illud: „Semper **aliquid** haeret[2].“? — Wer kennt nicht jenen Spruch: „Es bleibt immer **etwas** hängen.“?
3. Sī **quis** dīcat servōs hominēs nōn esse, vehementissimē errat. — Wenn **einer** meinen sollte, Sklaven seien keine Menschen, irrt er gewaltig.
4. **Aliquī** philosophī[!] semper dē rērum nātūrā cōgitant. — **Irgendwelche** Philosophen denken immer über das Wesen der Natur nach.

1) **ipsum**: selbst 2) **haerēre**: hängen bleiben

Das Indefinit-Pronomen *aliquis/aliquid* wird **substantivisch** (1.–3.), *aliquī, aliqua, aliquod* **adjektivisch** (4.) verwendet. Nach bestimmten Wörtern wie *sī* „wenn“, *nisī* „wenn nicht“, *nē* „dass nicht/damit nicht“ und *num* „ob“ entfällt das Präfix *ali-*.

Wenn in einem Text eine Form von *quis* nicht an der Spitze eines Haupt- oder Gliedsatzes auftritt, so ist in der Regel immer die Vorsilbe *ali-* weggefallen.
Sī quis artem amandī nōn scit, illum librum Ovidiī legat! – „Wenn irgendjemand die Kunst zu lieben nicht kennt, soll er jenes Buch von Ovid lesen!“

1. Formenlehre

★ 1.1 Indefinit-Pronomen *quīdam, quaedam, quoddam*

Zu den **Indefinit-Pronomina** zählt auch ***quīdam, quaedam, quoddam*** „ein gewisser, eine gewisse, ein gewisses“.
Die Formen dieses Pronomens gleichen denen von *quī, quae, quod,* an die das Suffix (Nachsilbe) ***-dam*** angefügt ist.

	Lateinisch			Deutsch		
	Singular					
	m	f	n			
Nom.	quīdam	quaedam	quoddam	ein gewisser	eine gewisse	ein gewisses
Gen.	cuiusdam	cuiusdam	cuiusdam	eines gewissen	einer gewissen	eines gewissen
Dat.	cuidam	cuidam	cuidam	einem gewissen	einer gewissen	einem gewissen
Akk.	que**n**dam	qua**n**dam	quoddam	einen gewissen	eine gewisse	ein gewisses
Abl.	(cum) quōdam	(cum) quādam	(cum) quōdam	mit einem gewissen	mit einer gewissen	mit einem gewissen

	Lateinisch			Deutsch
	Plural			
	m	f	n	
Nom.	quīdam	quaedam	quaedam	gewisse
Gen.	quōru**n**dam	quāru**n**dam	quōru**n**dam	gewisser
Dat.	quibusdam	quibusdam	quibusdam	gewissen
Akk.	quōsdam	quāsdam	quaedam	gewisse
Abl.	(cum) quibusdam	(cum) quibusdam	(cum) quibusdam	mit gewissen

1.2 Demonstrativ-Pronomen *ipse, ipsa, ipsum*

ipse, ipsa, ipsum „selbst, persönlich; gerade" ist ein weiteres Demonstrativ-Pronomen.

	Lateinisch						Deutsch
	Singular			Plural			
	m	f	n	m	f	n	
Nom.	ipse	ipsa	ipsum	ipsī	ipsae	ipsa	selbst, persönlich; gerade
Gen.	ipsīus	ipsīus	ipsīus	ipsōrum	ipsārum	ipsōrum	
Dat.	ipsī	ipsī	ipsī	ipsīs	ipsīs	ipsīs	
Akk.	ipsum	ipsam	ipsum	ipsōs	ipsās	ipsa	
Abl.	ipsō	ipsā	ipsō	ipsīs	ipsīs	ipsīs	

2. Satzlehre

★ 2.1 Verwendung des Indefinit-Pronomens *quīdam, quaedam, quoddam*

1. Quīdam hominēs numquam vērum dīcere volunt.	Gewisse/Bestimmte Leute wollen niemals die Wahrheit sagen.
2. Quōdam tempore iūs nōn erat neque hominēs lēgibus tenebantur.	In einer (gewissen) Zeit gab es kein Recht und die Menschen waren nicht an Gesetze gebunden.
3. Quīdam lēgēs ā deīs hominibus datās esse putant.	Manche glauben, die Gesetze seien von den Göttern den Menschen gegeben worden.

Das Indefinit-Pronomen *quīdam, quaedam, quoddam* wird in der Regel adjektivisch gebraucht (1./2.). Nur der Plural *quīdam* begegnet öfter in substantivischer Verwendung (3.).

Ü Im Deutschen genügt für die Wiedergabe häufig der unbestimmte Artikel (2.): *Fuit quoddam tempus, quō dominīs iūs erat servōs necāre.* – „Es gab eine (gewisse) Zeit, in der Herren das Recht hatten, Sklaven zu töten." *quīdam* (Pl., 3.) lässt sich meist mit „gewisse/manche" wiedergeben.

2.2 Verwendung des Demonstrativ-Pronomens *ipse, ipsa, ipsum*

1. Iūdex: „Nōnne tū ipse huic reī interfuistī?	Der Richter: „Bist du nicht selbst (persönlich) bei dieser Sache dabei gewesen?
2. Nōnne eō ipsō tempore ibī fuistī?"	Bist du nicht gerade zu dieser Zeit dort gewesen?"
3. Reus: „Nōn fuī. Ille sē ipsum/ipse necāvit."	Angeklagter: „Nein. Jener hat sich selbst getötet."

ipse, ipsa, ipsum
- dient zur Hervorhebung einer Person oder Sache (1./2.);
- dient zur Verstärkung eines Pronomens, besonders des Reflexiv-Pronomens (3.).

Ü Wähle zunächst immer die Bedeutung „selbst" und überlege dann, ob eine der anderen Bedeutungen („persönlich"/„gerade") besser passt.

1. Formenlehre

–

2. Satzlehre

2.1 Infinitiv-Konstruktionen: a) AcI, ★ b) NcI
2.2 Partizip-Konstruktionen: a) PC, b) Abl. abs.
2.3 nd-Konstruktionen: a) Gerundium – Gerundivum-V, b) Gerundivum-N

2. Satzlehre

2.1 Infinitiv-Konstruktionen

a) AcI

Cīvēs illā calamitāte ex urbe **fugere/fūgisse/ fugitūrōs esse** putāmus/ appāret.	Wir glauben,/Es ist offensichtlich, **dass die Bürger** wegen jenes Unglücks aus der Stadt **fliehen/geflohen sind/fliehen werden**.

Der **AcI** (Accusativus cum Infinitivo) ist eine **satzwertige Konstruktion.**

- Er erfüllt im Satz entweder die **Funktion des Objekts** (nach Verben wie *dīcere* „sagen", *putāre* „glauben" u. Ä.) oder des **Subjekts** (nach unpersönlichen Ausdrücken wie *appāret* „es ist offensichtlich" u. a.).
- Er enthält eine Aussage, deren **Subjekt im Akkusativ** und deren **Prädikat im Infinitiv** steht.
- Im Deutschen wird diese Konstruktion in der Regel mit einem **dass-Satz** wiedergegeben. Häufig passt auch ein verkürzter dass-Satz.
- Der **Infinitiv** zeigt das **Zeitverhältnis** zur Prädikatshandlung an:
  Infinitiv Präsens → Gleichzeitigkeit;
  Infinitiv Perfekt → Vorzeitigkeit;
  Infinitiv Futur → Nachzeitigkeit.

Ü Du stellst fest, dass in einem Satz ein AcI steht.
Beantworte folgende Fragen:
1. Wovon hängt der AcI ab?
2. Was gehört alles zu der Konstruktion?
Übersetze den AcI dann in den dir bekannten Schritten (→ L 14, 2.1/L 16, 2.1/L 32, 2.2).

★ b) NcI

Multī hominēs semper dē illā calamitāte cōgitāre/ cōgitāvisse **dīcuntur**.	**Man sagt, dass** viele Menschen immer an jenes Unglück denken/gedacht haben. Vielen Menschen **sollen** ... denken/ gedacht haben.

Der **NcI** (Nominativus cum Infinitivo) ist eine satzwertige Konstruktion.

- Er erfüllt die Funktion des **Subjekts** zu den Prädikaten *dīcitur, fertur, trāditur, vidētur* sowie deren Plural.
- Im Deutschen wird diese Konstruktion in der Regel mit einem **dass-Satz** wiedergegeben:

Ü Du stellst fest, dass in einem Satz ein NcI bei *dīcitur/ dīcuntur* u. Ä. oder *vidētur/ videntur* steht.
Beantworte folgende Fragen:
1. Wo ist der Nominativ, wo der Infinitiv?
2. Was gehört alles zu der Konstruktion?
Übersetze den NcI dann mit den dir bekannten Möglichkeiten (→ L 35, 2.2).

„man sagt/berichtet/überliefert, dass ...", „es scheint, dass ...". Häufig passt auch eine Umschreibung mit „soll/sollen", „scheinen".

- Der **Infinitiv** zeigt das **Zeitverhältnis** zur Prädikatshandlung an:
  Infinitiv Präsens → Gleichzeitigkeit;
  Infinitiv Perfekt → Vorzeitigkeit.

2.2 Partizip-Konstruktionen

a) PC

Hominēs summum perīculum **timentēs**	per viās errābant.	**Die Menschen** irrten durch die Straßen, **weil sie** höchste Gefahr **fürchteten**,
illā calamitāte **perterritī**		**weil sie** durch jenes Unglück **heftig erschreckt worden waren**,
salūtem **petītūrī**		**um** Rettung **zu suchen**.

Das **PC** (Participium coniunctum) ist ebenfalls eine **satzwertige Konstruktion**.

- Es erfüllt im Satz **meist** die **Funktion des Adverbiales**. Ein **Partizip** ist im Satz **mit einem Nomen in KNG-Kongruenz** verbunden.
- Im Deutschen wird es häufig mit einem **Gliedsatz** wiedergegeben, der eingeleitet wird durch **„nachdem/als/während/weil/obwohl"**. Die Wiedergabe durch einen Hauptsatz oder durch eine präpositionale Verbindung ist auch möglich.
- Das **Partizip** zeigt das **Zeitverhältnis** zur Prädikatshandlung an:
  Partizip Präsens Aktiv (PPA) → Gleichzeitigkeit;
  Partizip Perfekt Passiv (PPP) → Vorzeitigkeit;
  Partizip Futur Aktiv (PFA) → Nachzeitigkeit (mit finaler Sinnrichtung).

Ü Du stellst fest, dass in einem Satz ein PC vorkommt. Beantworte folgende Fragen:
1. Welches ist das Bezugswort zum Partizip?
2. Was gehört alles zu der Konstruktion?
Analysiere und übersetze das PC dann in den dir bekannten Schritten (→ L 25, 2.3 /L 27, 2.4/L 32, 2.1)

b) Abl. abs.

Cinere dē caelō semper **cadente**	omnēs dēspērāvērunt.	**Weil** immer Asche vom Himmel **herabfiel**, /	verzweifelten alle.
		Immer fiel Asche vom Himmel herab, /	**deshalb** verzweifelten alle.
		Wegen des ständigen **Herabfallens** von Asche	verzweifelten alle.
Urbe dēlētā	omnēs dēspērāvērunt.	**Nachdem** die Stadt **zerstört worden war**, /	verzweifelten alle.
		Die Stadt war zerstört worden, /	**daraufhin/deshalb**
		Nach Zerstörung der Stadt	verzweifelten alle.
Nerōne imperātōre	multī dēspērāvērunt.	**Unter (der Herrschaft von) Kaiser Nero** / **Als Nero herrschte**,	verzweifelten viele.

Auch der **Abl. abs.** (Ablativus absolutus) ist eine **satzwertige Konstruktion**.

- Er erfüllt im Satz **immer** die **Funktion des Adverbiales**.
- Meistens ist ein **Substantiv im Ablativ** mit einem **Partizip im Ablativ** verbunden, gelegentlich tritt an die Stelle des Partizips ein Substantiv oder Adjektiv (Abl. abs. in nominalen Wendungen).
- Die **Wiedergabe im Deutschen** erfolgt entweder durch einen **Gliedsatz**, der eingeleitet wird durch **„nachdem/als/während/weil/obwohl"**, durch einen **Hauptsatz** oder durch eine **präpositionale Verbindung**.
- Das **Partizip** zeigt das **Zeitverhältnis** zur Prädikatshandlung an:
  Partizip Präsens Aktiv (PPA) → **Gleichzeitigkeit;**
  Partizip Perfekt Passiv (PPP) → **Vorzeitigkeit;**
  Abl. abs. in nominalen Wendungen → (meistens) Gleichzeitigkeit.

Ü Du stellst fest, dass in einem Satz ein Abl. abs. vorkommt. Beantworte folgende Fragen:
1. Welche Art des Abl. abs. liegt vor?
2. Welcher Ablativ gehört zu dem Partizip im Ablativ?
3. Was gehört alles zu der Konstruktion?
Analysiere und übersetze den Abl. abs. dann in den dir bekannten Schritten (→ L 31, 2.1–4).

2.3 nd-Konstruktionen

a) Gerundium/Gerundivum-V

Nāvigandō plūrimī effugere cōnātī sunt **vītae servandae** *causā*.	**Indem/Dadurch, dass sie mit dem Schiff fuhren**, versuchten sehr viele zu entkommen, ***um* ihr Leben *zu retten*.**

Das **Gerundium** und das **Gerundivum-V** sind ebenfalls **satzwertige Konstruktionen**.

- Sie erfüllen beide entweder die **Funktion des Attributs** oder **des Adverbiales**.
- Meistens enthalten sie in verkürzter Form eine **Aussage über** einen **Vorgang**.
- Diese nd-Formen werden durch einen **Infinitiv mit „zu"** oder ein **Vorgangssubstantiv** wiedergegeben. Gelegentlich passt ein Gliedsatz, eingeleitet durch „indem/dadurch, dass".

Ü Du stellst fest, dass in einem Satz eine nd-Form ohne eine Form von *esse* steht. Beantworte folgende Fragen:
1. Hat die nd-Form ein Bezugswort in KNG-Kongruenz?
2. Was gehört alles zu der Konstruktion?
Analysiere und übersetze die nd-Konstruktion dann in der dir bekannten Weise (→ L 34, 2.1/L 35, 2.1).

b) Gerundivum-N

Quis hoc cōgitāvit: „*Mihī* **cēterī cīvēs** in hāc calamitāte **dēserendī nōn sunt**."?	Wer dachte Folgendes: „*Ich* **darf die übrigen Bürger** in diesem Unglück **nicht im Stich lassen**./*Von mir* **dürfen ... nicht im Stich gelassen werden**."?

Das **Gerundivum-N** ist **keine satzwertige Konstruktion**, sondern Teil des Prädikats (Prädikatsnomen). Der **Dativ des Urhebers** (Dativus auctoris) drückt dabei aus, was jemand **tun muss** bzw. **nicht tun darf**.

Ü Du stellst fest, dass in einem Satz eine nd-Form mit einer Form von *esse* steht (Gerundivum-N). Beantworte folgende Fragen:
1. Welches ist das Subjekt zum Prädikat (Gerundivum + Form von *esse*)?
2. Was gehört alles zu der Konstruktion?
3. Liegt ein Dativ des Urhebers vor?
Übersetze das Gerundivum-N dann in der dir bekannten Weise (→ L 36, 2.1).

Grundwissen: Fakten

Formenlehre

★ **1** **Semideponentien** sind „halbe Deponentien“ im Perfekt- oder Präsensstamm, z. B. *gaudēre, gaudeō,* ***gāvīsus sum*** „sich freuen“ – ***revertī, revertor****, revertī* „zurückkehren“. → **L 37, 1.1**

★ **2** ***fierī*** gehört zu den Sonderkonjugationen. Es hat im Präsensstamm eigene Formen, im Perfektstamm die Formen von *facere*: *fierī, fīō, factus sum* „werden, geschehen“. → **L 37, 1.2**

3 Die **Demonstrativ-Pronomina *īdem, eadem, idem*** „der-, die-, dasselbe“ und ***ipse, ipsa, ipsum*** „selbst, persönlich; gerade“ werden ähnlich wie *is, ea, id* dekliniert. → **L 38, 1.1/ L 39, 1.2**

★ **4a** Das substantivische **Indefinit-Pronomen *aliquis, aliquid*** „irgendjemand, irgendetwas“ hat die Endungen des Interrogativ-Pronomens *quis?, quid?.*

★ **b** Die adjektivischen **Indefinit-Pronomina *aliquī, aliqua, aliquod*** „irgendein(e)“und ***quīdam, quaedam, quoddam*** „ein (gewisser)“ werden ähnlich wie das Relativ-Pronomen *quī, quae, quod* dekliniert. → **L 38, 1.2/L 39, 1.1**

Satzlehre

★ **5** Der **Konjunktiv Präsens** zeigt **im Hauptsatz** verschiedene Sinnrichtungen an: die **Möglichkeit** (Potentialis), den **Befehl** (Jussiv) an die 3. P. Sg./Pl., die **Aufforderung** (Hortativ) an die 1. P. Pl., den **Wunsch** (Optativ) an die 2. P. Sg./Pl. und die **überlegende Frage** (Deliberativ) an die 1. P. Sg./Pl. → **L 37, 2.1**

★ **6** Der **Konjunktiv Perfekt** 2. P. Sg./Pl. drückt zusammen ***mit nē*** **im Hauptsatz** einen **verneinten Befehl**, ein **Verbot** (Prohibitiv) aus, z. B. *Nē clāmāveris!* – „Schrei nicht!“ → **L 37, 2.1**

7 ***ipse, ipsa, ipsum*** **hebt** eine Person oder Sache **hervor** oder **verstärkt** ein Pronomen bzw. Reflexiv-Pronomen. → **L 39, 2.2**

★ **8** Die **Indefinit-Pronomina *aliquis, aliquid/aliquī, aliqua, aliquod*** und ***quīdam, quaedam, quoddam*** bezeichnen eine unbestimmte Person oder Sache. → **L 38, 2.2/L 39, 2.1**

9 Zu den **satzwertigen Konstruktionen** gehören die Infinitiv-Konstruktionen **AcI** und ★ **NcI**, die Partizip-Konstruktionen **PC** und **Abl. abs.** sowie die nd-Konstruktionen **Gerundium** und **Gerundivum-V**. Das **Gerundivum-N** stellt **keine satzwertige Konstruktion** dar, es ist Teil des Prädikats. → **L 40**

Grundwissen: Überblick

10 Der **Konjunktiv** wird unterschiedlich verwendet und wiedergegeben:
- In **Gliedsätzen**, die durch ***ut, nē*** und ***cum*** eingeleitet werden, wird für die Wiedergabe im Deutschen in der Regel der Indikativ derselben Zeit benutzt.
- In **Gliedsätzen**, die durch ***sī*** und ***nisī*** eingeleitet werden, wird für die Wiedergabe des Konj. Impf. im Deutschen der Konjunktiv II der Gegenwart, für den Konj. Plqupf. der Konjunktiv II der Vergangenheit verwendet.
- ★ In **Hauptsätzen** wird für die Wiedergabe des **Konjunktiv Präsens** häufig ein „können“, „sollen“, „dürfen“ hinzugefügt, für die Aufforderung an die 1. P. Pl. ein „lasst uns ...“.
- ★ ***nē*** + **Konjunktiv Perfekt 2. P. Sg./Pl.** im Hauptsatz wird als Verbot wiedergegeben.

Ich kann schon ...

★ **1 die Person und das Tempus von Semideponentien bestimmen und die Formen übersetzen.**

audebant – ausus erat – gaudebimus – gavisi sunt – gavisus ero – soliti eratis – soles – reverterunt – revertor – reverti – confisa es – confidebam

★ **2 die Formen von *fieri* bestimmen und übersetzen.**

fit – fiebant – fiat – si fierent – factum est – facti erunt – fies – facta esse – fieri

3 die Formen von *idem, eadem, idem* sowie von *ipse, ipsa, ipsum* bestimmen und mit Substantiven passend verbinden.

eodem – ipsam – idem – eisdem – eundem – ipsis – easdem – ipsos

temporibus – nomen – homines – familias – corporibus – rege – vim – oratorem

★ **4 Verbindungen von Substantiven mit Formen von *aliqui, aliqua, aliquod* sowie von *quidam* bestimmen und übersetzen.**

quibusdam temporibus – aliqua turba – aliquod factum – aliquibus sententiis – verba quaedam – quasdam leges – viri cuiusdam – pace quadam – maiores quidam

★ **5 die Sinnrichtungen des Konjunktiv Präsens im Hauptsatz erfassen und entsprechend wiedergeben.**

1. Quid faciam? 2. Quis non credat terram circa (um ... herum) solem moveri? 3. Agite! Eamus in urbem! 4. Ille abeat, discedat, urbem relinquat! 5. Fiat lux! 6. Revertaris mox in patriam! 7. Cur tibi non confidamus?

★ **6 einen verneinten Befehl bzw. ein Verbot übersetzen.**

1. Ne desperaveritis! 2. Ne timueris! 3. Ne locutus sis! 4. Ne frustra gavisi sitis!

7 die jeweils zutreffende Bedeutung von *ipse* erkennen und entsprechend wiedergeben.

1. Hercules ipse bestias[!] ingentissimas viribus suis necavit. 2. Ea ipsa re gloriam sibi peperit. 3. Multis rebus gestis se ipse celebravit. 4. Voluntate deorum in Olympum ipsum ascendit.

★ **8 Formen von Indefinit-Pronomina bestimmen und im Satz entsprechend wiedergeben.**

1. Aliquid in memoria semper manet. 2. Saepe de aliquibus rebus cogitare solitus sum. 3. Philosophus[!] quidam de re publica magnum opus scripsit. 4. Si quis pugnare cessat, eum fortem non esse putamus. 5. Timeo, ne quod bellum fiat.

9 satzwertige Konstruktionen erfassen, analysieren und entsprechend übersetzen.

1. Flammis e Vesuvio monte iactatis populus summo timore perturbatus ex urbe fugit. 2. Cives enim existimantes se ibi perituros esse ad mare properaverunt. 3. Homines ex urbe fugerunt pericula vitaturi. 4. In fugiendo multi necati sunt. 5. Plurimis autem ea calamitate interfectis unus vir fortis e villa discessit, cum sibi ceteros servandos esse putaret. ★ 6. Sed ille in auxilio ferendo ipse vitam amisisse traditur.

10 die Funktion der Konjunktivformen in Haupt- und Gliedsätzen unterscheiden und die Sätze wiedergeben.

1. Omnes id studuerunt, ut cito e periculis effugerent, ne flammis perirent. 2. Cum autem ad mare venirent, cinere semper cadente nox tam obscura iam erat, ut navem invenire non possent. ★ 3. Voces clamantium audiebantur: „Quid faciamus?" – „O di, servetis nos! Ne nos deserueritis!" – „Ne moriamur!" – „Iuppiter nos e periculo liberet!"

Methoden zur Satzerschließung und Textanalyse

Es bieten sich mehrere Methoden an, einen lateinischen Satz und Text mithilfe der erlernten Grammatik- und Wortschatzkenntnisse zielstrebig zu erschließen.

1 Zum einfachen Satz

Zunächst werden dir Methoden zur Erschließung des **einfachen Satzes** in einer **Satzreihe** vorgeführt, in der Sätze meist mit Konjunktionen *(nam, sed)* miteinander verbunden sind.

Orientiere dich bei der Satzanalyse immer an den beiden Säulen des Satzes: Subjekt und Prädikat. Achte dabei besonders auf das Prädikat, das den Satzkern darstellt.

1.1 Die Pendelmethode (auch „Dreischritt-Methode")

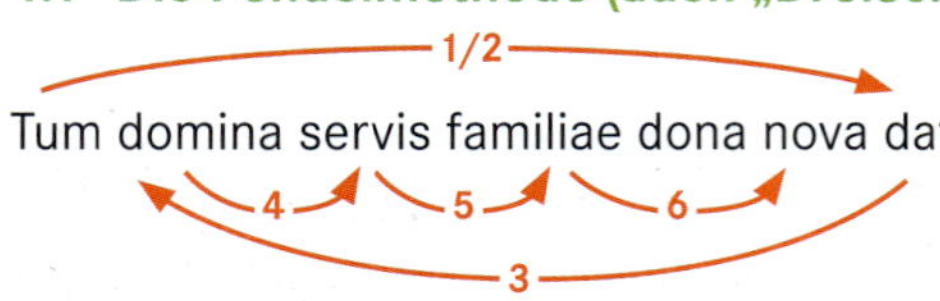

Gehe bei der Analyse der Sätze in folgenden Schritten vor:

1./2. Du übersetzt das erste Wort des Satzes und pendelst von dort aus sofort zum Prädikat hin:
Tum ... ***dat***.: Dann **gibt** ...

3. Pendle dann zum Anfang des Satzes zurück, dort findest du meist das Subjekt:
... ***domina*** ...: Dann gibt **die Herrin** ...

4.–6. Nun übersetzt du der Reihe nach:
servis (Dativ-Objekt): **den Sklaven** – ***familiae*** (Genitiv-Attribut): **der Familie** –
dona nova (Akkusativ-Objekt): **neue Geschenke**.

Übersetzung:
Dann gibt die Herrin den Sklaven der Familie neue Geschenke.

1.2 Die Konstruktionsmethode

Mit der **Konstruktionsmethode** erschließt du die Satzglieder konsequent vom Prädikat, dem Satzkern her.

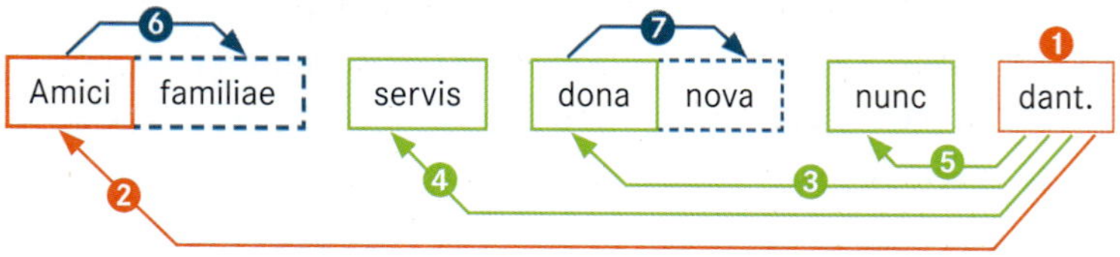

1. Finde zuerst das Prädikat, das in der Regel am Satzende steht. Im Deutschen rückt das Prädikat an die zweite Stelle des Satzes:
   ... ***dant***.: Sie **geben** ...
2. Suche dann die zweite tragende Säule des Satzes, das Subjekt, das meist am Satzanfang steht. Am Person-Zeichen des Prädikats *-nt* erkennst du, dass das Subjekt im Plural stehen muss:
   Amici ...: **Die Freunde**

→ Was fehlt? Überlege, welche Ergänzungen das Prädikat aufgrund seiner Bedeutung erwarten lässt oder ermöglicht:

3. Was geben sie? (Frage: wen oder was?) ***dona***: **Geschenke**
4. Wem geben sie? (Frage: wem?) ***servis***: **den Sklaven**
5. Wann geben sie? (Frage: wann?/wo?/wie?) ***nunc***: **jetzt**

→ Was bleibt übrig? Stelle fest, zu welchen Satzgliedern die restlichen Wörter gehören:

6. ein Genitiv: (Frage: wessen?) *amici* ***familiae***: die Freunde **der Familie**
7. ein Adjektiv: (Frage: was für (ein)?) *dona* ***nova***: **neue** Geschenke

Übersetzung: Die Freunde der Familie geben nun den Sklaven neue Geschenke.

2 Zum mehrgliedrigen Satz (Satzgefüge)

Zur Analyse von mehrgliedrigen Sätzen (Satzgefügen = Perioden) bieten sich andere Methoden an.

2.1 Die Strukturbaum-Methode

Zur graphischen Verdeutlichung eines leichter überschaubaren Satzgefüges bietet sich die Analyse mithilfe des **Strukturbaumes** an. Im Zentrum der Satzerschließung steht auch hier wieder das **Prädikat**, also der Satzkern. Er nimmt die Spitze des Analyseschemas ein. Dazu werden die Satzglieder entsprechend ihrer Abhängigkeit in Bezug gebracht.

Beispiel: Domitius Macer Rosellam cito petivit, cum tempestatem appropinquare sentiret.

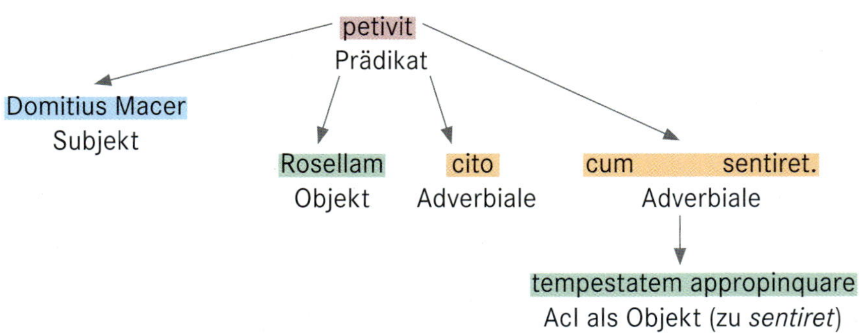

Gehe bei der Erstellung des Strukturbaumes in folgenden Schritten vor:

1. Stelle zuerst das **Prädikat des Haupsatzes** fest. Stelle dieses ganz oben hin: *petivit*
2 Suche dann das **Subjekt** und stelle es links unter das Prädikat: *Domicius Macer*
3. Erfrage vom Prädikat her die Funktion der weiteren Satzglieder:
   - *wen oder was?* – **Rosellam: Akkusativ-Objekt;**
   - *wie? – cito*: Adverb als **Adverbiale**;
   - *wann? – cum*-Satz: Temporal- oder Kausalsatz als **Adverbiale** (Adverbialsatz).
4. Ordne den **AcI** im cum-Satz entsprechend seiner Funktion innerhalb des Nebensatzes ein: **Objekt** zum Gliedsatzprädikat *sentiret*.

Der Überblick über den Gesamt-Bauplan des Satzgefüges erleichtert die Übersetzung:

Domitius Macer suchte schnell Rosella zu erreichen,
als/da er merkte, dass ein Unwetter nahte.

2.2 Die Einrückmethode

Zur Analyse von schwerer überschaubaren, **mehrgliedrigen Satzgefügen (Perioden)** eignet sich die **Einrückmethode**. Dem **Hauptsatz** sind oft mehrere **Nebensätze** in verschiedenen Graden der Abhängigkeit untergeordnet.

- Alle zum Hauptsatz (HS) gehörenden Teile stehen ganz links. Die Nebensätze (GS) werden je nach dem Grad der Abhängigkeit vom Hauptsatz aus verschieden weit nach rechts eingerückt. Orientiere dich dabei an den Satzzeichen.
- Zusammengehörendes und Strukturgleiches werden untereinander gesetzt.
- Es genügt meistens, nur die wichtigsten Wörter eines Satzes (HS und GS) im Analyseschema anzugeben, z. B. erstes Wort, Subjunktion, Subjekt, Prädikat.

Beispiel:

Athletae[!], postquam fortiter contendere coeperunt, pugnam inter se non finiunt, priusquam unus victoriam sibi paravit.

Gehe hier bei der Analyse in folgenden Schritten vor:

1. Beginne mit dem ersten Teilsatz (vor dem Komma; hier nur ein Wort): *athletae[!]*.
   - Gehört dieser zum HS, so stelle das Wort oder die Wortgruppe ganz nach links.
   - Steht an der Spitze des Satzes die Subjunktion eines Nebensatzes, so rücke ihn ein Stück nach rechts ein.
2. Stelle alle weiteren Teile, die zum GS gehören, nach rechts: *postquam* ...
3. Rücke die dem GS folgenden und zum HS gehörenden Teile wieder ganz nach links: *pugnam* ...
4 Rücke die Subjunktion des folgenden GS wieder nach rechts ein: *priusquam* ...
5. Übersetze zunächst den Hauptsatz und gib dann die Nebensätze je nach Zugehörigkeit an der entsprechenden Stelle wieder.

Graphische Analyse:		*Wörtliche Übersetzung:*
HS	*GS1*	
Athletae[!],		Die Athleten beenden,
	postquam ... coeperunt,	nachdem sie tüchtig zu kämpfen begonnen haben,
pugnam	... non finiunt,	den Kampf gegeneinander nicht <eher>,
	priusquam ... paravit.	bevor nicht einer den Sieg errungen hat.

2.3 Die Kästchenmethode

Zur Analyse von **mehrgliedrigen, komplexen Satzgefügen (Perioden)** eignet sich besonders die **Kästchenmethode**.

Die Abfolge von Haupt- und Nebensätzen wird in horizontaler Anordnung dargestellt:

- Der Hauptsatz und die Gliedsätze werden der Reihe nach in Kästchen eingeordnet.
- Die Kästchen in der obersten Zeile enthalten den Hauptsatz.
- Gliedsätze stehen auf den Ebenen darunter je nach Abhängigkeitsgrad höher oder tiefer.

In die Kästchen werden nur die für das Erschließen der Periode wichtigsten Wörter eingetragen: Subjekt, Prädikat, Subjunktionen. Orientiere dich bei der Analyse an den Satzzeichen.

Satzwertige Konstruktionen wie AcI, PC, Abl. abs. lassen sich, wo der enge Raum es erfordert, mit Symbolen andeuten:

△ = PC, ▽ = Abl. abs., ▱ = AcI.

Beispiel:
Persae, cum ad Marathonem tam gravem cladem accepissent, ut omnes fere milites perirent, tamen novis copiis coactis post decem annos iterum Graeciam petiverunt, ut Athenas odio adducti, quod eam urbem causam calamitatis suae fuisse putabant, exstinguerent.

Gehe hier bei der Analyse in folgenden Schritten vor:

1. Beginne mit dem ersten Teilsatz (bis zum ersten Komma). Stelle fest, ob es sich um einen HS oder GS handelt. Schreibe die Wörter in ein Kästchen, die des **HS auf die Linie**, die eines **GS unter die Linie** (hier HS: *Persae*).
2. Stelle fest, ob der folgende Teilsatz jeweils HS oder GS ist, und schreibe die Wörter in ein weiteres Kästchen: bei einem **GS unter**, bei einem **HS auf die Linie** (hier: GS1: *cum ... accepissent* – GS2: *ut ... perirent* – HS: *tamen petiverunt*).
3. Verfahre ebenso mit den folgenden Teilsätzen. Beachte dabei:
   - Wird der Teilsatz von einer Subjunktion eingeleitet, ist er untergeordnet (GS1, GS2; GS3 ...) und wird in ein Kästchen auf der nächst tieferen Ebene geschrieben (hier GS1: *ut ... exstinguerent*; GS2: *quod ... putabant*).
   - Enthält der Teilsatz keine Subjunktion, ist er wahrscheinlich übergeordnet und schließt einen noch offenen HS oder GS. Gib einen solchen Restsatz auf der entsprechenden Ebene verkürzt an (bes. das Prädikat) (hier: GS1: *exstinguerent*).
4. Verbinde, was zusammengehört: HS oder GS, die durch Gliedsätze unterbrochen sind, werden durch gestrichelte senkrechte Linien gekennzeichnet.
5. Finde die satzwertigen Konstruktionen (Abl. abs., PC, AcI) und füge an den jeweiligen Stellen das entsprechende Symbol ein (hier: ▽ *novis copiis coactis,* △ *ira incensi,* ▱ *eam urbem fuisse*).

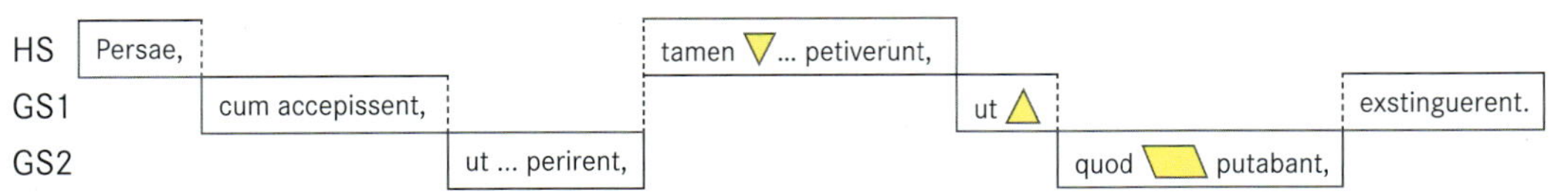

Wörtliche Übersetzung:
Die Perser haben, obwohl sie bei Marathon eine so schlimme Niederlage erlitten hatten, dass beinahe alle Soldaten zugrunde gingen, dennoch nach Aushebung neuer Truppen nach zehn Jahren wiederum Griechenland angegriffen, damit sie Athen aus Hass (von Hass geleitet), weil sie glaubten, diese Stadt sei schuld an ihrer Katastrophe gewesen, vernichteten.

2.4 Die Textanalyse-Methode

Jeder **Text** versteht sich als ein **„Gewebe“**, in dem eine mehr oder minder große Zahl von Sätzen durch entsprechende Elemente in einen sachlich, zeitlich und logisch stimmigen Zusammenhang **(Kohärenz)** gebracht sind. Die Methode, die den **über die Einzelsätze hinausgreifenden**

(**„transphrastischen“**) Zusammenhang des ganzen Textes erfasst, nennt man **Textanalyse.** Die wichtigsten **textaufbauenden Elemente** sind nachfolgend an einem Text dargestellt.

Textbeispiel (einsetzbar nach L 30):

Die Iden des März waren gekommen

Caesar monitus erat, ne Idibus Martiis[1] domo sua discederet. Sed is bono animo erat neque periculum timebat. Nam fortunam sibi favere putabat. Neque prodigiis[2] malis curiam[3] petere prohibebatur. Eo die enim senatus convocatus erat[4], in quo ille consul adesse debebat. Itaque, cum nonnulli senatores venissent, quos amicos ducebat, cum eis ad forum properavit. Mox consul in curiam[3] intrat et ad sellam curulem[5] accedit. Tum considit et exspectat. Ei autem pauci senatores appropinquant. Qui subito eum pugionibus[6] petunt, opprimunt, interficiunt. Statim clamore et tumultu[7] perturbati omnes e curia[3] fugerunt. Postremo Caesar, qui ante statuam[1] Pompei diu mortuus iacebat, a servis domum reportatus est[1].

1) **Idibus Mārtiīs:** an den Iden des März 2) **prōdigium, -ī** n: Vorzeichen 3) **cūria, -ae** f: Kurie *(Sitzungsgebäude des Senats)* 4) **convocāre** *(hier)*: einberufen 5) **sella curūlis:** Amtssessel 6) **pugiō, -ōnis** f: Dolch 7) **tumultus, -ūs** m: Aufregung, Tumult

Erkenntnisse aus der Textbearbeitung

1 Konnektoren

Stelle fest, mit welchen Wörtern die Sätze zu einer zeitlich und logisch stimmigen Abfolge verbunden sind. Solche **verbindenden Wörter (Konnektoren)** können Konjunktionen und Adverbien sein.

sed (Z. 1), nam (Z. 2), neque (Z. 2), itaque (Z. 4), mox (Z. 5), tum (Z. 6), autem (Z. 6), statim (Z. 7), postremo (Z. 8)

Du erkennst: Der Text berichtet von einem Geschehen, das rasch und dramatisch abläuft.

2 Personenverteilung

Stelle fest, welche Personen im Text vorkommen und wie sie zueinander stehen.

Caesar (Z. 1), nonnulli senatores (Z. 4), pauci senatores (Z. 6), omnes (Z. 8), Caesar (Z. 8), (statuam) Pompei (Z. 9), a servis (Z. 9)

Du erkennst: Caesar ist die Hauptfigur, der bestimmte Senatoren gegenübertreten; von einigen wird er ermordet. Das Geschen läuft vor allen (Senatoren) ab. Er bleibt vor der Statue seines größten Feindes Pompejus tot liegen. Sklaven tragen ihn heim.

3 Tempusverwendung

Stelle fest, mit welchen Tempora das Geschehen dargestellt ist. Welche Wirkung wird dadurch auf die Leser erzielt?

Geschehenshintergrund:

monitus erat (Z. 1), bono animo erat (Z. 2), timebat (Z. 2), putabat (Z. 2), prohibebatur (Z. 3),

convocatus erat (Z. 3), debebat (Z. 4), venissent (Z. 4), ducebat (Z. 5), iacebat (Z. 9)
Geschehensvordergrund:
properavit (Z. 5), intrat (Z. 5), accedit (Z. 6), considit (Z. 6), exspectat (Z. 6), appropinquant (Z. 7), petunt, opprimunt, interficiunt (Z. 7), fugerunt (Z. 8), reportatus est (Z. 9).

Du erkennst: Zuerst ist der Hintergrund des Geschehens dargestellt (die Warnungen vor der Gefahr in der Senatssitzung und ihre Missachtung), dann das Geschehen im Vordergrund (Caesars Teilnahme an der Senatssitzung und seine Ermordung), wobei das Präsens die Dramatik des Geschehens unmittelbar miterleben lässt (→ dramatisches Präsens, L 26, 2.1).

4 Verweiswörter
Stelle fest, welche Wörter verbindende Verweise auf bereits Genanntes darstellen.
is (Z. 1 → Caesar), eo die (Z. 3 → Idibus Martiis), ille (Z. 4 → Caesar), amicos (Z. 5 → senatores), cum eis (Z. 5 → amicos/senatores), ei (Z. 6 → Caesar)

Du erkennst: Durch Pronomina (und Substantive), die sich auf vorher Genanntes (meist Personen) beziehen, ist der Zusammenhang des Textes satzübergreifend hergestellt.

5 Sach- und Bedeutungsfelder
Stelle fest, welche Wörter oder Begriffe öfter – etwa als Leitwörter oder Leitmotive – im Text begegnen, sodass sich dadurch ein einheitlicher Bedeutungsbereich erkennen lässt.
periculum (Z. 1) – fortunam (Z. 2) – prodigiis malis (Z. 3) – pugionibus (Z. 7) – clamore et tumultu (Z. 8) – perturbati (Z. 8) – fugerunt (Z. 8.) – mortuus (Z. 9)
curia (Z. 3.) – senatus (Z. 4) – consul (Z. 5) – ad forum (Z. 5) – in curiam (Z. 5.) – ad sellam curulem (Z. 6)– ante statuam Pompei (Z. 8 f.)

Du erkennst: Im Text treten zwei Bedeutungsbereiche auf. Das Sachfeld von Gefahr, Schicksalhaftigkeit mit Auswirkung in Mord und Panik sowie das Sachfeld eines politischen Ereignisses auf dem Forum, in der Kurie, vor der Statue des Pompejus unter Beteiligung des Konsuls und der Senatoren.

Übersetzung:
Caesar war gewarnt worden, dass er an den Iden des März aus seinem Hause gehe. Doch dieser war guten Mutes und befürchtete keine Gefahr. Denn er glaubte, dass das Glück ihm gewogen sei. Auch ließ er sich nicht durch schlechte Vorzeichen davon abhalten, die Kurie aufzusuchen. An diesem Tage war nämlich eine Senatsversammlung einberufen worden, bei der jener als Konsul anwesend sein musste. Deshalb begab er sich, als einige Senatoren gekommen waren, die er für Freunde hielt, mit diesen eilig zum Forum. Bald betritt der Konsul die Kurie und schreitet zum Amtssessel. Dann setzt er sich und wartet. Ihm aber nähern sich einige wenige Senatoren. Diese greifen ihn plötzlich mit Dolchen an, überwältigen und töten ihn. Sofort flüchteten, von Geschrei und Tumult in Panik versetzt, alle aus der Kurie. Schließlich wurde Caesar, der vor der Statue des Pompejus lange tot dalag, von Sklaven nach Hause gebracht.

Lateinische Schrift und Laute

Die lateinischen Schriftzeichen

Wusstest du, dass die Römer uns das Alphabet gebracht haben? In den ersten Jahrhunderten unseres Zeitalters breitete sich das Christentum in Europa aus und brachte auf diesem Wege den Völkern die lateinischen Schriftzeichen. Die Römer kannten zunächst nur Großbuchstaben (Majuskeln). Erst gegen Ende des Altertums, um 500 n. Chr., entwickelten sich aus ihnen die Kleinbuchstaben (Minuskeln). Das lateinische Alphabet umfasst nur 24 Buchstaben. Die Buchstaben j und w kommen nicht vor, k und z sind selten.

Die lateinischen Laute

VOKALE (SELBSTLAUTE)

Das Lateinische hat wie das Deutsche lange und kurze Vokale. Längen werden in unserer Sprache z. B. durch Vokalverdoppelung (z. B. Paar) oder Dehnung (z. B. Bahre) kenntlich gemacht.

1 Die lateinische Schreibweise verfügt nicht über diese Mittel zur Kennzeichnung langer Vokale. In dieser Begleitgrammatik wird deshalb die **Länge eines Vokals** durch einen **Strich** (-) **über dem Vokal** angegeben:

ā, ē, ī, ō, ū

2 Die **kurzen Vokale** werden in der Regel nicht **gekennzeichnet**; nur wenn ausdrücklich **auf eine Kürze hinzuweisen** ist, erscheint ein **Häkchen** (˘) **über dem Vokal**:

ă, ĕ, ĭ, ŏ, ŭ

3 Die Doppelvokale (Diphthonge) ae und oe werden wie die Umlaute ä und ö oder als zwei getrennte Laute a-e, o-e gesprochen.

KONSONANTEN (MITLAUTE)

4 Die Konsonanten sind im Lateinischen und Deutschen weitgehend gleich.
Zur Aussprache beachte:

Lautzeichen	Schriftbild	Aussprache		
i	imperium Iūlius	**i**mperium **J**ulius	**i** oder **j**	
c	Catō cōnsul cultūra	**K**ato **k**onsul **k**ultura	vor **a, o, u** immer **k**	
c	Caesar Cerēs Cicerō	**Z**aesar/**K**aesar **Z**eres/**K**eres **Z**izero/**K**ikero	vor **ae, e, i** entweder **z** oder **k**	(je nach heutiger Sprachregion verschieden)
v	vīlla	**w**illa		

REGELN

Rechtschreibung

5 Lateinische Wörter werden in der Regel **kleingeschrieben** (z. B. *vīlla, scrībere, familia*). **Großgeschrieben** werden nur **Wörter am Satzanfang** sowie **Eigennamen** (z. B. *Rōma, Crēta, Colossēum*) und deren **Ableitungen** (z. B. *imperium Rōmānum*).

Silbentrennung

6 Die lateinischen Wörter werden wie die deutschen **nach Silben** getrennt (z. B. *cī-vi-tās*). **Zusammengesetzte Wörter** werden nach ihren **Bestandteilen getrennt** (z. B. *ex-spectāre*).

Betonungsregeln

7 **Zweisilbige Wörter** werden auf der ersten Silbe betont.

8 Für Wörter mit **drei und noch mehr Silben** ist stets die **vorletzte Silbe** ausschlaggebend für die **Betonung**. Du kannst dir merken:
- Wenn die **vorletzte Silbe lang** ist, dann wird **diese betont** (z. B. amī́cus, clāmā́re).
- Wenn die **vorletzte Silbe kurz** ist, wird die **drittletzte betont** (z. B. ásĭnus, ártĭbus).

9 Wenn die Konjunktion ***-que*** oder das Fragesignal ***-ne*** an ein Wort treten, wird in der Regel die **vorhergehende Silbe betont** (z. B. *pater mātérque; venītísne?*).

Lautregeln der Vokale und Konsonanten

Wie in anderen Sprachen werden auch im Lateinischen **Wörter verändert**, wenn ihnen eine andere Ausdrucksform gegeben werden soll.
Das betrifft die **Vokale** (z. B. *werden > geworden; geben > gab; gut > Güte*) und die **Konsonanten** (z. B. *haben > hatte*).

10 **Dehnung oder Schwund des Vokals**
v**ĭ**deō > v**ī**dī – **e**s-te > **s**-unt

11 **Abschwächung eines Vokals**
t**a**ngō > tét**i**gī

12 **Zusammenziehung von Vokalen**
*laud**a**ō > laud**ō**

13 **Angleichung eines Konsonanten**
a**d**-**p**ortō > a**pp**ortō – po**t**-**s**um > po**ss**um

14 **Verbindung von -s mit K-Laut**
lū**c**-**s** > lū**x** (lūcis) – rē**g**-**s** > rē**x** (rēgis)

Sprach- und Stilmittel

Lateinische Texte sind durch besondere **Mittel von Sprache und Stil** kunstvoll geformt. Die wichtigsten Stilmittel sind hier für L 28 und L 37 aufbereitet.

1 **Alliteration** (Wiederholung des gleichen Anlauts in aufeinanderfolgenden Wörtern oder Satzgliedern):

Boni te relinquent, **b**arbari te petent, **b**estiae[!] te interficient.	Die Anständigen werden dich verlassen, die Barbaren dich angreifen, die wilden Tiere dich töten.

2 **Asyndeton** (unverbundene Reihung von Wörtern, Satzteilen oder Sätzen):

In forum venisti, consulem petivisti, civitatem in periculum vocavisti.	Du bist zum Forum gekommen, hast den Konsul angegriffen, hast den Staat in Gefahr gebracht.

3 **Anapher** (Wiederholung des gleichen Wortes am Anfang eines Satzes oder Teilsatzes):

Discede ex oppido! **Discede** ex Italia, **discede** ex imperio Romano!	Verschwinde aus der Stadt! Verschwinde aus Italien, verschwinde aus dem Römischen Reich!

4 **Antithese** (meist unverbundene Gegenüberstellung von Begriffen, Gedanken und Feststellungen):

Tu civitatem nostram tollere vis, **ego** te ad inferos praecipitare volo.	Du willst unseren Staat vernichten, ich <aber> will dich in die Hölle (Unterwelt) stürzen.

5 **Chiasmus** (Überkreuz-Stellung von Wörtern oder Satzgliedern):

Mali te ***celebrabunt***, ***cruciabunt/fugabunt*** te **boni**.	Die Schurken werden dich feiern, kreuzigen/verjagen (jedoch) werden dich die Anständigen.

6 **Hyperbaton** (Sperrung zweier zusammengehörender Begriffe durch ein Wort oder mehrere Wörter):

Non pepercisti **sacris** deorum **templis**[!], non **praeclaris** virorum **statuis**[!].	Du verschontest nicht die den Göttern heiligen Tempel, nicht die herrlichen Statuen der Männer.

7 **Klimax** (Steigerung einer Aussage in mehrgliedrigen, meist unverbundenen Begriffen oder Satzteilen):

Abiit, discessit, evasit, erupit.	Er ging weg, er verschwand, er machte sich davon, er brach aus.

8 **Parallelismus** (parallele Stellung von Wörtern oder Satzgliedern):

Catilina non dubitavit	Catilina hatte keine Bedenken,
nostram urbem *despicere*,	unsere Stadt zu verachten,
nostram civitatem *prodere*,	unseren Staat zu verraten.
nostram patriam *exstinguere*.	unser Vaterland zu vernichten.

9 **Rhetorische Frage** (Feststellung einer Tatsache oder Meinung in Form einer Frage, auf die keine Antwort erwartet wird):

Quis tam stultus est?	Wer ist so dumm?
Quid tam malum est?	Was ist so schlimm?

Stammformen: ā-Konjugation

Perfekt-Bildung mit -v-

vocō	vocāvī	vocātum	vocāre	**rufen; nennen**

In gleicher Weise werden die Stammformen der meisten Verben der ā-Konjugation gebildet.

Perfekt-Bildung durch Reduplikation

dō	dedī	datum	dare	(von sich) **geben**
stō	stetī	statum	stāre	(da)**stehen**
īn | stō	īnstitī	–	īnstāre	**drohen, bevorstehen**
re | stō	restitī	–	restāre	**übrig sein,** übrig bleiben; **überleben**

Stammformen: ē-Konjugation

Perfekt-Bildung mit -v-

dēleō	dēlēvī	dēlētum	dēlēre	**zerstören, vernichten**
fleō	flēvī	flētum	flēre	**weinen;** beklagen

Perfekt-Bildung mit -u-

careō	caruī	–	carēre (*m. Abl.*)	**frei sein** (*von etw.*), (*etw.*) **nicht haben**
cēnseō	cēnsuī	cēnsum	cēnsēre	(ein)**schätzen;** der Ansicht sein; (*m. doppeltem Akk.*) **halten für**
exerceō	exercuī	–	exercēre	**üben;** ausbilden; betreiben
habeō	habuī	habitum	habēre	**haben; halten**
dēbeō	dēbuī	dēbitum	dēbēre	(*m. Inf.*) **müssen; verdanken; schulden**
praebeō	praebuī	praebitum	praebēre	(dar)**reichen,** gewähren
pro | hibeō	prohibuī	prohibitum	prohibēre	**abhalten, hindern**
horreō	horruī	–	horrēre (*m. Akk.*)	**erschrecken** *(vor jmdm./etw.)*; sich scheuen *(etw. zu tun)*
iaceō	iacuī	–	iacēre	(da)**liegen**
lateō	latuī	–	latēre	**verborgen sein**
noceō	nocuī	–	nocēre	**schaden**
pāreō	pāruī	–	pārēre	**gehorchen**
ap | pāreō	appāruī	–	appārēre	**erscheinen,** sich zeigen; offensichtlich sein
placeō	placuī	placitum	placēre	**gefallen;** Spaß machen
studeō	studuī	–	studēre (*m. Dat.*)	**sich bemühen** *(um)*; **wollen; sich bilden**
taceō	tacuī	–	tacēre	**schweigen,** still sein
teneō	tenuī	–	tenēre	(zurück)**halten;** behalten
sus | tineō	sustinuī	–	sustinēre	**aushalten,** ertragen
terreō	terruī	territum	terrēre	*(jmdn.)* **erschrecken**
timeō	timuī	–	timēre	**(sich) fürchten,** Angst haben (vor)
valeō	valuī	–	valēre	**gesund sein; Einfluss haben**

Perfekt-Bildung mit -s-

ārdeō	ārsī	–	ārdēre	(ver)**brennen;** entbrannt sein
iubeō	iussī	iussum	iubēre (*m. Akk.*)	(*jmdm.*) **befehlen,** (*jmdn.*) **beauftragen**
maneō	mānsī	–	manēre	**bleiben;** erwarten
persuādeō	persuāsī	persuāsum	persuādēre (*m. Dat.*)	(*jmdn.*) **überzeugen** *(meist m. AcI)*; (*jmdn.*) **überreden**
rīdeō	rīsī	rīsum	rīdēre	**lachen**

Perfekt-Bildung durch Dehnung

faveō	fāvī	fautum	favēre (*m. Dat.*)	**gewogen sein;** (*jmdn.*) begünstigen
moveō	mōvī	mōtum	movēre	**bewegen; beeinflussen**
sedeō	sēdī	sessum	sedēre	(da)**sitzen**
videō	vīdī	vīsum	vidēre	**sehen**

Perfekt-Bildung durch Reduplikation

re | spondeō	respondī	respōnsum	respondēre	**antworten,** entgegnen

Stammformen: ī-Konjugation (langvokalisch)

Perfekt-Bildung mit -v-

audiō	audīvī	audītum	audīre	(an-, er-, zu)**hören**
dormiō	dormīvī	–	dormīre	**schlafen**
sciō	scīvī	scītum	scīre	**wissen, verstehen**
ne | sciō	nescīvī	–	nescīre	**nicht wissen, nicht verstehen**

Perfekt-Bildung mit -u-

aperiō	aperuī	apertum	aperīre	**öffnen;** aufdecken

Perfekt-Bildung mit -s-

sentiō	sēnsī	sēnsum	sentīre	**fühlen; merken;** meinen

Perfekt-Bildung durch Dehnung

veniō	vēnī	ventum	venīre	**kommen**
con | veniō	convēnī	conventum	convenīre	**zusammenkommen;** zusammenpassen; (*m. Akk.*) treffen

Perfekt-Bildung durch Reduplikation

com | periō	cómperī	compertum	comperīre	**erfahren,** in Erfahrung bringen

Stammformen: Konsonantische Konjugation

Perfekt-Bildung mit -v-

arcessō	arcessīvī	arcessītum	arcessere	**herbeirufen, holen**
crēscō	crēvī	–	crēscere	**wachsen**
cog | nōscō	cognōvī	cognitum	cognōscere	**erfahren; erkennen;** kennenlernen
petō	petīvī	petītum	petere	**bitten,** verlangen; **angreifen; aufsuchen;** gehen/fahren nach
quaerō	quaesīvī	quaesītum	quaerere	**suchen; fragen**
sinō	sīvī	situm	sinere	**(zu)lassen, erlauben**
dē | sinō	dēsiī	dēsitum	dēsinere	**aufhören**

Perfekt-Bildung mit -u-

colō	coluī	cultum	colere	**pflegen; verehren; bebauen**
pōnō	posuī	positum	pōnere	**setzen; stellen; legen**
ex | pōnō	exposuī	expositum	expōnere	**ausstellen; aussetzen;** darlegen
im | pōnō	imposuī	impositum	impōnere	**setzen, stellen, legen** (an, auf, in); auftragen; bringen
dis | serō	disseruī	dissertum	disserere	**sprechen über,** erörtern

Perfekt-Bildung mit -s-

cēdō	cessī	cessum	cēdere	(weg-, aus)**gehen; nachgeben;** überlassen
ac | cēdō	accessī	accessum	accēdere	**herantreten**; hingehen
dē | cēdō	dēcessī	dēcessum	dēcēdere	**weggehen**, gehen (aus)
dis | cēdō	discessī	discessum	discēdere	**weggehen, verschwinden**
dīcō	dīxī	dictum	dīcere	**sagen; sprechen**; nennen
dūcō	dūxī	ductum	dūcere	**führen; ziehen;** *(m. doppeltem Akk.)* halten für; *(in Verbindung m.* uxōrem) heiraten
ab | dūcō	abdūxī	abductum	abdūcere	**wegführen**; (weg)bringen; verschleppen
re | dūcō	redūxī	reductum	redūcere	**zurückführen**; zurückbringen
laedō	laesī	laesum	laedere	**verletzen**; kränken
lūdō	lūsī	lūsum	lūdere	**spielen**
mittō	mīsī	missum	mittere	**schicken**; werfen
dī | mittō	dīmīsī	dīmissum	dīmittere	**wegschicken**; freilassen
prō | mittō	prōmīsī	prōmissum	prōmittere	**versprechen**
plaudō	plausī	plausum	plaudere	**Beifall klatschen**, applaudieren
op | primō	oppressī	oppressum	opprimere	**überfallen**, überwältigen; **unterdrücken**
su | rgō	surrēxī	surrēctum	surgere	**aufstehen**, sich erheben
scrībō	scrīpsī	scrīptum	scrībere	**schreiben**
spargō	sparsī	sparsum	spargere	**bespritzen**; verbreiten
stringō	strīnxī	strictum	stringere	**ziehen**
ex | struō	exstrūxī	exstrūctum	exstruere	**errichten**, erbauen
sūmō	sūmpsī	sūmptum	sūmere	**nehmen**
trahō	trāxī	tractum	trahere	**ziehen**; schleppen
in | vādō	invāsī	invāsum	invādere	**eindringen, angreifen**
vīvō	vīxī	–	vīvere	**leben**

Perfekt-Bildung durch Dehnung

agō	ēgī	āctum	agere	**tun; handeln;** *(m. Adv. und* cum) umgehen *(m. jmdm.)*
cōnsīdō	cōnsēdī	–	cōnsīdere	**sich setzen**, sich niederlassen
emō	ēmī	ēmptum	emere	**kaufen**
frangō	frēgī	frāctum	frangere	**(zer)brechen**
fundō	fūdī	fūsum	fundere	**(aus)gießen**; befeuchten
legō	lēgī	lēctum	legere	**lesen**; sammeln; auswählen
relinquō	relīquī	relictum	relinquere	**zurücklassen, verlassen**

Perfekt-Bildung durch Reduplikation

cadō	cécidī	–	cadere	**fallen**, sinken
ác | cidit	áccidit	–	accidere	**sich ereignen, zustoßen**
currō	cucurrī	cursum	currere	**laufen**; eilen
ac | currō	accurrī	accursum	accurrere	**herbeilaufen**, angelaufen kommen
oc | currō	occurrī	occursum	occurrere	**entgegenkommen, begegnen**
ad | dō	addidī	additum	addere	**hinzufügen**
crēdō	crēdidī	crēditum	crēdere	**glauben**; (an)**vertrauen**
ē | dō	ēdidī	ēditum	ēdere	**verkünden; herausgeben**
red | dō	reddidī	redditum	reddere	**zurückgeben**; *(m. doppeltem Akk.)* **(etw.) … machen**
trā | dō	trādidī	trāditum	trādere	**übergeben**, ausliefern; überliefern
vendō	vendidī	venditum	vendere	**verkaufen**
poscō	poposcī	–	poscere	**fordern**, verlangen
cōn | sistō	cōnstitī	–	cōnsistere	**stehen bleiben**; sich hinstellen; bestehen (aus)
tangō	tétigī	tāctum	tangere	**berühren**
con | tendō	contendī	contentum	contendere	**sich anstrengen; eilen; kämpfen; behaupten**
os | tendō	ostendī	–	ostendere	**zeigen**
tollō	sustulī	sublātum	tollere	**hochheben; beseitigen**, vernichten; entfernen

Perfekt-Bildung ohne Veränderung

bibō	bibī	–	bibere	**trinken**
dē | fendō	dēfendī	dēfēnsum	dēfendere	**verteidigen; abwehren**
of | fendō	offendī	offēnsum	offendere	**beleidigen**; (an)stoßen
metuō	metuī	–	metuere	sich fürchten; befürchten
dē | scendō	dēscendī	dēscēnsum	dēscendere	**herabsteigen**; hinuntergehen
statuō	statuī	statūtum	statuere	**beschließen**, entscheiden; **aufstellen**; festsetzen
vertō	vertī	versum	vertere	**wenden**; drehen; **verwandeln**

Stammformen: ĭ-Konjugation (kurzvokalisch)

Perfekt-Bildung mit -v-

cupiō	cupīvī	cupītum	cupere	**wünschen**, verlangen

Perfekt-Bildung mit -u-

cor | ripiō	corripuī	correptum	corripere	**(an)packen; an sich reißen**

Perfekt-Bildung mit -s-

a | spiciō	aspexī	aspectum	aspicere	**anblicken**
cōn | spiciō	cōnspexī	cōnspectum	cōnspicere	**erblicken**

Perfekt-Bildung durch Dehnung

capiō	cēpī	captum	capere	(ein)**nehmen, erobern**; (er)**fassen**
ac | cipiō	accēpī	acceptum	accipere	**annehmen**, empfangen; aufnehmen
in | cipiō	coepī	coeptum/ inceptum	incipere	**anfangen**, beginnen
re | cipiō	recēpī	receptum	recipere	**aufnehmen; zurücknehmen**
dē | ficiō	dēfēcī	dēfectum	dēficere	**verlassen; ausgehen**
ef | fugiō	effūgī	–	effugere	**entfliehen; vermeiden**
prō | iciō	prōiēcī	prōiectum	prōicere	**(nieder-, vor)werfen**

Zur Formenlehre des Nomens

Deklinationen: Substantive

Tab 1.1

		ā-Deklination	o-Deklination				Konsonantische Deklination		
		Freundin f	*Freund* m	*Feld* m	*Junge* m	*Geschenk* n	*Sieger* m	*Mensch* m	*Vater* m
Sg.	Nom.	amīca	amīcus	ager	puer	dōnum	victor	homō	pater
	Gen.	amīcae	amīcī	agrī	puerī	dōnī	victōris	hominis	patris
	Dat.	amīcae	amīcō	agrō	puerō	dōnō	victōrī	hominī	patrī
	Akk.	amīcam	amīcum	agrum	puerum	dōnum	victōrem	hominem	patrem
	Abl.	ā/ab amīcā	ā/ab amīcō	agrō	puerō	dōnō	cum victōre	homine	patre
	Vok.	amīca	amīce	–	puer	–	victor	homō	pater
Pl.	Nom.	amīcae	amīcī	agrī	puerī	dōna	victōrēs	hominēs	patrēs
	Gen.	amīcārum	amīcōrum	agrōrum	puerōrum	dōnōrum	victōrum	hominum	patrum
	Dat.	amīcīs	amīcīs	agrīs	puerīs	dōnīs	victōribus	hominibus	patribus
	Akk.	amīcās	amīcōs	agrōs	puerōs	dōna	victōrēs	hominēs	patrēs
	Abl.	ā/ab amīcīs	ā/ab amīcīs	agrīs	puerīs	dōnīs	cum victōribus	hominibus	patribus
	Vok.	amīcae	amīcī	–	puerī	–	victōrēs	hominēs	patrēs

Tab 1.2

		Konsonantische Deklination				Besonderheiten		
		Staat f	*Licht* f	*Geschlecht* n	*Name* n	*Schiff* f	*Stadt* f	*Meer* n
Sg.	Nom.	cīvitās	lūx	genus	nōmen	nāvis	urbs	mare
	Gen.	cīvitātis	lūcis	generis	nōminis	nāvis	urbis	maris
	Dat.	cīvitātī	lūcī	generī	nōminī	nāvī	urbī	marī
	Akk.	cīvitātem	lūcem	genus	nōmen	nāvem	urbem	mare
	Abl.	ā/ab cīvitāte	lūce	dē genere	nōmine	ā/ab nāve	urbe	ā/ab marī
Pl.	Nom.	cīvitātēs	lūcēs	genera	nōmina	nāvēs	urbēs	maria
	Gen.	cīvitātum	lūcum	generum	nōminum	nāvium	urbium	marium
	Dat.	cīvitātibus	lūcibus	generibus	nōminibus	nāvibus	urbibus	maribus
	Akk.	cīvitātēs	lūcēs	genera	nōmina	nāvēs	urbēs	maria
	Abl.	ā/ab cīvitātibus	lūcibus	dē generibus	nōminibus	ā/ab nāvibus	urbibus	ā/ab maribus

Tab 1.3

		ē-Deklination	u-Deklination
		Sache f	*Heer* m
Sg.	Nom.	rēs	exercitus
	Gen.	reī	exercitūs
	Dat.	reī	exercituī
	Akk.	rem	exercitum
	Abl.	dē rē	cum exercitū
Pl.	Nom.	rēs	exercitūs
	Gen.	rērum	exercituum
	Dat.	rēbus	exercitibus
	Akk.	rēs	exercitūs
	Abl.	dē rēbus	cum exercitibus

Deklinationen: Adjektive

Tab 1.4

		ā- und o-Deklination					
		froh			*hart*		
		m	f	n	m	f	n
Sg.	Nom.	laet**us**	laet**a**	laet**um**	asper	asper**a**	asper**um**
	Gen.	laet**ī**	laet**ae**	laet**ī**	asper**ī**	asper**ae**	asper**ī**
	Dat.	laet**ō**	laet**ae**	laet**ō**	asper**ō**	asper**ae**	asper**ō**
	Akk.	laet**um**	laet**am**	laet**um**	asper**um**	asper**am**	asper**um**
	Abl.	laet**ō**	laet**ā**	laet**ō**	asper**ō**	asper**ā**	asper**ō**
	Vok.	laet**e**	laet**a**	(laet**um**)	asper	asper**a**	(asper**um**)
Pl.	Nom.	laet**ī**	laet**ae**	laet**a**	asper**ī**	asper**ae**	asper**a**
	Gen.	laet**ōrum**	laet**ārum**	laet**ōrum**	asper**ōrum**	asper**ārum**	asper**ōrum**
	Dat.	laet**īs**	laet**īs**	laet**īs**	asper**īs**	asper**īs**	asper**īs**
	Akk.	laet**ōs**	laet**ās**	laet**a**	asper**ōs**	asper**ās**	asper**a**
	Abl.	laet**īs**	laet**īs**	laet**īs**	asper**īs**	asper**īs**	asper**īs**

Tab 1.5

		Konsonantische Deklination								
		heftig			*kurz*			*glücklich*		
		m	f	n	m/f		n	m/f		n
Sg.	Nom.	ācer	ācr**is**	ācr**e**	brev**is**		brev**e**		fēlīx	
	Gen.		ācr**is**			brev**is**			fēlīc**is**	
	Dat.		ācr**ī**			brev**ī**			fēlīc**ī**	
	Akk.	ācr**em**		ācr**e**	brev**em**		brev**e**	fēlīc**em**		fēlīx
	Abl.		ācr**ī**			brev**ī**			fēlīc**ī**	
Pl.	Nom.		ācr**ēs**	ācr**ia**	brev**ēs**		brev**ia**	fēlīc**ēs**		fēlīc**ia**
	Gen.		ācr**ium**			brev**ium**			fēlīc**ium**	
	Dat.		ācr**ibus**			brev**ibus**			fēlīc**ibus**	
	Akk.		ācr**ēs**	ācr**ia**	brev**ēs**		brev**ia**	fēlīc**ēs**		fēlīc**ia**
	Abl.		ācr**ibus**			brev**ibus**			fēlīc**ibus**	
			„drei-endig"			*„zwei-endig"*			*„ein-endig"*	

Pronomen: Personal-Pronomen

Tab 2.1

				reflexiv						reflexiv	
1. P. Sg.	Nom.	ego	*ich*			1. P. Pl.	Nom.	nōs	*wir*		
	Dat.	mihī	*mir*				Dat.	nōbīs	*uns*		
	Akk.	mē	*mich*				Akk.	nōs	*uns*		
	Abl.	mēcum	*mit mir*				Abl.	nōbīscum	*mit uns*		
2. P. Sg.	Nom.	tū	*du*			2. P. Pl.	Nom.	vōs	*ihr*		
	Dat.	tibī	*dir*				Dat.	vōbīs	*euch*		
	Akk.	tē	*dich*				Akk.	vōs	*euch*		
	Abl.	tēcum	*mit dir*				Abl.	vōbīscum	*mit euch*		
3. P. Sg.	Nom.	is, ea, id	*er, sie, es*			3. P. Pl.	Nom.	iī (eī), eae, ea	*sie*		
	Dat.	eī, eī, eī	*ihm, ihr, ihm*	sibī	*sich*		Dat.	eīs (iīs), eīs (iīs), eīs (iīs)	*ihnen*	sibī	*sich*
	Akk.	eum, eam, id	*ihn, sie, es*	sē	*sich*		Akk.	eōs, eās, ea	*sie*	sē	*sich*
	Abl.	cum eō, cum eā, eō	*mit ihm, ihr, ihm*	sēcum	*mit/bei sich*		Abl.	cum eīs (iīs), cum eīs (iīs), eīs (iīs)	*mit ihnen*	sēcum	*mit/bei sich*

Pronomen: Possessiv-Pronomen

Tab 2.2

meus, mea, meum	*mein*
tuus, tua, tuum	*dein*
eius *(nicht refl.)*	*sein(e)/ihr(e)*
suus, sua, suum *(refl.)*	*sein(e)/ihr(e)*
noster, nostra, nostrum	*unser*
vester, vestra, vestrum	*euer*
eōrum, eārum, eōrum *(nicht refl.)*	*ihr(e)*
suus, sua, suum *(refl.)*	*ihr(e)*

Pronomen: Demonstrativ-Pronomen

Tab 2.3

	Lateinisch						Deutsch			
	Singular			Plural			Singular			Plural
	m	f	n	m	f	n				
Nom.	is	ea	id	iī (eī)	eae	ea	*dieser*	*diese*	*dieses*	*diese*
Gen.	eius	eius	eius	eōrum	eārum	eōrum	*dieses*	*dieser*	*dieses*	*dieser*
Dat.	eī	eī	eī	eīs (iīs)	eīs (iīs)	eīs (iīs)	*diesem*	*dieser*	*diesem*	*diesen*
Akk.	eum	eam	id	eōs	eās	ea	*diesen*	*diese*	*dieses*	*diese*
Abl.	cum eō	cum eā	eō	cum eīs (iīs)	cum eīs (iīs)	eīs (iīs)	*mit diesem*	*mit dieser*	*mit diesem*	*mit diesen*

	Lateinisch						Deutsch			
	Singular			Plural			Singular			Plural
	m	f	n	m	f	n				
Nom.	hic	haec	hoc	hī	hae	haec	*dieser*	*diese*	*dieses*	*diese*
Gen.	huius	huius	huius	hōrum	hārum	hōrum	*dieses*	*dieser*	*dieses*	*dieser*
Dat.	huic	huic	huic	hīs	hīs	hīs	*diesem*	*dieser*	*diesem*	*diesen*
Akk.	hunc	hanc	hoc	hōs	hās	haec	*diesen*	*diese*	*dieses*	*diese*
Abl.	cum hōc	cum hāc	hōc	cum hīs	cum hīs	hīs	*mit diesem*	*mit dieser*	*mit diesem*	*mit diesen*

	Lateinisch						Deutsch			
	Singular			Plural			Singular			Plural
	m	f	n	m	f	n				
Nom.	ille	illa	illud	illī	illae	illa	*jener*	*jene*	*jenes*	*jene*
Gen.	illīus	illīus	illīus	illōrum	illārum	illōrum	*jenes*	*jener*	*jenes*	*jener*
Dat.	illī	illī	illī	illīs	illīs	illīs	*jenem*	*jener*	*jenem*	*jenen*
Akk.	illum	illam	illud	illōs	illās	illa	*jenen*	*jene*	*jenes*	*jene*
Abl.	cum illō	cum illā	illō	cum illīs	cum illīs	illīs	*mit jenem*	*mit jener*	*mit jenem*	*mit jenen*

	Lateinisch						Deutsch
	Singular			Plural			
	m	f	n	m	f	n	
Nom.	ipse	ipsa	ipsum	ipsī	ipsae	ipsa	
Gen.	ipsīus	ipsīus	ipsīus	ipsōrum	ipsārum	ipsōrum	
Dat.	ipsī	ipsī	ipsī	ipsīs	ipsīs	ipsīs	*selbst*
Akk.	ipsum	ipsam	ipsum	ipsōs	ipsās	ipsa	
Abl.	ipsō	ipsā	ipsō	ipsīs	ipsīs	ipsīs	

	Lateinisch						Deutsch			
	Singular			Plural			Singular			Plural
	m	f	n	m	f	n				
Nom.	īdem	eadem	idem	iīdem	eaedem	eadem	*derselbe*	*dieselbe*	*dasselbe*	*dieselben*
Gen.	eiusdem	eiusdem	eiusdem	eōrundem	eārundem	eōrundem	*desselben*	*derselben*	*desselben*	*derselben*
Dat.	eīdem	eīdem	eīdem	eīsdem (iīsdem)	eīsdem (iīsdem)	eīsdem (iīsdem)	*demselben*	*derselben*	*demselben*	*denselben*
Akk.	eundem	eandem	idem	eōsdem	eāsdem	eadem	*denselben*	*dieselbe*	*dasselbe*	*dieselben*
Abl.	cum eōdem	cum eādem	eōdem	cum eīsdem (iīsdem)	cum eīsdem (iīsdem)	eīsdem (iīsdem)	*mit demselben*	*mit derselben*	*mit demselben*	*mit denselben*

Pronomen: Relativ-Pronomen

Tab 2.4

		quī, quae, quod					
		m	f	n			
Sg.	Nom.	quī	quae	quod	*der*	*die*	*das*
	Gen.	cuius	cuius	cuius	*dessen*	*deren*	*dessen*
	Dat.	cui	cui	cui	*dem*	*der*	*dem*
	Akk.	quem	quam	quod	*den*	*die*	*das*
	Abl.	quōcum	quācum	quō	*mit dem*	*mit der*	*mit dem*
Pl.	Nom.	quī	quae	quae	*die*	*die*	*die*
	Gen.	quōrum	quārum	quōrum	*deren*	*deren*	*deren*
	Dat.	quibus	quibus	quibus	*denen*	*denen*	*denen*
	Akk.	quōs	quās	quae	*die*	*die*	*die*
	Abl.	quibuscum	quibuscum	quibus	*mit denen*	*mit denen*	*mit denen*

Pronomen: Interrogativ-Pronomen

Tab 2.5

	Substantivisch	
	quis?/quid?	
Nom.	quis?/quid?	*wer?/was?*
Gen.	cuius?	*wessen?*
Dat.	cui?	*wem?*
Akk.	quem?/quid?	*wen?/was?*
Abl.	ā/dē quō? quōcum?	*von wem?/über wen?* *mit wem?*

	Adjektivisch					
	quī, quae, quod?					
	m	f	n			
Nom.	quī	quae	quod	*welcher?*	*welche?*	*welches?*
Gen.	cuius	cuius	cuius	*welches?*	*welcher?*	*welches?*
usw.	*usw. wie Relativ-Pron. Tab 2.4*			*usw.*	*usw.*	*usw.*

Pronomen: ★ Indefinit-Pronomen

Tab 2.6

		Substantivisch/Adjektivisch		
		quīdam, quaedam, quoddam *ein (gewisser)*		
		m	f	n
Sg.	Nom.	quīdam	quaedam	quoddam*
	Gen.	cuiusdam	cuiusdam	cuiusdam
	Dat.	cuidam	cuidam	cuidam
	Akk.	quendam	quandam	quoddam*
	Abl.	cum quōdam	cum quādam	quōdam
Pl.	Nom.	quīdam	quaedam	quaedam
	Gen.	quōrundam	quārundam	quōrundam
	Dat.	quibusdam	quibusdam	quibusdam
	Akk.	quōsdam	quāsdam	quaedam
	Abl.	cum quibusdam	cum quibusdam	quibusdam

*Bei substantivischem Gebrauch lautet der Nom./Akk. Sg. des Neutrums *quiddam*. Alle anderen Formen sind identisch.

	Substantivisch aliquis/aliquid	
Nom.	aliquis/aliquid	*irgendjemand/irgendetwas*
Gen.	alicuius	*irgendjemandes*
Dat.	alicui	*irgendjemandem*
Akk.	aliquem/aliquid	*irgendjemanden/irgendetwas*
Abl.	ā/dē aliquō cum aliquō	*von/über irgendjemandem/n* *mit irgendjemandem*

		Adjektivisch aliquī, aliqua, aliquod *irgendein, irgendeine, irgendein*		
		m	f	n
Sg.	Nom.	aliquī	aliqua	aliquod
	Gen.	alicuius	alicuius	alicuius
	Dat.	alicui	alicui	alicui
	Akk.	aliquem	aliquam	aliquod
	Abl.	cum aliquō	cum aliquā	aliquō
Pl.	Nom.	aliquī	aliquae	aliqua
	Gen.	aliquōrum	aliquārum	aliquōrum
	Dat.	aliquibus	aliquibus	aliquibus
	Akk.	aliquōs	aliquās	aliqua
	Abl.	cum aliquibus	cum aliquibus	aliquibus

Numeralia: Grundzahlen 1–3, Plural von 1000

Tab 3.1

ūnus			duo			trēs			mīlia
ūnus	ūna	ūnum	duo	duae	duo	trēs	trēs	tria	mīlia
ūnīus	ūnīus	ūnīus	duōrum	duārum	duōrum	trium	trium	trium	mīlium
ūnī	ūnī	ūnī	duōbus	duābus	duōbus	tribus	tribus	tribus	mīlibus
ūnum	ūnam	ūnum	duō(s)	duās	duo	trēs	trēs	tria	mīlia
ūnō	ūnā	ūnō	duōbus	duābus	duōbus	tribus	tribus	tribus	mīlibus

Numeralia: Grund- und Ordnungszahlen 1–10

Tab 3.2

Ziffer		Grundzahl	Ordnungszahl
1	I	ūnus, ūna, ūnum	prīmus, -a, -um
2	II	duo, duae, duo	secundus, -a, -um
3	III	trēs, trēs, tria	tertius, -a, -um
4	IV	quattuor	quārtus, -a, -um
5	V	quīnque	quīntus, -a, -um
6	VI	sex	sextus, -a, -um
7	VII	septem	septimus, -a, -um
8	VIII	octō	octāvus, -a, -um
9	IX	novem	nōnus, -a, -um
10	X	decem	decimus, -a, -um

Zur Formenlehre des Verbs

Konjugationen: Präsens, Imperfekt, Futur I Aktiv

Tab 4.1		ā-Konjugation	ē-Konjugation	ī-Konjugation	Konsonantische Konjugation	ĭ-Konjugation (kurzvokalisch)
Infinitiv		*(zu) rufen* vocāre	*(zu) mahnen* monēre	*(zu) hören* audīre	*(zu) schicken* mittĕre	*(zu) fangen* capĕre
				Indikativ		
Präsens	*ich rufe, …*	vocō	moneō	audiō	mittō	capĭō
		vocās	monēs	audīs	mitt*i*s	capĭs
		vocat	monet	audit	mitt*i*t	capĭt
		vocāmus	monēmus	audīmus	mitt*i*mus	capĭmus
		vocātis	monētis	audītis	mitt*i*tis	capĭtis
		vocant	monent	audi*u*nt	mitt*u*nt	capĭ*u*nt
				Konjunktiv		
		voc**e**m	mone**a**m	audi**a**m	mitt**a**m	capĭ**a**m
		voc**ē**s	mone**ā**s	audi**ā**s	mitt**ā**s	capĭ**ā**s
		voc**e**t	mone**a**t	audi**a**t	mitt**a**t	capĭ**a**t
		voc**ē**mus	mone**ā**mus	audi**ā**mus	mitt**ā**mus	capĭ**ā**mus
		voc**ē**tis	mone**ā**tis	audi**ā**tis	mitt**ā**tis	capĭ**ā**tis
		voc**e**nt	mone**a**nt	audi**a**nt	mitt**a**nt	capĭ**a**nt
				Indikativ		
Imperfekt	*ich rief, …*	vocā**ba**m	monē**ba**m	audi*ē***ba**m	mitt*ē***ba**m	capĭ*ē***ba**m
		vocā**bā**s	monē**bā**s	audi*ē***bā**s	mitt*ē***bā**s	capĭ*ē***bā**s
		vocā**ba**t	monē**ba**t	audi*ē***ba**t	mitt*ē***ba**t	capĭ*ē***ba**t
		vocā**bā**mus	monē**bā**mus	audi*ē***bā**mus	mitt*ē***bā**mus	capĭ*ē***bā**mus
		vocā**bā**tis	monē**bā**tis	audi*ē***bā**tis	mitt*ē***bā**tis	capĭ*ē***bā**tis
		vocā**ba**nt	monē**ba**nt	audi*ē***ba**nt	mitt*ē***ba**nt	capĭ*ē***ba**nt
				Konjunktiv		
		vocā**re**m	monē**re**m	audī**re**m	mitte**re**m	capĕ**re**m
		vocā**rē**s	monē**rē**s	audī**rē**s	mitte**rē**s	capĕ**rē**s
		vocā**re**t	monē**re**t	audī**re**t	mitte**re**t	capĕ**re**t
		vocā**rē**mus	monē**rē**mus	audī**rē**mus	mitte**rē**mus	capĕ**rē**mus
		vocā**rē**tis	monē**rē**tis	audī**rē**tis	mitte**rē**tis	capĕ**rē**tis
		vocā**re**nt	monē**re**nt	audī**re**nt	mitte**re**nt	capĕ**re**nt
Futur I	*ich werde rufen, …*	vocā**bō**	monē**bō**	audi**a**m	mitt**a**m	capĭ**a**m
		vocā**b**_**i**_s	monē**b**_**i**_s	audi**ē**s	mitt**ē**s	capĭ**ē**s
		vocā**b**_**i**_t	monē**b**_**i**_t	audi**e**t	mitt**e**t	capĭ**e**t
		vocā**b**_**i**_mus	monē**b**_**i**_mus	audi**ē**mus	mitt**ē**mus	capĭ**ē**mus
		vocā**b**_**i**_tis	monē**b**_**i**_tis	audi**ē**tis	mitt**ē**tis	capĭ**ē**tis
		vocā**b**_**u**_nt	monē**b**_**u**_nt	audi**e**nt	mitt**e**nt	capĭ**e**nt
				Imperativ		
	rufe!	vocā!	monē!	audī!	mittĕ!	capĕ!
	ruft!	vocāte!	monēte!	audīte!	mitt*i*te!	capĭte!

Konjugationen: Präsens, Imperfekt, Futur I Passiv

Tab 4.2

		ā-Konjugation	ē-Konjugation	ī-Konjugation	Konsonantische Konjugation	ĭ-Konjugation (kurzvokalisch)
Infinitiv		*gerufen (zu) werden* vocārī	*gemahnt (zu) werden* monērī	*gehört (zu) werden* audīrī	*geschickt (zu) werden* mittī	*gefangen (zu) werden* capī
Präsens				Indikativ		
	ich werde gerufen, ...	vocor	moneōr	audior	mittōr	capĭor
		vocāris	monēris	audīris	mitteris	caperis
		vocātur	monētur	audītur	mitt*i*tur	capĭtur
		vocāmur	monēmur	audīmur	mitt*i*mur	capĭmur
		vocāminī	monēminī	audīminī	mitt*i*minī	capĭminī
		vocantur	monentur	audi*u*ntur	mitt*u*ntur	capĭ*u*ntur
				Konjunktiv		
		voc**e**r	mone**a**r	audi**a**r	mitt**a**r	capĭ**a**r
		voc**ē**ris	mone**ā**ris	audi**ā**ris	mitt**ā**ris	capĭ**ā**ris
		voc**ē**tur	mone**ā**tur	audi**ā**tur	mitt**ā**tur	capĭ**ā**tur
		voc**ē**mur	mone**ā**mur	audi**ā**mur	mitt**ā**mur	capĭ**ā**mur
		voc**ē**minī	mone**ā**minī	audi**ā**minī	mitt**ā**minī	capĭ**ā**minī
		voc**e**ntur	mone**a**ntur	audi**a**ntur	mitt**a**ntur	capĭ**a**ntur
Imperfekt				Indikativ		
	ich wurde gerufen, ...	vocā**bar**	monē**bar**	audi*ē***bar**	mitt*ē***bar**	capĭ*ē***bar**
		vocā**bā**ris	monē**bā**ris	audi*ē***bā**ris	mitt*ē***bā**ris	capĭ*ē***bā**ris
		vocā**bā**tur	monē**bā**tur	audi*ē***bā**tur	mitt*ē***bā**tur	capĭ*ē***bā**tur
		vocā**bā**mur	monē**bā**mur	audi*ē***bā**mur	mitt*ē***bā**mur	capĭ*ē***bā**mur
		vocā**bā**minī	monē**bā**minī	audi*ē***bā**minī	mitt*ē***bā**minī	capĭ*ē***bā**minī
		vocā**ba**ntur	monē**ba**ntur	audi*ē***ba**ntur	mitt*ē***ba**ntur	capĭ*ē***ba**ntur
				Konjunktiv		
		vocā**re**r	monē**re**r	audī**re**r	mitte**re**r	capĕ**re**r
		vocā**rē**ris	monē**rē**ris	audī**rē**ris	mitte**rē**ris	capĕ**rē**ris
		vocā**rē**tur	monē**rē**tur	audī**rē**tur	mitte**rē**tur	capĕ**rē**tur
		vocā**rē**mur	monē**rē**mur	audī**rē**mur	mitte**rē**mur	capĕ**rē**mur
		vocā**rē**minī	monē**rē**minī	audī**rē**minī	mitte**rē**minī	capĕ**rē**minī
		vocā**re**ntur	monē**re**ntur	audī**re**ntur	mitte**re**ntur	capĕ**re**ntur
Futur I	*ich werde gerufen werden, ...*	vocā**bo**r	monē**bo**r	audi**a**r	mitt**a**r	capĭ**a**r
		vocā**be**ris	monē**be**ris	audi**ē**ris	mitt**ē**ris	capĭ**ē**ris
		vocā**b*i***tur	monē**b*i***tur	audi**ē**tur	mitt**ē**tur	capĭ**ē**tur
		vocā**b*i***mur	monē**b*i***mur	audi**ē**mur	mitt**ē**mur	capĭ**ē**mur
		vocā**b*i***minī	monē**b*i***minī	audi**ē**minī	mitt**ē**minī	capĭ**ē**minī
		vocā**b*u***ntur	monē**b*u***ntur	audi**e**ntur	mitt**e**ntur	capĭ**e**ntur

Konjugationen: Perfekt, Plusquamperfekt, Futur II Aktiv

Tab 4.3

		ā-Konjugation	ē-Konjugation	ī-Konjugation	Konsonantische Konjugation	ĭ-Konjugation (kurzvokalisch)
Infinitiv		*gerufen (zu) haben* vocāvisse	*gemahnt (zu) haben* monuisse	*gehört (zu) haben* audīvisse	*geschickt (zu) haben* mīsisse	*gefangen (zu) haben* cēpisse
		Indikativ				
Perfekt	*ich habe gerufen, …*	vocāvī	monuī	audīvī	mīsī	cēpī
		vocāvistī	monuistī	audīvistī	mīsistī	cēpistī
		vocāvit	monuit	audīvit	mīsit	cēpit
		vocāvimus	monuimus	audīvimus	mīsimus	cēpimus
		vocāvistis	monuistis	audīvistis	mīsistis	cēpistis
		vocāvērunt	monuērunt	audīvērunt	mīsērunt	cēpērunt
		Konjunktiv				
		vocāverim	monuerim	audīverim	mīserim	cēperim
		vocāveris	monueris	audīveris	mīseris	cēperis
		vocāverit	monuerit	audīverit	mīserit	cēperit
		vocāverimus	monuerimus	audīverimus	mīserimus	cēperimus
		vocāveritis	monueritis	audīveritis	mīseritis	cēperitis
		vocāverint	monuerint	audīverint	mīserint	cēperint
		Indikativ				
Plusquam-perfekt	*ich hatte gerufen, …*	vocāveram	monueram	audīveram	mīseram	cēperam
		vocāverās	monuerās	audīverās	mīserās	cēperās
		vocāverat	monuerat	audīverat	mīserat	cēperat
		vocāverāmus	monuerāmus	audīverāmus	mīserāmus	cēperāmus
		vocāverātis	monuerātis	audīverātis	mīserātis	cēperātis
		vocāverant	monuerant	audīverant	mīserant	cēperant
		Konjunktiv				
		vocāvissem	monuissem	audīvissem	mīsissem	cēpissem
		vocāvissēs	monuissēs	audīvissēs	mīsissēs	cēpissēs
		vocāvisset	monuisset	audīvisset	mīsisset	cēpisset
		vocāvissēmus	monuissēmus	audīvissēmus	mīsissēmus	cēpissēmus
		vocāvissētis	monuissētis	audīvissētis	mīsissētis	cēpissētis
		vocāvissent	monuissent	audīvissent	mīsissent	cēpissent
Futur II	*ich werde gerufen haben, …*	vocāverō	monuerō	audīverō	mīserō	cēperō
		vocāveris	monueris	audīveris	mīseris	cēperis
		vocāverit	monuerit	audīverit	mīserit	cēperit
		vocāverimus	monuerimus	audīverimus	mīserimus	cēperimus
		vocāveritis	monueritis	audīveritis	mīseritis	cēperitis
		vocāverint	monuerint	audīverint	mīserint	cēperint

Konjugationen: Perfekt, Plusquamperfekt, Futur II Passiv

Tab 4.4

		ā-Konjugation	ē-Konjugation	ī-Konjugation	Konsonantische Konjugation	ĭ-Konjugation (kurzvokalisch)
Infinitiv		*gerufen worden (zu) sein* vocātum, -am, -um esse	*gemahnt worden (zu) sein* monitum, -am, -um esse	*gehört worden (zu) sein* audītum, -am, -um esse	*geschickt worden (zu) sein* missum, -am, -um esse	*gefangen worden (zu) sein* captum, -am, -um esse
Perfekt	*ich bin gerufen worden, …*	Indikativ				
		vocātus, -a, -um { sum es est	monitus, -a, -um { sum es est	audītus, -a, -um { sum es est	missus, -a, -um { sum es est	captus, -a, -um { sum es est
		vocātī, -ae, -a { sumus estis sunt	monitī, -ae, -a { sumus estis sunt	audītī, -ae, -a { sumus estis sunt	missī, -ae, -a { sumus estis sunt	captī, -ae, -a { sumus estis sunt
		Konjunktiv				
		vocātus, -a, -um { sim sīs sit	monitus, -a, -um { sim sīs sit	audītus, -a, -um { sim sīs sit	missus, -a, -um { sim sīs sit	captus, -a, -um { sim sīs sit
		vocātī, -ae, -a { sīmus sītis sint	monitī, -ae, -a { sīmus sītis sint	audītī, -ae, -a { sīmus sītis sint	missī, -ae, -a { sīmus sītis sint	captī, -ae, -a { sīmus sītis sint
Plusquamperfekt	*ich war gerufen worden, …*	Indikativ				
		vocātus, -a, -um { eram erās erat	monitus, -a, -um { eram erās erat	audītus, -a, -um { eram erās erat	missus, -a, -um { eram erās erat	captus, -a, -um { eram erās erat
		vocātī, -ae, -a { erāmus erātis erant	monitī, -ae, -a { erāmus erātis erant	audītī, -ae, -a { erāmus erātis erant	missī, -ae, -a { erāmus erātis erant	captī, -ae, -a { erāmus erātis erant
		Konjunktiv				
		vocātus, -a, -um { essem essēs esset	monitus, -a, -um { essem essēs esset	audītus, -a, -um { essem essēs esset	missus, -a, -um { essem essēs esset	captus, -a, -um { essem essēs esset
		vocātī, -ae, -a { essēmus essētis essent	monitī, -ae, -a { essēmus essētis essent	audītī, -ae, -a { essēmus essētis essent	missī, -ae, -a { essēmus essētis essent	captī, -ae, -a { essēmus essētis essent
Futur II	*ich werde gerufen worden sein, …*	vocātus, -a, -um { erō eris erit	monitus, -a, -um { erō eris erit	audītus, -a, -um { erō eris erit	missus, -a, -um { erō eris erit	captus, -a, -um { erō eris erit
		vocātī, -ae, -a { erimus eritis erunt	monitī, -ae, -a { erimus eritis erunt	audītī, -ae, -a { erimus eritis erunt	missī, -ae, -a { erimus eritis erunt	captī, -ae, -a { erimus eritis erunt

Konjugationen: Nominalformen des Verbs – Infinitive

Tab 4.5

		ā-Konjugation	ē-Konjugation	ī-Konjugation	Konsonantische Konjugation	ĭ-Konjugation (kurzvokalisch)
Infinitiv						
AKTIV	**Präsens**	vocā**re**	monē**re**	audī**re**	mitt**ere**	cap**ere**
	Perfekt	vocāv**isse**	monu**isse**	audīv**isse**	mīs**isse**	cēp**isse**
	Futur	vocāt**ūrum,** **-am, -um esse**	monit**ūrum,** **-am, -um esse**	audīt**ūrum,** **-am, -um esse**	miss**ūrum,** **-am, -um esse**	capt**ūrum,** **-am, -um esse**
PASSIV	**Präsens**	vocā**rī**	monē**rī**	audī**rī**	mitt**ī**	cap**ī**
	Perfekt	vocāt**um,** **-am, -um esse**	monit**um,** **-am, -um esse**	audīt**um,** **-am, -um esse**	miss**um,** **-am, -um esse**	capt**um,** **-am, -um esse**

Konjugationen: Nominalformen des Verbs – Partizipien

Tab 4.6

		ā-Konjugation	ē-Konjugation	ī-Konjugation	Konsonantische Konjugation	ĭ-Konjugation (kurzvokalisch)
Partizip						
AKTIV	**Präsens**	vocā**ns, -nt**is	monē**ns, -nt**is	audiē**ns, -nt**is	mittē**ns, -nt**is	capiē**ns, -nt**is
	Futur	vocāt**ūrus,** **-a, -um**	monit**ūrus,** **-a, -um**	audīt**ūrus,** **-a, -um**	miss**ūrus,** **-a, -um**	capt**ūrus,** **-a, -um**
PASSIV	**Perfekt**	vocāt**us, -a, -um**	monit**us, -a, -um**	audīt**us, -a, -um**	miss**us, -a, -um**	capt**us, -a, -um**

Konjugationen: Nominalformen des Verbs – Gerundium/Gerundivum

Tab 4.7

	ā-Konjugation	ē-Konjugation	ī-Konjugation	Konsonantische Konjugation	ĭ-Konjugation (kurzvokalisch)
Gerundium					
AKTIV	vocan**dī** *usw.*	monen**dī** *usw.*	audien**dī** *usw.*	mitten**dī** *usw.*	capien**dī** *usw.*
Gerundivum					
PASSIV	vocan**d**us, -a, -um	monen**d**us, -a, -um	audien**d**us, -a, -um	mitten**d**us, -a, -um	capien**d**us, -a, -um

Tab 5.1 Tabelle der Verben: ā-Konjugation

Perfekt-Bildung mit -v-

1.	vocō	vocāvī	vocātum	vocāre	rufen; nennen

In gleicher Weise werden die Stammformen der meisten Verben der ā-Konjugation gebildet.

Perfekt-Bildung durch Reduplikation

2.	dō	dedī	datum	dare	(von sich) geben
	circum | dō	circumdedī	circumdatum	circumdare	umgeben; umzingeln
3.	stō	stetī	statum	stāre	(da)stehen
	circum | stō	circumstetī	–	circumstāre	um ... herum stehen
	īn | stō	īnstitī	–	īnstāre	drohen, bevorstehen
	prae | stō	praestitī	–	praestāre	*(m. Dat.)* übertreffen; *(m. Akk.)* leisten
	re | stō	restitī	–	restāre	übrig sein, übrig bleiben; überleben

Tab 5.2 Tabelle der Verben: ē-Konjugation

Perfekt-Bildung mit -v-

1.	dēleō	dēlēvī	dēlētum	dēlēre	zerstören, vernichten
2.	fleō	flēvī	flētum	flēre	weinen; beklagen

Perfekt-Bildung mit -u-

3.	arceō	arcuī	–	arcēre	abwehren, fernhalten
4.	careō	caruī	–	carēre *(m. Abl.)*	frei sein *(von etw.)*, *(etw.)* nicht haben
5.	cēnseō	cēnsuī	cēnsum	cēnsēre	(ein)schätzen; der Ansicht sein; *(m. doppeltem Akk.)* halten für
6.	doceō	docuī	doctum	docēre	unterrichten; lehren
7.	exerceō	exercuī	–	exercēre	üben; ausbilden; (be)treiben
8.	★ flōreō	flōruī	–	flōrēre	blühen
9.	habeō	habuī	habitum	habēre	haben; halten
	ad | hibeō	adhibuī	adhibitum	adhibēre	anwenden; *(jmdn.)* hinzuziehen
	dēbeō	dēbuī	dēbitum	dēbēre	*(m. Inf.)* müssen; verdanken; schulden
	praebeō	praebuī	praebitum	praebēre	(dar)reichen, gewähren
	pro | hibeō	prohibuī	prohibitum	prohibēre	abhalten, hindern
10.	horreō	horruī	–	horrēre *(m. Akk.)*	erschrecken *(vor jmdm./etw.)*; sich scheuen *(etw. zu tun)*
11.	iaceō	iacuī	–	iacēre	(da)liegen
12.	lateō	latuī	–	latēre	verborgen sein
13.	mereō	meruī	meritum	merēre	verdienen
14.	moneō	monuī	monitum	monēre	erinnern; mahnen, auffordern
15.	noceō	nocuī	–	nocēre	schaden
16.	pāreō	pāruī	–	pārēre	gehorchen
	ap | pāreō	appāruī	–	appārēre	erscheinen, sich zeigen; offensichtlich sein
17.	pateō	patuī	–	patēre	offenstehen; klar sein
18.	placeō	placuī	placitum	placēre	gefallen; Spaß machen
19.	studeō	studuī	–	studēre *(m. Dat.)*	sich bemühen *(um)*; wollen; sich bilden
20.	taceō	taceō	–	tacēre	schweigen, still sein

21. teneō	tenuī	-	tenēre	(zurück)halten; behalten
con | tineō	continuī	-	(sē) continēre	halten, festhalten; enthalten; (sich aufhalten)
ob | tineō	obtinuī	-	obtinēre	erlangen; behaupten
re | tineō	retinuī	retentum	retinēre	behalten, festhalten; zurückhalten
sus | tineō	sustinuī	-	sustinēre	aushalten, ertragen
22. terreō	terruī	territum	terrēre	*(jmdn.)* erschrecken
per | terreō	perterruī	perterritum	perterrēre	heftig erschrecken
23. timeō	timuī	-	timēre	(sich) fürchten, Angst haben (vor)
valeō	valuī	-	valēre	gesund sein; Einfluss haben

Unpersönliche Ausdrücke

24. appāret	appāruit	-	appārēre	es ist offensichtlich
25. decet	decuit	-	decēre *(m. Akk.)*	(etw.) ist angemessen *(für)*, passt *(zu)*
26. licet	licuit	-	licēre *(m. Dat.)*	es ist möglich; es ist erlaubt, *(jmd.)* darf
27. oportet	oportuit	-	oportēre	es ist nötig, es gehört sich; es ist angebracht

Perfekt-Bildung mit -s-

28. ārdeō	ārsī	-	ārdēre	(ver)brennen; entbrannt sein
29. augeō	auxī	auctum	augēre	vergrößern, vermehren
30. ★ fulgeō	fulsī	-	fulgēre	glänzen, leuchten, blitzen
31. iubeō	iussī	iussum	iubēre *(m. Akk.)*	*(jmdm.)* befehlen, *(jmdn.)* beauftragen
32. maneō	mānsī	-	manēre	bleiben; erwarten
33. rīdeō	rīsī	rīsum	rīdēre	lachen
ir | rīdeō	irrīsī	irrīsum	irrīdēre	verspotten, auslachen
34. suādeō	suāsī	suāsum	suādēre	raten, zureden
per | suādeō	persuāsī	persuāsum	persuādēre *(m. Dat.)*	*(jmdn.)* überzeugen *(meist m. AcI)*; *(jmdn.)* überreden

Perfekt-Bildung durch Dehnung

35. faveō	fāvī	fautum	favēre *(m. Dat.)*	gewogen sein; *(jmdn.)* begünstigen
36. moveō	mōvī	mōtum	movēre	bewegen; beeinflussen
com | moveō	commōvī	commōtum	commovēre	erregen; bewegen, veranlassen
37. sedeō	sēdī	sessum	sedēre	(da)sitzen
ob | sideō	obsēdī	obsessum	obsidēre	belagern; bedrängen
38. videō	vīdī	vīsum	vidēre	sehen

Perfekt-Bildung durch Reduplikation

39. (spondeō	spopondī	spōnsum	spondēre	geloben)
re | spondeō	respondī	respōnsum	respondēre	antworten, entgegnen

Tab 5.3 Tabelle der Verben: ī-Konjugation (langvokalisch)

Perfekt-Bildung mit -v-

1.	audiō	audīvī	audītum	audīre	(an-, er-, zu)hören
2.	custōdiō	custōdīvī	custōdītum	custōdīre	bewachen
3.	dormiō	dormīvī	–	dormīre	schlafen
4.	fīniō	fīnīvī	fīnītum	fīnīre	(be)enden
5.	mūniō	mūnīvī	mūnītum	mūnīre	befestigen
6.	sciō	scīvī	scītum	scīre	wissen, verstehen
	ne | sciō	nescīvī	–	nescīre	nicht wissen, nicht verstehen
7.	servīo	–	–	servīre	Sklave sein, dienen

Perfekt-Bildung mit -u-

8.	aperiō	aperuī	apertum	aperīre	öffnen; aufdecken

Perfekt-Bildung mit -s-

9.	sentiō	sēnsī	sēnsum	sentīre	fühlen; merken; meinen
	cōn | sentiō	cōnsēnsī	cōnsēnsum	cōnsentīre	übereinstimmen

Perfekt-Bildung durch Dehnung

10.	veniō	vēnī	ventum	venīre	kommen
	circum | veniō	circumvēnī	circumventum	circumvenīre	umzingeln, umringen
	con | veniō	convēnī	conventum	convenīre	zusammenkommen; zusammenpassen; *(m. Akk.)* treffen
	in | veniō	invēnī	inventum	invenīre	(er)finden
	per | veniō	pervēnī	perventum	pervenīre	hinkommen, ankommen; gelangen

Perfekt-Bildung durch Reduplikation

11.	com | periō	cómperī	compertum	comperīre	erfahren, in Erfahrung bringen
	re | periō	répperī	repertum	reperīre	finden, wiederfinden

Tab 5.4 Tabelle der Verben: Konsonantische Konjugation

Perfekt-Bildung mit -v-

1.	arcessō	arcessīvī	arcessītum	arcessere	herbeirufen, holen
2.	cernō	–	–	cernere	erkennen; sehen
3.	crēscō	crēvī	–	crēscere	wachsen
4.	(nōscō	nōvī	nōtum	nōscere	kennenlernen)
	cog | nōscō	cognōvī	cognitum	cognōscere	erfahren; erkennen; kennenlernen
	īg | nōscō	īgnōvī	īgnōtum	īgnōscere	verzeihen
5.	petō	petīvī	petītum	petere	bitten, verlangen; angreifen; aufsuchen; gehen/fahren nach
	re | petō	repetīvī	repetītum	repetere	wiederholen; zurückverlangen
6.	quaerō	quaesīvī	quaesītum	quaerere	suchen; fragen
7.	quiēscō	quiēvī	–	quiēscere	(aus)ruhen; schlafen
8.	sinō	sīvī	situm	sinere	(zu)lassen, erlauben
	dē | sinō	dēsiī	dēsitum	dēsinere	aufhören

Perfekt-Bildung mit -u-

9. colō	coluī	cultum	colere	pflegen; verehren; bebauen
10. cōnsulō	cōnsuluī	cōnsultum	cōnsulere	*(m. Akk.)* um Rat fragen, befragen; *(m. Dat.)* sorgen für
11. pōnō	posuī	positum	pōnere	setzen; stellen; legen
★ com | pōnō	composuī	compositum	compōnere	zusammenstellen, ordnen; verfassen; schlichten
dē | pōnō	dēposuī	dēpositum	dēpōnere	niederlegen; aufgeben
ex | pōnō	exposuī	expositum	expōnere	ausstellen; aussetzen; darlegen
im | pōnō	imposuī	impositum	impōnere	setzen, stellen, legen (an, auf, in); auftragen; bringen
12. (serō	seruī	sertum	serere	aneinanderreihen)
dē | serō	dēseruī	dēsertum	dēserere	im Stich lassen, verlassen
dis | serō	disseruī	dissertum	disserere	sprechen über, erörtern

Perfekt-Bildung mit -s-

13. cēdō	cessī	cessum	cēdere	(weg-, aus)gehen; nachgeben; überlassen
ac | cēdō	accessī	accessum	accēdere	herantreten; hingehen
con | cēdō	concessī	concessum	concēdere	erlauben; zugestehen, einräumen
dē | cēdō	dēcessī	dēcessum	dēcēdere	weggehen, gehen (aus)
dis | cēdō	discessī	discessum	discēdere	weggehen, verschwinden
ex | cēdō	excessī	excessum	excēdere	hinausgehen, weggehen
in | cēdō	incessī	incessum	incēdere	befallen; einhergehen
prō | cēdō	prōcessī	prōcessum	prōcēdere	vorrücken, vorankommen
suc | cēdō	successī	successum	succēdere	anrücken (gegen); (nach)folgen
14. claudō	clausī	clausum	claudere	(ab-, ein)schließen
15. dīcō	dīxī	dictum	dīcere	sagen; sprechen; *(m. doppeltem Akk.)* nennen
16. dūcō	dūxī	ductum	dūcere	führen; ziehen; *(m. doppeltem Akk.)* halten für; *(in Verbindung m.* uxōrem) heiraten
ab | dūcō	abdūxī	abductum	abdūcere	wegführen; (weg)bringen; verschleppen
ad | dūcō	addūxī	adductum	addūcere	heranführen; veranlassen
dē | dūcō	dēdūxī	dēductum	dēdūcere	abführen; wegführen
in | dūcō	indūxī	inductum	indūcere	(hin)einführen; verleiten
re | dūcō	redūxī	reductum	redūcere	zurückführen; zurückbringen
17. fīgō	fīxī	fīxum	fīgere	(an)heften, befestigen; auf etw. richten
18. fingō	fīnxī	fictum	(sē) fingere	formen, gestalten; sich ausdenken, vortäuschen; (sich stellen)
19. ★ fluō	flūxī	–	fluere	fließen
20. gerō	gessī	gestum	gerere	(aus)führen; tragen
21. con | iungō	coniūnxī	coniūnctum	coniungere	vereinigen, verbinden; (ver)knüpfen
in | iungō	iniūnxī	iniūnctum	iniungere	auferlegen; einfügen, anfügen
22. laedō	laesī	laesum	laedere	verletzen; kränken
23. intel | legō	intellēxī	intellēctum	intellegere	verstehen; erkennen, einsehen
neg | legō	neglēxī	neglēctum	neglegere	nicht (be)achten, vernachlässigen
24. lūdō	lūsī	lūsum	lūdere	spielen
25. mittō	mīsī	missum	mittere	schicken; werfen
ā | mittō	āmīsī	āmissum	āmittere	verlieren
ad | mittō	admīsī	admissum	admittere	hinzuziehen; zulassen
com | mittō	commīsī	commissum	committere	veranstalten, beginnen; begehen; anvertrauen
dī | mittō	dīmīsī	dīmissum	dīmittere	wegschicken; freilassen

o|mittō	omīsī	omissum	omittere	außer Acht lassen; unterlassen
prō|mittō	prōmīsī	prōmissum	prōmittere	versprechen
26. plaudō	plausī	plausum	plaudere	Beifall klatschen, applaudieren
27. premō	pressī	pressum	premere	(unter)drücken; bedrängen
op|primō	oppressī	oppressum	opprimere	überfallen, überwältigen; unterdrücken
28. regō	rēxī	rēctum	regere	(be)herrschen
per|gō	perrēxī	perrēctum	pergere	fortfahren, *(etw.)* weiter *(tun)*
su|rgō	surrēxī	surrēctum	surgere	aufstehen, sich erheben
29. scrībō	scrīpsī	scrīptum	scrībere	schreiben
30. spargō	sparsī	sparsum	spargere	bespritzen; verbreiten
31. ex|stinguō	exstīnxī	exstīnctum	exstinguere	auslöschen, vernichten
32. stringō	strīnxī	strictum	stringere	ziehen
33. (struō	strūxī	strūctum	struere	schichten, bauen)
ex|struō	exstrūxī	exstrūctum	exstruere	errichten, erbauen
34. sūmō	sūmpsī	sūmptum	sūmere	nehmen
cōn|sūmō	cōnsūmpsī	cōnsūmptum	cōnsūmere	verbrauchen, verwenden; zubringen
35. tegō	tēxī	tēctum	tegere	bedecken; schützen
★ dē|tegō	dētēxī	dētēctum	dētegere	entdecken
prō|tegō	prōtēxī	prōtēctum	prōtegere	schützen
36. con|temnō	contempsī	contemptum	contemnere	verachten
37. trahō	trāxī	tractum	trahere	ziehen; schleppen
38. (vādō	–	–	vādere	gehen, schreiten)
in|vādō	invāsī	invāsum	invādere	eindringen, angreifen
39. vīvō	vīxī	–	vīvere	leben

Perfekt-Bildung durch Dehnung

40. agō	ēgī	āctum	agere	tun; handeln; aufführen; *(m. Adv. und* cum) umgehen *(m. jmdm.)*
cō|gō	coēgī	coāctum	cōgere	sammeln; zwingen
41. cōnsīdō	cōnsēdī	–	cōnsīdere	sich setzen, sich niederlassen
42. emō	ēmī	ēmptum	emere	kaufen
43. frangō	frēgī	frāctum	frangere	(zer)brechen
44. fundō	fūdī	fūsum	fundere	(aus)gießen; befeuchten
45. legō	lēgī	lēctum	legere	lesen; sammeln; auswählen
★ col|ligō	collēgī	collēctum	colligere	sammeln, auflesen; folgern
46. relinquō	relīquī	relictum	relinquere	zurücklassen, verlassen
47. rumpō	rūpī	ruptum	rumpere	(zer)brechen
★ cor|rumpō	corrūpī	corruptum	corrumpere	vernichten, verderben; bestechen
inter|rumpō	interrūpī	interruptum	interrumpere	unterbrechen
48. vincō	vīcī	victum	vincere	(be)siegen; übertreffen

Perfekt-Bildung durch Reduplikation

49. cadō	cécidī	–	cadere	fallen, sinken
ác|cidit	áccidit	–	accidere	sich ereignen, zustoßen
óc|cidō	óccidī	–	occidere	untergehen; umkommen
50. caedō	cecīdī	caesum	caedere	niederschlagen; töten
51. canō	cecinī	cantātum	canere	(be)singen
52. currō	cucurrī	cursum	currere	laufen; eilen
ac|currō	accurrī	accursum	accurrere	herbeilaufen, angelaufen kommen
oc|currō	occurrī	occursum	occurrere	entgegenkommen, begegnen
53. (dō	dedī	datum	dare	[von sich] geben)
ad|dō	addidī	additum	addere	hinzufügen

	con | dō	condidī	conditum	condere	gründen
	crēdō	crēdidī	crēditum	crēdere	glauben; (an)vertrauen
	dē | dō	dēdidī	dēditum	dēdere	ausliefern, übergeben
	ē | dō	ēdidī	ēditum	ēdere	verkünden; herausgeben
	red | dō	reddidī	redditum	reddere	zurückgeben; *(m. doppeltem Akk.)* (etw.) ... machen
	trā | dō	trādidī	trāditum	trādere	übergeben, ausliefern; überliefern
	vendō	vendidī	venditum	vendere	verkaufen
54.	discō	didicī	-	discere	lernen; in Erfahrung bringen
55.	fallō	fefellī	-	fallere	täuschen, betrügen
56.	parcō	pepercī	-	parcere *(m. Dat.)*	*(jmdn.)* schonen
57.	pellō	pépulī	pulsum	pellere	schlagen, stoßen; vertreiben
	im | pellō	ímpulī	impulsum	impellere	(an)stoßen; veranlassen
	re | pellō	réppulī	repulsum	repellere	zurückstoßen; vertreiben
58.	poscō	poposcī	-	poscere	fordern, verlangen
59.	(stō	stetī	statum	stāre	[da]stehen)
	cōn | sistō	cōnstitī	-	cōnsistere	stehen bleiben; sich hinstellen; bestehen (aus)
60.	tangō	tétigī	tāctum	tangere	berühren
	con | tingō	cóntigī	contāctum	contingere	berühren; gelingen
61.	tendō	tetendī	tentum	tendere	(aus)strecken; spannen
	con | tendō	contendī	contentum	contendere	sich anstrengen; eilen; kämpfen; behaupten
	os | tendō	ostendī	-	ostendere	zeigen
62.	tollō	sustulī	sublātum	tollere	hochheben; beseitigen, vernichten; entfernen

Perfekt-Bildung ohne Veränderung

63.	bibō	bibī	-	bibere	trinken
64.	ac | cendō	accendī	accēnsum	accendere	in Brand setzen; entflammen, aufregen
	in | cendō	incendī	incēnsum	incendere	anzünden; entflammen, in Aufregung versetzen
65.	dē | fendō	dēfendī	dēfēnsum	dēfendere	verteidigen; abwehren
	of | fendō	offendī	offēnsum	offendere	beleidigen; (an)stoßen
66.	metuō	metuī	-	metuere	sich fürchten; befürchten
67.	minuō	minuī	minūtum	minuere	vermindern, verringern
68.	(prehendō	prehendī	prehēnsum	prehendere	ergreifen, fassen)
	com | prehendō	comprehendī	comprehēnsum	comprehendere	ergreifen, festnehmen; begreifen
69.	ruō	ruī	-	ruere (in *m. Akk.*)	*(auf jmdn.)* losstürmen; einstürzen
70.	a | scendō	ascendī	ascēnsum	ascendere	hinaufsteigen, hinaufklettern
	dē | scendō	dēscendī	dēscēnsum	dēscendere	herabsteigen; hinuntergehen
71.	solvō	solvī	solūtum	solvere	(auf)lösen; bezahlen
72.	statuō	statuī	statūtum	statuere	beschließen, entscheiden; aufstellen; festsetzen
	cōn | stituō	cōnstituī	cōnstitūtum	cōnstituere	beschließen; festsetzen
	īn | stituō	īnstituī	īnstitūtum	īnstituere	beginnen; einrichten; unterrichten
73.	tribuō	tribuī	tribūtum	tribuere	zuteilen; schenken; erweisen
74.	vertō	vertī	versum	vertere	wenden; drehen; verwandeln
	animad | vertō	animadvertī	animadversum	animadvertere (in *m. Akk.*)	bemerken, entdecken; vorgehen *(gegen jmdn.)*
75.	volvō	volvī	volūtum	volvere	rollen, wälzen; überlegen

Tab 5.5 Tabelle der Verben: ĭ-Konjugation (kurzvokalisch)

Perfekt-Bildung mit -v-					
1.	cupiō	cupīvī	cupītum	cupere	wünschen, verlangen
Perfekt-Bildung mit -u-					
2.	rapiō	rapuī	raptum	rapere	(an sich, weg)reißen; rauben
	cor | ripiō	corripuī	correptum	corripere	(an)packen; an sich reißen
	ē | ripiō	ēripuī	ēreptum	ēripere	entreißen
Perfekt-Bildung mit -s-					
3.	a | spiciō	aspexī	aspectum	aspicere	anblicken
	cōn | spiciō	cōnspexī	cōnspectum	cōnspicere	erblicken
	dē | spiciō	dēspexī	dēspectum	dēspicere	(auf etw.) herabblicken; verachten
	īn | spiciō	īnspexī	īnspectum	īnspicere *(m. Akk.)*	hineinschauen *(in etw.)*
	per | spiciō	perspexī	perspectum	perspicere	erkennen, genau sehen, durchschauen
	re | spiciō	respexī	respectum	respicere	denken an, berücksichtigen
Perfekt-Bildung durch Dehnung					
4.	capiō	cēpī	captum	capere	(ein)nehmen, erobern; (er)fassen
	ac | cipiō	accēpī	acceptum	accipere	annehmen, empfangen; aufnehmen
	dē | cipiō	dēcēpī	dēceptum	dēcipere	täuschen
	ex | cipiō	excēpī	exceptum	excipere	aufnehmen, auffangen; eine Ausnahme machen
	in | cipiō	coepī	coeptum/ inceptum	incipere	anfangen, beginnen
	prae | cipiō	praecēpī	praeceptum	praecipere	(be)lehren; vorschreiben, anordnen
	re | cipiō	recēpī	receptum	recipere	aufnehmen; zurücknehmen
	sus | cipiō	suscēpī	susceptum	suscipere	unternehmen; sich *(einer Sache)* annehmen; auf sich nehmen
5.	faciō	fēcī	factum	facere	machen; *(m. doppeltem Akk.)* *(jmdm.)* machen *(zu)*
	af | ficiō	affēcī	affectum	afficere *(m. Abl.)*	versehen *(m. etw.)*
	cōn | ficiō	cōnfēcī	cōnfectum	cōnficere	beenden, erledigen
	dē | ficiō	dēfēcī	dēfectum	dēficere	verlassen; ausgehen
	ef | ficiō	effēcī	effectum	efficere	bewirken, erreichen
	inter | ficiō	interfēcī	interfectum	interficere	töten
	per | ficiō	perfēcī	perfectum	perficere	ausführen; vollenden
6.	ef | fodiō	effōdī	effossum	effodere	ausstechen; ausgraben
7.	fugiō	fūgī	–	fugere *(m. Akk.)*	fliehen *(vor)*; *(etw.)* meiden
	ef | fugiō	effūgī	–	effugere	entfliehen; vermeiden
8.	(iaciō	iēcī	iactum	iacere	werfen)
	prō | iciō	prōiēcī	prōiectum	prōicere	(nieder-, vor)werfen
	trā | iciō	trāiēcī	trāiectum	trāicere	hinüberbringen, *über*setzen
Perfekt-Bildung durch Reduplikation					
9.	pariō	péperī	partum	parere	erwerben; gewinnen; hervorbringen

★ Zur Formenlehre des Deponens
Konjugationen: Präsens, Imperfekt, Futur I

Tab 6.1		ā-Konjugation	ē-Konjugation	ī-Konjugation	Konsonantische Konjugation	ĭ-Konjugation (kurzvokalisch)
Infinitiv		*(zu) versuchen* cōnārī	*(zu) fürchten* verērī	*(zu) erfahren* experīrī	*(zu) folgen* sequī	*(zu) leiden* patī
Präsens		Indikativ				
	ich versuche, …	cōnor cōnāris cōnātur cōnāmur cōnāminī cōnantur	vereor verēris verētur verēmur verēminī verentur	experior experīris experītur experīmur experīminī experiuntur	sequor sequeris sequ*i*tur sequ*i*mur sequ*i*minī sequ*u*ntur	patĭor patĕris patĭtur patĭmur patĭminī patĭuntur
		Konjunktiv				
		cōner cōnēris *usw.* *s. Tab 4.2*	verear vereāris *usw.* *s. Tab 4.2*	experiar experāris *usw.* *s. Tab 4.2*	sequar sequāris *usw.* *s. Tab 4.2*	patĭar patĭāris *usw.* *s. Tab 4.2*
Imperfekt		Indikativ				
	ich versuchte, …	cōnābar cōnābāris *usw.* *s. Tab 4.2*	verēbar verēbāris *usw.* *s. Tab 4.2*	experi*ē*bar experi*ē*bāris *usw.* *s. Tab 4.2*	sequ*ē*bar sequ*ē*bāris *usw.* *s. Tab 4.2*	patĭ*ē*bar patĭ*ē*bāris *usw.* *s. Tab 4.2*
		Konjunktiv				
		cōnārer cōnārēris *usw.* *s. Tab 4.2*	verērer verērēris *usw.* *s. Tab 4.2*	experīrer experīrēris *usw.* *s. Tab 4.2*	sequerer sequerēris *usw.* *s. Tab 4.2*	patĕrer patĕrēris *usw.* *s. Tab 4.2*
Futur I	*ich werde versuchen, …*	cōnābor cōnāberis *usw.* *s. Tab 4.2*	verēbor verēberis *usw.* *s. Tab 4.2*	experiar experiēris *usw.* *s. Tab 4.2*	sequar sequēris *usw.* *s. Tab 4.2*	patĭar patĭēris *usw.* *s. Tab 4.2*
		Imperativ				
	versuche! *versucht!*	cōnāre! cōnāminī!	verēre! verēminī!	experīre! experīminī!	sequere! sequ*i*minī!	patĕre! patĭminī!

Konjugationen: Perfekt, Plusquamperfekt, Futur II

Tab 6.2

		ā-Konjugation	ē-Konjugation	ī-Konjugation	Konsonantische Konjugation	ĭ-Konjugation (kurzvokalisch)
Infinitiv		*versucht (zu) haben* cōnātum, -am esse	*gefürchtet (zu) haben* veritum, -am esse	*erfahren (zu) haben* expertum, -am esse	*geschickt (zu) haben* secūtum, -am esse	*gelitten (zu) haben* passum, -am esse
Perfekt	*ich habe versucht, ...*	Indikativ				
		cōnātus, -a sum *usw.* cōnātī, -ae sumus *usw.* *s. Tab 4.4*	veritus, -a sum *usw.* veritī, -ae sumus *usw.* *s. Tab 4.4*	expertus, -a sum *usw.* expertī, -ae sumus *usw.* *s. Tab 4.4*	secūtus, -a sum *usw.* secūtī, -ae sumus *usw.* *s. Tab 4.4*	passus, -a sum *usw.* passī, -ae sumus *usw.* *s. Tab 4.4*
		Konjunktiv				
		cōnātus, -a sim *usw.* cōnātī, -ae sīmus *usw.* *s. Tab 4.4*	veritus, -a sim *usw.* veritī, -ae sīmus *usw.* *s. Tab 4.4*	expertus, -a sim *usw.* expertī, -ae sīmus *usw.* *s. Tab 4.4*	secūtus, -a sim *usw.* secūtī, -ae sīmus *usw.* *s. Tab 4.4*	passus, -a sim *usw.* passī, -ae sīmus *usw.* *s. Tab 4.4*
Plusquamperfekt	*ich hatte versucht, ...*	Indikativ				
		cōnātus, -a eram *usw.* cōnātī, -ae erāmus *usw.* *s. Tab 4.4*	veritus, -a eram *usw.* veritī, -ae erāmus *usw.* *s. Tab 4.4*	expertus, -a eram *usw.* expertī, -ae erāmus *usw.* *s. Tab 4.4*	secūtus, -a eram *usw.* secūtī, -ae erāmus *usw.* *s. Tab 4.4*	passus, -a eram *usw.* passī, -ae erāmus *usw.* *s. Tab 4.4*
		Konjunktiv				
		cōnātus, -a essem *usw.* cōnātī, -ae essēmus *usw.* *s. Tab 4.4*	veritus, -a essem *usw.* veritī, -ae essēmus *usw.* *s. Tab 4.4*	expertus, -a essem *usw.* expertī, -ae essēmus *usw.* *s. Tab 4.4*	secūtus, -a essem *usw.* secūtī, -ae essēmus *usw.* *s. Tab 4.4*	passus, -a essem *usw.* passī, -ae essēmus *usw.* *s. Tab 4.4*
Futur II	*ich werde versucht haben, ...*	cōnātus, -a erō *usw.* cōnātī, -ae erimus *usw.* *s. Tab 4.4*	veritus, -a erō *usw.* veritī, -ae erimus *usw.* *s. Tab 4.4*	expertus, -a erō *usw.* expertī, -ae erimus *usw.* *s. Tab 4.4*	secūtus, -a erō *usw.* secūtī, -ae erimus *usw.* *s. Tab 4.4*	passus, -a erō *usw.* passī, -ae erimus *usw.* *s. Tab 4.4*

Konjugationen: Nominalformen des Deponens

Tab 6.3

	ā-Konjugation	ē-Konjugation	ī-Konjugation	Konsonantische Konjugation	ĭ-Konjugation (kurzvokalisch)
Infinitiv					
Präsens	cōnā**rī**	verē**rī**	experī**rī**	sequ**ī**	pat**ī**
Perfekt	cōnā**tum, -am esse**	veri**tum, -am esse**	exper**tum, -am esse**	secū**tum, -am esse**	pas**sum, -am esse**
Futur	cōnā**tūrum, -am esse**	veri**tūrum, -am esse**	exper**tūrum, -am esse**	secū**tūrum, -am esse**	pas**sūrum, -am esse**
Partizip					
Präsens	cōnā**ns, -nt**is	verē**ns, -nt**is	experi**ēns, -nt**is	sequ**ēns, -nt**is	pati**ēns, -nt**is
Perfekt	cōnā**tus, -a**	veri**tus, -a**	exper**tus, -a**	secū**tus, -a**	pas**sus, -a**
Futur	cōnā**tūrus, -a**	veri**tūrus, -a**	exper**tūrus, -a**	secū**tūrus, -a**	pas**sūrus, -a**
Gerundium					
	cōna**ndī** *usw.*	vere**ndī** *usw.*	experie**ndī** *usw.*	seque**ndī** *usw.*	patie**ndī** *usw.*
Gerundivum					
	cōna**nd**us, -a	vere**nd**us, -a	experie**nd**us, -a, -um	seque**nd**us, -a	patie**nd**us, -a

Tab 7.1 Tabelle der Deponentien: ā-Konjugation

1.	cōnor	cōnātus sum	cōnārī	versuchen

In gleicher Weise werden die Stammformen der anderen Deponentien der ā-Konjugation gebildet.

Tabelle der Deponentien: ē-Konjugation

1.	vereor	veritus sum	verērī	fürchten, sich scheuen; verehren
2.	vidētur/videntur *(m. Inf.)*	–	–	er, sie, es scheint/sie scheinen *(etw. zu tun)*

Tabelle der Deponentien: ī-Konjugation (langvokalisch)

1.	orior	ortus sum	orīrī	entstehen; sich erheben
2.	ex|perior	expertus sum	experīrī	erfahren; erleiden; versuchen
3.	potior	potītus sum	potīrī *(m. Abl.)*	*(etw.)* in seine Gewalt bringen

Tabelle der Deponentien: Konsonantische Konjugation

1.	pro|ficīscor	profectus sum	proficīscī	aufbrechen, (ab)reisen; abstammen
2.	fruor	–	fruī *(m. Abl.)*	*(etw.)* genießen, sich *(an etw.)* erfreuen
3.	fungor	fūnctus sum	fungī *(m. Abl.)*	verwalten; ausüben
4.	īrāscor	–	īrāscī *(m. Dat.)*	zornig sein *(auf jmdn.)*; in Zorn geraten
5.	loquor	locūtus sum	loquī	reden, sprechen
6.	queror	questus sum	querī	klagen; sich beklagen

7.	sequor	secūtus sum	sequī *(m. Akk.)*	*(jmdm.)* folgen
	cōn|sequor	cōnsecūtus sum	cōnsequī	erreichen; nachfolgen
	per|sequor	persecūtus sum	persequī	verfolgen
8.	ūtor	ūsus sum	ūtī *(m. Abl.)*	*(etw.)* benutzen, gebrauchen

Tabelle der Deponentien: ĭ-Konjugation (kurzvokalisch)

1.	ag|gredior	aggressus sum	aggredī	angreifen, überfallen
	ē|gredior	ēgressus sum	ēgredī	hinausgehen, verlassen
2.	morior	mortuus sum	morī	sterben
3.	patior	passus sum	patī	(er)leiden, ertragen; zulassen, geschehen lassen

Tab 7.2 Tabelle der Semideponentien: ē-Konjugation

1.	audeō	ausus sum	audēre	wagen
2.	gaudeō	gāvīsus sum	gaudēre	sich freuen
3.	soleō	solitus sum	solēre	gewohnt sein, *(etw.)* normalerweise *(tun)*

Tabelle der Semideponentien: Konsonantische Konjugation

1.	cōnfīdō	cōnfīsus sum	cōnfīdere	vertrauen
2.	revertor	revertī (reversus)	revertī	zurückkehren

Sonderkonjugationen: *esse – posse – īre*

Tab 8.1

	ESSE			POSSE			IRE		
	Präsens	Imperfekt	Futur I	Präsens	Imperfekt	Futur I	Präsens	Imperfekt	Futur I
Indikativ	sum	eram	erō	possum	poteram	poterō	eō	ībam	ībō
	es	erās	eris	potes	poterās	poteris	īs	ībās	ībis
	est	erat	erit	potest	poterat	poterit	it	ībat	ībit
	sumus	erāmus	erimus	possumus	poterāmus	poterimus	īmus	ībāmus	ībimus
	estis	erātis	eritis	potestis	poterātis	poteritis	ītis	ībātis	ībitis
	sunt	erant	erunt	possunt	poterant	poterunt	eunt	ībant	ībunt
Konjunktiv	sim	essem		possim	possem		eam	īrem	
	sīs	essēs		possīs	possēs		eās	īrēs	
	sit	esset		possit	posset		eat	īret	
	sīmus	essēmus		possīmus	possēmus		eāmus	īrēmus	
	sītis	essētis		possītis	possētis		eātis	īrētis	
	sint	essent		possint	possent		eant	īrent	
	Imperativ	Sg. es!	Pl. este!				Imperativ	Sg. ī!	Pl. īte!
							Partizip Präsens	iēns, euntis	
	Partizip Futur	futūrus, -a, -um					Partizip Futur	itūrus, -a, -um	
							Gerundium	eundī *usw.*	
							Gerundivum	eundum (est)	

Perfekt	Perfekt	Perfekt
fuī	**potuī**	**iī**

Tab 8.2 **Sonderkonjugationen: Komposita von *esse***

ab|sum	āfuī	abesse	abwesend sein, fehlen; entfernt sein
ad|sum	adfuī/affuī	adesse	anwesend sein, da sein; *(m. Dat.)* helfen
dē|sum	dēfuī	dēesse	fehlen
inter|sum	interfuī	interesse *(m. Dat.)*	teilnehmen *(an etw.)*

Tab 8.3 **Sonderkonjugationen: Komposita von *īre***

ab|eō	abiī	abitum	abīre	(weg)gehen
ad|eō	adiī	aditum	adīre	hingehen; herantreten; ansprechen
ex|eō	exiī	–	exīre	hinausgehen
in|eō	iniī	initum	inīre	(hin)eingehen; beginnen
per|eō	periī	–	perīre	zugrunde gehen, umkommen
praeter|eō	praeteriī	praeteritum	praeterīre	vorbeigehen, vergehen
red|eō	rediī	reditum	redīre	zurückgehen, zurückkehren
sub|eō	subiī	subitum	subīre	auf sich nehmen, herangehen
trāns|eō	trānsiī	trānsitum	trānsīre	überschreiten; herüberkommen

Sonderkonjugationen: *velle* – *nōlle*

Tab 8.4

	VELLE			NOLLE		
	Präsens	**Imperfekt**	**Futur I**	**Präsens**	**Imperfekt**	**Futur I**
Indikativ	volō	volē**bam**	vol**am**	nōlō	nōlē**bam**	nōl**am**
	vīs	volē**bās**	vol**ēs**	nōn vīs	nōlē**bās**	nōl**ēs**
	vult	volē**bat**	vol**et**	nōn vult	nōlē**bat**	nōl**et**
	vol*u*mus	volē**bāmus**	vol**ēmus**	nōl*u*mus	nōlē**bāmus**	nōl**ēmus**
	vultis	volē**bātis**	vol**ētis**	nōn vultis	nōlē**bātis**	nōl**ētis**
	vol*u*nt	volē**bant**	vol**ent**	nōl*u*nt	nōlē**bant**	nōl**ent**
Konjunktiv	velim	vel**lem**		nōlim	nōl**lem**	
	velīs	vel**lēs**		nōlīs	nōl**lēs**	
	velit	vel**let**		nōlit	nōl**let**	
	velīmus	vel**lēmus**		nōlīmus	nōl**lēmus**	
	velītis	vel**lētis**		nōlītis	nōl**lētis**	
	velint	vel**lent**		nōlint	nōl**lent**	
				Imperativ	Sg.nōlī!	Pl. nōlī**te**!
	Partizip Präsens	volēns, volentis		**Partizip Präsens**	nōlēns, nōlentis	

Perfekt	Perfekt
voluī	**nōluī**

Sonderkonjugationen: *ferre*

Tab 8.5

	AKTIV FERRE			PASSIV FERRI		
	Präsens	Imperfekt	Futur I	Präsens	Imperfekt	Futur I
Indikativ	ferō fers fert fer*i*mus fertis fer*u*nt	fer*ē***bam** fer*ē***bās** fer*ē***bat** fer*ē***bāmus** fer*ē***bātis** fer*ē***bant**	fer**am** fer**ēs** fer**et** fer**ēmus** fer**ētis** fer**ent**	feror ferris fertur fer*i*mur fer*i*minī fer*u*ntur	fer*ē***bar** fer*ē***bāris** fer*ē***bātur** fer*ē***bāmur** fer*ē***bāminī** fer*ē***bantur**	fer**ar** fer**ēris** fer**ētur** fer**ēmur** fer**ēminī** fer**entur**
Konjunktiv	fer**am** fer**ās** fer**at** fer**āmus** fer**ātis** fer**ant**	fer**rem** fer**rēs** fer**ret** fer**rēmus** fer**rētis** fer**rent**		fer**ar** fer**āris** fer**ātur** fer**āmur** fer**āminī** fer**antur**	fer**rer** fer**rēris** fer**rētur** fer**rēmur** fer**rēminī** fer**rentur**	
	Imperativ	Sg. fer!	Pl. fer**te**!			

Perfekt

tulī

Perfekt

lātus, -a (-um) sum

Tab 8.6 Sonderkonjugationen: Nominalformen von *ferre*

Infinitiv	AKTIV	PASSIV
Präsens	fer**re**	fer**rī**
Perfekt	tul**isse**	lā**tum, -am, -um esse**
Futur	lā**tūrum, -am, -um esse**	–
Gerundium	fer**endī** *usw.*	
Gerundivum		fer**end**us, -a, -um

Partizip	AKTIV	PASSIV
Präsens	fer*ē***ns, -ntis**	
Perfekt	–	lā**tus, -a, -um**
Futur	lā**tūrus, -a, -um**	

Tab 8.7 Sonderkonjugationen: Komposita von *ferre*

af|ferō	attulī	allātum	afferre	(herbei)bringen; melden
dif|ferō	distulī	dīlātum	differre	aufschieben, verschieben; sich unterscheiden
ef|ferō	extulī	ēlātum	efferre	heraustragen; herausheben; hervorbringen
of|ferō	obtulī	oblātum	offerre	entgegenbringen; anbieten
per|ferō	pertulī	perlātum	perferre	ertragen; (über)bringen
prae|ferō	praetulī	praelātum	praeferre	vorziehen
re|ferō	rettulī	relātum	referre	(zurück)bringen; berichten
(tollō)	sústulī	sublātum	(tollere)	hochheben; beseitigen, vernichten; entfernen

★ Sonderkonjugationen: *fierī*

Tab 8.8

FIERI			
	Präsens	Imperfekt	Futur I
Indikativ	fīō fīs fit fīmus fītis fi*u*nt	fīē**bam** fīē**bās** fīē**bat** fīē**bāmus** fīē**bātis** fīē**bant**	fī**am** fī**ēs** fī**et** fī**ēmus** fī**ētis** fī**ent**
Konjunktiv	fī**am** fī**ās** fī**at** fī**āmus** fī**ātis** fī**ant**	fie**rem** fie**rēs** fie**ret** fie**rēmus** fie**rētis** fie**rent**	

Perfekt

factus, -a (-um) sum

Tab 8.9 **Formelhafte Verben**

Grußformeln:

Salvē!/Salvēte!	Valē!/Valēte!	Avē!
Sei/Seid gegrüßt! Hallo!	Leb/Lebt wohl!	Sei gegrüßt!

Tab 9 **Präpositionen**

Präposition	örtlich	zeitlich	übertragen
1. Präpositionen mit Genitiv			
causā *(nachgestellt)*	–	–	wegen; um ... zu
2. Präpositionen mit Akkusativ			
ad	zu; zu ... hin; an; bei	–	zu
adversus	gegenüber	–	gegen; gegenüber
ante	vor	vor	–
apud	bei; in der Nähe von	–	–
contrā	–	–	gegen
extrā	außerhalb	–	über ... hinaus
inter	zwischen; unter	während	–
iūxtā	neben	–	–
ob	–	–	wegen
per	durch (... hindurch); über ... hin	hindurch (lang)	durch; mithilfe
post	nach; hinter	nach	–
praeter	–	–	außer
propter	–	–	wegen
trāns	über (... hinüber); jenseits	–	–
3. Präpositionen mit Ablativ			
ā/ab	von (... her), von ... weg	von; seit	–
cum	mit	–	(zusammen) mit
dē	von; von ... herab	–	von; über; in Bezug auf
ē/ex	(her)aus	von (... an)	–
prō	vor	–	für; anstelle (von)
sine	–	–	ohne
4. Präpositionen mit Akkusativ oder Ablativ			
in *(m. Akk.)*	in, an, auf; nach *(Frage: wohin?)*	–	gegen(über)
in *(m. Abl.)*	in, an, auf *(Frage: wo?)*	in; während	–
sub *(m. Abl.)*	unter *(Frage: wo?)*	–	–

Tab 10.1 Satzverbindungen: Konjunktionen in der Satzreihe

	Deutsche Bedeutung	Sinnrichtung
atque, ac et et ... et etiam item neque neque ... neque -que *(angehängt)* quoque *(nachgestellt)*	und, und auch und; auch sowohl ... als auch; einerseits ... andererseits auch; sogar ebenfalls und ... nicht; auch ... nicht; aber ... nicht weder ... noch und auch	*anreihend*
at autem *(nachgestellt)* sed tamen vērō	aber, (je)doch; dagegen aber, (je)doch aber, (je)doch; sondern dennoch, trotzdem aber; wirklich	*entgegensetzend*
aut aut ... aut vel	oder entweder ... oder oder	*ausschließend*
ergō igitur itaque proinde	also also, folglich deshalb, daher also; daher	*folgernd*
enim *(nachgestellt)* nam	denn, nämlich denn	*begründend*

Tab 10.2 Satzverbindungen: Subjunktionen im Satzgefüge

mit Indikativ	Deutsche Bedeutung	Sinnrichtung
cum dum *(m. Ind. Präs.)* dum postquam *(m. Ind. Perf.)* priusquam ubī *(m. Ind. Perf.)*	als; als plötzlich; (immer) wenn während solange; (solange) bis nachdem bevor; *(nach verneintem Satz)* bevor nicht sobald	*temporal/Angabe der Zeit*
quod quia quoniam	weil weil da ... ja, wo ... doch	*kausal/Angabe des beachteten Grundes*
nisī sī sīn	wenn nicht; außer wenn, falls wenn aber	*konditional/Angabe der Bedingung*
etsī quamquam	auch wenn, obwohl obwohl, obgleich	*konzessiv/Angabe des nicht beachteten Grundes*
quemadmodum ut	wie, auf welche Weise wie	*Angabe des Vergleichs*
quod	dass	*faktisch/Angabe der Tatsache*
mit Konjunktiv		
cum	als, nachdem	*temporal/Angabe der Zeit*
cum	da, weil	*kausal/Angabe des beachteten Grundes*
cum	obwohl	*konzessiv/Angabe des nicht beachteten Grundes*
ut nē	dass, damit dass/damit nicht	*final/Angabe des Wunsches/Zwecks*
nē	dass	*(nach Ausdrücken des Fürchtens)*
ut (nōn)	(so)dass (nicht)	*konsekutiv/Angabe der Folge*
quasi tamquam	als ob wie; wie wenn, als ob	*Angabe des Vergleichs*
nisī sī	wenn nicht wenn, falls	*konditional/Angabe der Bedingung* (im Irrealis)

Tab 11 Negationen

nōn/haud	nicht	nōn iam	nicht mehr
nēmō	niemand	nōndum	noch nicht
nūllus, -a, -um	kein	numquam	niemals
nihil	nichts	neque ... neque	weder ... noch
neque	und ... nicht; auch ... nicht; aber ... nicht		

Tab 12 Mehrdeutige Satzeinleitungen

	Deutsche Bedeutung	Sinnrichtung
CUM	als, nachdem *(m. Konj.)* da, weil *(m. Konj.)* obwohl *(m. Konj.)* als; als plötzlich *(m. Ind.)* (immer) wenn *(m. Ind.)*	*Angabe der Zeit* *Angabe des beachteten Grundes* *Angabe des nicht beachteten Grundes* *Angabe der Zeit* *Angabe der Zeit*
UT	dass, damit *(m. Konj.)* (so)dass *(m. Konj.)* wie *(m. Ind.)*	*Angabe des Wunsches/der Absicht* *Angabe der Folge* *Angabe des Vergleichs*
NE	dass/damit nicht *(m. Konj.)* dass *(m. Konj., nach Ausdrücken des Fürchtens)*	*Angabe des Wunsches/der Absicht* *Angabe des Wunsches*
UBI	wo? sobald *(m. Ind. Perf.)* wo	*Einleitung eines Fragesatzes* *Angabe der Zeit* *Angabe des Ortes/Einleitung eines Relativsatzes*
QUAM	wie; wie sehr die/welche diese	*Einleitung eines Fragesatzes/eines Ausrufs* *Einleitung eines Relativsatzes* *relativischer Satzanschluss*
QUI	wie? welcher? der; wer; die; welche dieser; diese	*Einleitung eines Fragesatzes* *Einleitung eines Relativsatzes* *relativischer Satzanschluss*
QUO	wohin? durch den/durch welchen durch diesen	*Einleitung eines Fragesatzes* *Einleitung eines Relativsatzes* *relativischer Satzanschluss*
QUOD	das; was dass weil welches	*Einleitung eines Relativsatzes* *Angabe der Tatsache* *Angabe des beachteten Grundes* *Einleitung eines Fragesatzes*

Tab 13 Satzglieder im Satzmodell

Im Bau des Satzes verbinden sich insgesamt **fünf Satzglieder** zu einer Aussageeinheit. Die **Rolle eines Satzgliedes** können **verschiedene Wortarten** oder **Konstruktionen** übernehmen.
Du hast folgende kennengelernt:

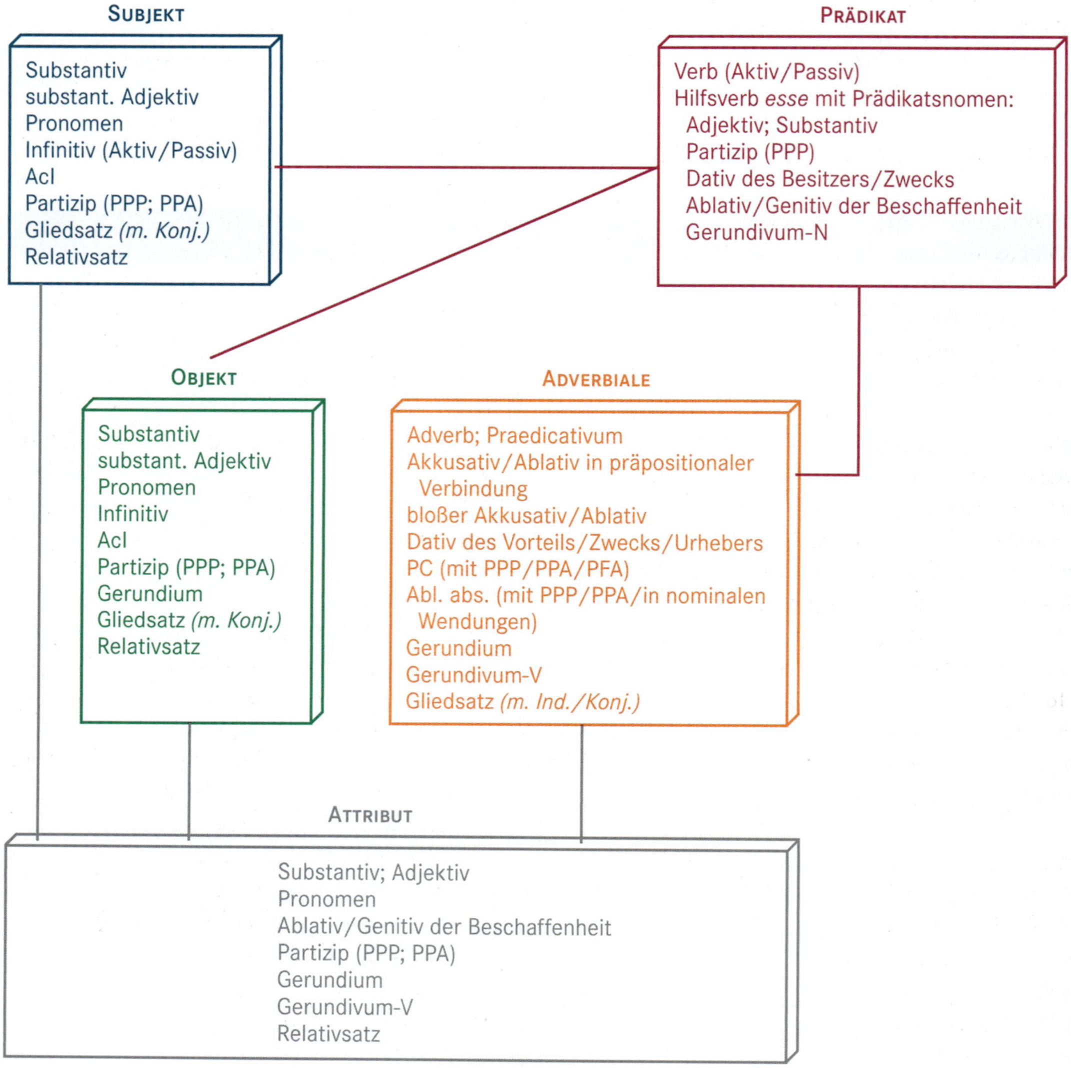

GrG = Grammatische Grundbegriffe, S. 9 ff.; G = Grammatikkapitel, S. 12 ff.; M = Methodenteil, S. 142 ff.; L = Lautlehre, S. 148 f.; St = Stilmittel, S. 150; Tab = Tabellenteil, S. 155 ff.

Cursus, Ausgabe A
Herausgegeben von Michael Hotz und Prof. Dr. Friedrich Maier

Begleitgrammatik
Bearbeitet von Britta Boberg und Prof. Dr. Friedrich Maier

Titelbild: akg-images/Erich Lessing

Als **E-Book** erhältlich

Dieses Lehrwerk ist auch als digitale Ausgabe erhältlich unter *www.ccbuchner.de/digital* oder *www.cornelsen.de/e-books* zur Verwendung auf der Plattform *www.bildungslogin.de*.

1. Auflage, 3. Druck 2018
Alle Drucke dieser Auflage sind, weil untereinander unverändert, nebeneinander benutzbar.

Redaktion: Andrea Forster
Umschlagkonzept: Mendell & Oberer, München
Umschlaggestaltung: Erasmi + Stein, München
Layoutkonzept: Sehfeld GmbH, Hamburg
Satz: Checkplot, Liersch & Röhr, Berlin
Druck und Bindung: creo Druck und Mediensevice GmbH, Bamberg

www.ccbuchner.de
www.oldenbourg.de

ISBN 978-3-661-**40101**-0 (C.C.Buchner Verlag)
978-3-637-01898-3 (Oldenbourg Schulbuchverlag)